高等职业教育“十三五”规划精品系列教材

21世纪高职高专规划教材·旅游管理系列

旅游学概论

INTRODUCTION TO TOURISM

主编/满孝平　刘迎华　常红旭

中国人民大学出版社
·北京·

前 言

"旅游学概论"是高等职业院校旅游类专业的基础课程，是学习旅游管理及相关专业知识、了解旅游行业产业的入门课程。通过本课程的学习，学习者能够掌握旅游学的基础知识、旅游行业的历史沿革、旅游产业的发展趋势等，具备用相关旅游学知识发现问题、分析问题、解决问题的能力，为进一步深入学习旅游管理专业核心课程奠定专业基础。

本书深入贯彻党的二十大精神，全面融入社会主义核心价值观，落实立德树人的根本任务。教材依据高职院校旅游管理专业的教学指导方案，对接"旅游学概论"课程标准，采取了单元+模块的组织架构进行编写。全书分为认识旅游、旅游资源、旅游体验、旅游产业、旅游从业人员、旅游组织与行业管理、旅游新业态、旅游业的未来 8 个单元。每个单元设置了若干个知识模块，每个模块由学习目标、学习导入、课堂思考、知识链接、拓展阅读、模块小结、同步测试、实践训练等部分构成，内容紧贴实际，案例丰富翔实，理论实践并重。既有对传统知识体系的继承与传扬，又有对固有篇章结构的摈弃与突破，力求满足高职高专旅游类人才培养的要求，契合职业教育教学规律和旅游类人才成长规律，激发学习者学习的积极性和主动性，为学习者深入了解旅游行业产业、从事旅游相关工作奠定坚实的基础。

教材开发团队经过不懈的探索与努力，将能力训练融入知识体系中，初步创建了课程内容体系，使本教材呈现以下突破与特色：

（1）精选内容，突破传统。编写过程中，精选课程内容，转变教学视角，打破同类教材大而全的藩篱，规避与后续课程的交叉重复，彰显专业基础课和入门课特色，为学生了解旅游及旅游业，学习后续核心课程做了铺垫。

（2）内容实用，案例丰富。本教材立足产教融合，紧密对接行业，引用大量的真实案例和拓展阅读来支撑教学内容。通过学习导入、拓展阅读、知识链接等板块，加强对实际问题的分析与研讨，以拓宽学习者视野，提高其思维能力以及解决实际问题的能力。

（3）形式新颖，与时俱进。本教材在编写体例上力求创新，配置了相关电子资源，践行信息化与教学深度融合，诠释了教学手段的多样化与便捷化、旅游业的信息化与智慧化。

本教材由济宁职业技术学院满孝平、常红旭，青岛酒店管理职业技术学院刘迎华任主编，负责设计全书的编写体例与框架，制定计划与相关要求，完成统稿与审稿。各单元编写分工如下：单元一、单元二、单元五、单元六由济宁职业技术学院满孝平、常红旭、孙丽、齐福兵编写；单元三由山东外国语职业学院李志霞编写，单元四由青岛酒店管理职业技术学院刘迎华、青岛市胶州三中张晓剑编写；单元七由山东海事职业学院尹晶莹编写；单元八由枣庄职业学院赵颜、周梦杰编写。

在编写过程中，我们参考并借鉴了大量的文献、期刊、教材和专著，基于互联网，引用了翔实的媒体报道及案例资源，相关资料已标注或列示于“参考文献”部分，但仍难免有遗漏，在此谨向相关资料的作者表示诚挚的谢意！同时，本书的编写与出版得到了中国人民大学出版社的大力支持，谨此致谢！

由于成书时间仓促，参编团队编写经验有限，本教材难免存在疏漏与不妥之处，敬请专家、旅游从业人员和广大读者批评指正，以便进一步修订和完善。

编　者

目　录

单元一　认识旅游 …… 1

模块一　旅游的起源 …… 3

模块二　旅游的内涵与外延 …… 15

模块三　旅游的意义 …… 32

单元二　旅游资源 …… 41

模块一　旅游资源的概念与分类 …… 43

模块二　旅游资源的开发与保护 …… 55

单元三　旅游体验 …… 65

模块一　旅游审美 …… 67

模块二　文明旅游 …… 77

模块三　旅游与文化 …… 85

单元四　旅游产业 …… 93

模块一　认识旅游业 …… 95

模块二　旅行社业 …… 106

模块三　景　区 …… 117

模块四　旅游酒店 …… 127

模块五　其他旅游相关产业 …… 141

单元五　旅游从业人员 …… 155

模块一　旅游从业岗位及相关证书 …… 157

模块二　旅游从业人员的素质要求 …… 169

单元六　旅游组织与行业管理 …… 179

模块一　旅游行政组织 …… 181

模块二　旅游行业组织 …… 192

单元七　旅游新业态 …… 207
　模块一　“旅游＋”业态 …… 209
　模块二　休闲旅游业态 …… 219
　模块三　在线旅游业态 …… 231
　模块四　旅游共享经济业态 …… 241
单元八　旅游业的未来 …… 251
　模块一　旅游政策导向 …… 253
　模块二　旅游业发展趋势 …… 262
　模块三　旅游可持续发展 …… 275
参考文献 …… 284

单元一
认识旅游

【单元导读】

旅游是什么？是一种活动，还是一种现象？是一种产业，还是一种行为？旅游与休闲、迁徙、旅行有何共同点和不同点？从本质上讲，旅游事实上是一种经历、一种体验，而且不是发生于惯常居住地的经历和体验，这种经历和体验常会伴随着个体在空间上的位移。因此，在旅游过程中，交通、住宿、饮食都成为旅游的重要因素，而旅游的目的则是为了愉悦性的体验，要求旅游者在出游过程中寻找美和欣赏美，体验各种在惯常居住地无法体验的异地风情，在游乐场中尽情地释放自我，这其中又涉及娱乐和审美的消费。因此，我们可以说，旅游是个人以去往异地寻求愉悦为主要目的而度过的一种具有社会、休闲和消费属性的短暂经历。本单元将深入浅出地简述旅游的内涵和外延，阐述旅游的起源、作用和存在的意义，使学习者了解旅游现象和旅游活动的本质。

模块一　旅游的起源

【学习目标】

1. 了解历史各阶段中人类迁徙和旅行的发展历程
2. 理解古代人类旅行的特点
3. 掌握工业革命之后世界旅游业发展的主要历程

【学习导入】

古代“超级驴友”

2013 年，新浪旅游网站别出心裁地在我国古人中评选出了“超级驴友”，周游列国的孔子，出使西域的张骞，为写《史记》而走遍大江南北、寻幽探古、考察风俗、采集传说的司马迁，开创山水诗的谢灵运，遍勘天下水势的郦道元，西行取经的唐玄奘，狂放不羁的诗酒英豪李白，访山问水的职业旅行家徐霞客，七下西洋的三保太监郑和都荣列此榜，并指出“旅游向来为国人所青睐，古人‘仁者乐山，智者乐水’的名言已流传至今，古代的超级‘驴友’更是数不胜数”。

思考：

不可否认，在古代中国甚至在世界范围内，人类的足迹就早已不只局限在其生活居住之地，这是否就是旅游行为的起源？请同学们运用本模块知识进行分析。

人类的旅游活动到底起源于何时，当前学术界尚无定论。有学者认为，人类的旅游活动应当与人类社会的发展相适应；有学者认为，旅游活动是在工业革命之后产生的，是社会化大生产的产物。尽管旅游学界对旅游活动产生时间的论述有着较大分歧，然而，现代旅游活动的“始祖”却必然与古代社会人类的“迁徙”和“旅行”脱不开关系。因此，深入探究古代迁徙和旅行活动有助于我们对人类旅游活动的起源有一个总体的认识。

一、原始社会的迁徙和旅行活动

众所周知，人类开展旅游活动需要满足两个重要条件：一是可自由支配的物质基础，二是足够的闲暇时间。

在原始社会初期，生产力极其低下，人类生存条件极其恶劣，其生存主要依靠渔猎和采集，而渔猎和采集具有极大的不确定性，原始社会人类常常处于食不果腹的境遇之中。因此，原始社会人类生命中的大多数时光都在为生存而挣扎，更谈不上闲暇时间或可自由支配的物质条件。有时，原始社会人类为了获取更多的渔猎资源，常常需要不定期的长途迁徙，但是这种原始的长途迁徙并不能与现代旅游活动相提并论。

在这样的生存条件下，原始社会人类的审美也呈现出实用性特征，秀美的山川河流在他们眼中则更多的意味着是否有足够的食物养活自己的部族；对于异地风情和未知世界，他们眼中则可能更多的是恐惧而非好奇。因此，原始社会人类缺乏出游的动机。

知识链接

原始崇拜

通过考古发现，原始社会人类很早就已经产生了艺术的萌芽，原始社会的岩画、饰物、生活用品的纹饰等都初步具备了艺术的雏形。这些原始艺术的内容和对象多是部落原始崇拜的对象，既有蛇、熊、狼、牛、虎、龙、凤等动物，也有日、月、雷电、星辰等自然现象。无论原始社会人类的崇拜对象是什么，迫于生计，其对自然界的认识与其生存状态息息相关，难以形成纯粹的审美意识。

随着生产工具和生产方式的改进，农业和畜牧业开始出现，人类社会的生产力得以大幅提升，人们开始拥有较为富余的生活资料，原始物物交换开始出现，部族之间的商业交往开始进行。然而，这种功利导向的旅行也不能等同于现代社会的人类旅游活动。

原始社会末期，生产工具和技术进一步发展，商业、手工业逐渐从农业与畜牧业中脱离出来，财产私有化与特权阶级开始出现，促使原始社会逐渐瓦解，奴隶社会开始形成。在这一时期，商人交易活动日渐频繁，开创了最初的旅行活动。世界旅游组织研究报告认为“在最初的年代，主要是商人开创了旅行的道路”。因而，人类最初的旅行远非休闲和度假活动，而是人们出于经商或者为经商做准备的过程中对异地了解与接触的经济活动。

二、奴隶社会的旅行活动

奴隶社会的生产力与经济发展水平相对于原始社会得到了巨大的发展，助推了人类旅行活动的出现。同时，经济的发展使得特权阶级的大奴隶主由于可支配财产与闲暇时间的增多，开始从日常劳作中解脱出来，逐渐产生较多的精神需要，其审美意识开始萌芽，并出现了以愉悦为目的的巡游、围猎等活动。

（一）商务旅行

公元前21世纪，中华大地进入奴隶社会，奴隶制国家的建立为商务旅行创造了条件。据历史记载，生活在中国东部的商部落手工业发达，善于利用手工制品与其他部落交换粮食等生活资料，足迹遍布中华大地，基于此做买卖的人被人称为“商人”，他们所从事的交易活动则被称为“商业”。

约在公元前800年到公元前200年，世界进入轴心时代，古希腊、古印度与古中国都在这一时期都创造出了惊人的文明成就。西方的波斯帝国为了便于对外交流，修筑了快速邮递的驿道，成为最早的商务旅行国家。中国在这一时期也产生了许多名商大贾，司马迁的《史记》对范蠡、孔子弟子子贡、白圭、猗顿、吕不韦等名商大贾都做了记载，印证了在当时的中国，商业旅行已经具备一定的规模，大商人的地位已非同一般。

（二）帝王巡游

在奴隶社会时期，不论是东方世界还是西方世界都已经出现了地域辽阔的奴隶制国家。为了巩固政权、颂扬自己的功绩或威慑群臣与百姓，同时也为了满足游览享乐的欲望，统治者往往会组织规模宏大的“巡游”。《穆天子传》中记载了我国最早的帝王巡游活动，描述了周穆王巡游“西王母之邦”并于西王母饮宴的故事。

（三）奴隶主休闲旅行

奴隶社会的经济发展使得部分特权阶层具备了丰富的物质储备和较多的闲暇时间，奴隶主的文化素养与审美水平也得到了大幅提升，为有意识的休闲旅行奠定了基础。

在西方，休闲旅行在罗马时期就已被看做上流社会财富、地位和教养的象征，对庙宇与艺术的欣赏、大自然观光等活动逐渐成为比较流行的休闲方式。在东方，早在公元前21世纪的夏朝，就已经产生了供帝王和贵族狩猎为乐的“囿”。商末周初，帝王、贵族、奴隶主等都十分喜欢在野外进行大规模的狩猎，并由国家设立一定的“田猎区”专门供奴隶主游乐。帝王和奴隶主往往在苑囿内广植珍奇花木，放养珍禽异兽，自然风光优美的苑囿已经具备了游览和观赏的游憩功能，成为中国古典园林的始祖。

三、封建社会的旅行活动

进入封建社会，生产技术和社会经济较奴隶社会有了更大的发展，为当时旅行的发展提供了物质基础和社会条件。

（一）商业旅行

从我国的历史典籍和有关文学作品中所描述的“商旅”一词的广泛使用情况来看，这一时期以经商为目的的旅行活动仍然占据主导地位，特别是张骞通西域之后，海上和陆上两条丝绸之路成为沟通中西方世界的重要路线。中国的丝绸、陶瓷得以源源不断地运往中东、西欧，并成为西方社会贵族的奢侈品；西方的香料、动物、奇珍异宝源源不断地涌入中国，中西方宗教、文化的交流也日渐兴盛。据史料记载，在全盛时期的唐都，胡人大量定居长安；宋代经济发达，吸引了许多中亚、中东、东欧等各国商旅进入中国；元代版图横跨欧亚大陆，元代色目人地位崇高，促使越来越多的异族人进入中国并定居下来，东西方交流的通道更加畅通；元明清三代发达的航运助推了沿海、沿运河许多大的商业都市的形成，许多金发碧眼的外国人穿井过市，长期定居中国，并与汉人通婚最终形成“回回民族”，这也是当今回族人遍布全国，集中于明清商业发达地区的原因之一。纵观历史，朝代更迭，世界范围内的商业旅行日趋繁荣和兴盛。

知识链接

丝绸之路

丝绸之路，常简称为丝路，广义的丝绸之路是指从上古开始陆续形成的，遍及欧亚大陆甚至包括北非和东非在内的长途商业贸易和文化交流线路的总称。除了上述路线之外，还包括草原丝绸之路、海上丝绸之路和南方丝绸之路。

广义上，丝路的东段已经到达朝鲜、日本，西段至法国。通过海路还可达意大利、埃及，成为亚洲、欧洲和非洲各国经济文化交流的友谊之路。

（二）帝王巡游

随着封建社会经济的进一步发展，交通工具和相关设施日趋完善，帝王的巡游相对于奴隶社会又有了进一步的发展，规模更加宏大，次数更加频繁，特别是在政治稳定和经济发达的时期，帝王往往为了宣扬自己的功绩，展示雄厚的国力，特别热衷于封禅和祭祀活动。秦始皇为了“以示强威，服海内”，曾多次带着浩浩荡荡的队伍到达山东沿海地带，封禅泰山，登临峄山、琅琊台、成山头等，留下众多歌功颂德的碑碣。开元盛世，玄宗皇帝东封泰山，单就仪仗队伍前的马队就以每种颜色的 1 000 匹马作为一个方队，交错排列，远远望去就像彩云绣锦，规模之大，盛况空前。康乾盛世，康熙、乾隆多次沿运河南下，沿途驻跸欣赏各地风景名胜，其中颂扬功绩、游览享乐的成分就更多了。封建时代的帝王巡游活动虽然不是大众行为，但也基本代表了那一时期的生活态度和审美风尚。同时，由于帝王的地位超然，也对中国古代的旅行产生了一定的引领作用。

（三）文人漫游

知行合一历来就是儒家思想的宝贵财富之一，“读万卷书，行万里路”的求知理念早已根植于国人心中。自古以来，文人墨客莫不将四处游历当作读书做学问的必要过程，拜访名士、登临名胜、饱览民俗风情、吟诗作赋都已成为文人出游的高雅活动，而我国各地名胜古迹也因此留下了众多的宝贵遗产。文人掌握着社会舆论的方向，文人的生活方式在很大程度上引领着社会风尚。魏晋南北朝时期，中国文人特别是名士阶层谈玄成风，不务世俗，专一寄情于山水之间，较为纯粹的山水审美开始产生，谢灵运开创的“山水诗”、陶渊明开创的“田园诗”都产生于这一时期，而史籍记载的“旅游”一词也最早出现于这个时期。之后历代文人都保留着游历名山大川、名胜古迹的传统，并给后人留下了脍炙人口的传世之作。例如：盛唐的李白、宋代的欧阳修、苏东坡等名人雅士都是其中的佼佼者。

拓展阅读

“山水诗人”谢灵运

谢灵运是我国山水诗的鼻祖，除此之外，他还非常痴迷于山水游，堪称魏晋“山水游”的代表。《宋书》中记载他就任永嘉太守时“遂肆意遨游，游历诸县，动逾旬朔”，在会稽时“傍山带江，尽幽居之美”，同时“寻山涉岭，必造幽峻，岩嶂千重，莫不备尽登蹑”。临川上任时依然“在郡游牧不异永嘉”。他曾经登上庐山，在烟波浩渺的鄱阳湖和风景如画的富春江中泛舟。谢灵运经常头戴“曲柄笠”，足蹬木屐（谢灵运特意设计的一种“登山鞋”，称为“康乐屐”：这种木屐上山去掉前齿，下山则去掉后齿，穿此屐登山如履平地，后人称之“谢公屐”）出行，登山临水、亲山近水成了他生活的全部内容。

以往文人们在旅行中的诗文往往寄托着思乡之情，抒发漂泊之感，但谢灵运的旅行是主动的寻幽探胜，其诗文是对山水的深入赏悟，笔触细致富丽精工，成为山水诗的开创者。王羲之、谢灵运、陶渊明、“竹林七贤”等都是魏晋南北朝时期“山水游”的热衷推广者与践行者。

资料来源：崔磊：《浅论谢灵运山水出游的原因》，载《科教文汇》，2007（01）。

（四）科考旅行

科技的发展离不开对客观世界的考察，中国古代科技在漫长的历史长河中一直居于世界领先地位，各门学科都创造了令世界瞩目的成就，而古代科学考察的旅行家游历祖国大好河山，遍访自然、人文科学的民间成果，为古代科技的发展做出了巨大贡献。地理学家郦道元足迹遍布大江南北，访求水道，最终写出了文笔隽永、描写生动的《水经注》；医药学家李时珍多次离家外出考察，足迹遍及湖广、江西、直隶许多名山大川，经过长达27年的努力完成《本草纲目》初稿；旅行家徐弘祖一生用30年的时间，足迹遍及21个省、市、自治区，“达人所之未达，探人所之未知”，写出了《徐霞客游记》，成为研究喀斯特地貌的世界第一人，堪称世界旅行活动的典范。为纪念徐霞客的巨大贡献，《徐霞客游记》的开篇日期5月19日也被定为“中国旅游日”。

（五）宗教旅行

宗教旅行是伴随着宗教的传播而产生的一种旅行形式，包括宗教朝圣、寻经、求法、传法布道等多种形式，以三大世界性宗教为主的各种宗教产生与发展过程中伴随着大量的宗教旅行活动。源自印度的佛教、波斯的拜火教、伊斯兰教、基督教很早就传入中国。据历史记载，汉明帝时，天竺高僧迦叶摩腾和竺法兰由西域进入中国，并且由白马驮来《四十二章经》及佛陀像，汉明帝为之建造白马寺，因而，白马寺今天作为“释源”而广为人知。《西游记》作为四大名著之一可谓家喻户晓，书中就描写了唐代僧人玄奘西天取经的故事，历史上玄奘真有其人，与义净、鉴真等高僧一起，成为佛教传播史上熠熠生辉的传奇。

宗教朝拜也是宗教旅行的重要内容之一，宗教创始人的诞生地、墓葬地以及著名宗教人物重要的活动场所，后来都成为教徒们的朝拜圣地。例如：耶路撒冷被基督徒认为是救世主耶稣的圣殿，犹太人认为是大卫王的故乡、第一座犹太教圣殿所在地，伊斯兰教徒认为“安拉的使者”穆罕默德曾在此“登霄”升天，因此耶路撒冷成为基督教、犹太教和伊斯兰教的共同圣地，吸引了大批的海外朝圣者。在中国，拉萨布达拉宫、四大佛教名山、四大道教名山、著名寺院都已成为教徒们朝圣的必去之地。

（六）官宦迁嫡

在封建社会，官宦的迁嫡十分频繁，特别是在中国，“学而优则仕”的传统思想下，文人墨客最终往往会步入政坛。然而仕途并非一路坦途，常常伴随着升迁的喜与贬谪的悲，甚至是怀才不遇的抑郁悲愤，仕途的悲喜常常在他们心中化为游历与写作的动力，也为后人留下了诸多山水佳作。苏东坡便是其中的杰出代表，他一生仕途不顺，遭朝廷一贬再贬，可谓半生飘零，然而东坡居士走到哪里游到哪里、游到哪里写到哪里，为祖国山河增添了众多文化资源。

（七）外交宦游

在封建时代，经济和贸易的发展为世界各国互动交往提供了初步条件，世界各国间的外交活动日趋频繁。早在秦汉时期，通过丝绸之路，东方文明古国就与西方的罗马帝国产生了某些直接或间接的联系。张骞对西域各国的出使将西域各国使节带回长安，加强了中原与西域各国的经济与政治联系，开通了著名的“丝绸之路”，开创了中外交流的新纪元。到了隋唐时期，中外交流进入繁荣期，除周边日本、新罗、东南亚等国使臣纷纷来朝，中国与中亚、西亚各国也有了正式交往，如吐火罗多次派使臣与唐通好，并带来名马等贡品，波斯、东罗马帝国等也与大唐开始互派使节，中西方文化的交流进一步得到了加强。明代郑和七下西洋，成为中国古代史上最大规模的一次外交活动。郑和受明成祖委托，率领着当时世界上最大的船队，前后历时28年，最远到达非洲东岸，遍访了东南亚、南亚、波斯、阿拉伯等30多个国家和地区，加深了中国同各国之间的友好往来，扩大了经济贸易，产生了深远影响。

四、古代旅行的特点

在古代，世界范围内已经产生了多种形式的旅行活动，也对现代旅游产生了深远的影响，但产生于古代的旅行活动并不能等同于今天的旅游活动，其呈现以下特点。

（一）旅行或旅游活动产生于少数人群体中

尽管古代旅行活动早在原始社会就已产生，但这在长期的人类历史中也只是个别现象。根据马斯洛的需求层次理论，人类只有在满足了基本生存需求之后才能产生更高层次的需求。管子所言“仓廪实而知礼节”，侧面印证了需求层次理论。在漫长的古代社会，处于社会底层的民众往往食不果腹、衣不蔽体，整日艰辛地进行生产活动，根本无力实现长途的旅行。而处于社会高层的封建地主、奴隶主等少数群体往往衣食无忧，他们心中逐渐萌发最初的审美需求，最初的旅行或旅游活动就产生于这一少数人群体中。

（二）旅游活动多夹杂于宗教朝圣、科学考察、官宦迁嫡、探亲访友等活动中

尽管古代已经产生了旅游或旅行活动，但其中的旅游成分总是夹杂于其他成分中，而非主要出行目的。如今乘坐高铁、飞机日行千里，而古人千里旅行则往往需要几个月甚至几年时间，受交通、治安、沿途饮食服务匮乏等条件的限制，长途旅行总是与艰辛并存。因此，纯粹以审美为目的的长途旅行往往不能为古代

伦理所接受，劳民伤财、玩物丧志等看法迫使古代纯粹的旅游活动几乎不可能出现。因而，古人的旅游活动多是夹杂于宗教朝圣、科学考察、官宦迁嫡、探亲访友等旅行途中顺便为之，不可能成为其主要目的。

（三）旅行对于古代人而言，更多的是忧伤而不是快乐

安土重迁、故土难离、背井离乡等成语都说明了古代中国人是如何的眷恋故土，不忍离开；古诗文中有关离人泪、父母忧、空闺恨的永恒主题也都是对“旅”的恐惧和忧伤；“在家千日好，出门一日难”等俗语也从侧面说明了古时人类对出行的担忧。事实上，古人出行确实存在诸多困难，特别是在饥荒和战乱年代，“白骨露于野，千里无鸡鸣”，荒草林间则是盗与匪的活动范围，那时的旅行不光意味着饥寒交迫，有时甚至意味着生命的危险。因此，古人的旅行在很多时候都是与消沉的情绪相伴，并不具备愉悦的动机。能够放心“游”的古人并不多，李白云游天下、孔子带弟子游于沂水、官宦士人的名胜怀古等自古以来都被视为高雅之事。但是在这些高雅旅游的背后往往蕴含的是更多的无奈。

五、近代大众旅游的产生与发展

尽管对于古代旅游活动的起源有着诸多争论，但国内外旅游学者对近代大众旅游出现时期的意见高度一致，他们认为，近代大众旅游的出现与发展与工业革命有着密切的关系。

18 世纪 60 年代，工业革命产生于英国，之后，欧美各国的工业革命相继在 19 世纪完成。工业革命极大地促进了资本主义生产技术、生产力的发展，同时，生产力的发展也推动着生产关系的巨大变革。由于生产的社会化程度日益加深，人类社会的方方面面都产生了巨大变化，这些变化也促使现代大众旅游正式呈现在世界舞台。

工业革命的重大成果之一是蒸汽机的发明，蒸汽机的发明使得人类脱离了人力和畜力的限制，交通工具在速度、距离、运输规模等多个方面都有了巨大的突破。蒸汽机首先被安装到轮船和火车上。1804 年，英国人特里维西克制造了世界上第一台蒸汽机车；1807 年，英国的“克莱蒙特”号轮船在哈德逊河上开始经营定期航班运输业务；1825 年，美国建造了世界上第一条铁路，开创了现代化陆路运输的新纪元，并成为现代旅行发展的一个重要标志；1840 年，英吉利海峡轮渡的客运量达 10 万人之多。蒸汽船与蒸汽机车让人类可以突破时间和距离的限制，得以走向更为广阔的天地。交通工具的变革使得大众旅游的出现成为可能。

工业革命促使城市化进程加速，工业化大发展使得城市需要更多更廉价的劳动力，因而越来越多的农村居民开始进入城市成为工人。这时，农民原先那种乡村悠闲的田园时光一去不复返，取而代之的则是日复一日的、单调枯燥的工业化机器操作。由于机器操作和资本家攫取剩余价值的欲望驱使，工人们的工作紧张、单调、枯燥，他们更像是工业化大机器的组成部分，而非有血有肉的自然人。喜剧大师卓别林的作品《摩登时代》就对此进行了强烈的讽刺。因此，越来越多的人需要通过外出休息来调节生活节奏，缓释身心压力。与此同时，出行再也不是一项危险、艰辛和耗费巨大的活动，近代交通的发展使得出行变得相对便利，普通民众也完全可以在工作之余走出家门，到异地观光休闲，大众旅游成为可能。

尽管工业革命为大众旅游的发展铸就了坚实的基础，包括交通基础、出游动机、可自由支配的金钱和闲暇时间，但是在当时绝大多数人并没有出游经验和习惯，对异地的不了解、语言的不通畅、文化的差异、货币兑换和出境手续的烦琐成为阻碍人们出游的种种障碍。因此，时代呼唤着一个全新行业的诞生，一个能够为大众出游提供各种服务的行业——旅行社业，即将应运而生。

1841 年 7 月 5 日，托马斯·库克利用包租火车的方式，组织 570 名游客从英国中部的莱斯特到拉夫巴罗参加禁酒大会，往返 22 英里。在行程中，托马斯·库克自始至终随团陪同照顾，并且为游客提供免费午餐，甚至还有乐队随团演奏。托马斯·库克的热情让随行游客感到非常满意。托马斯·库克的这次活动的参与人数众多、规模之大在当时是空前的，游客来自四面八方、各行各业，活动后各自散去，非常类似于现代旅行社的组团旅游。因而，托马斯·库克的这次活动被全世界公认为近代旅游的开端，托马斯·库克本人也被公认为商业性旅游的鼻祖，他的组织才能及其创造的商业服务模式为世人所认可。此后几年，他又多次应邀为别人组织和安排团体旅游活动，甚至收到了英国王室的邀请。1845 年，托马斯·库克在英国的莱斯特正式成立了托马斯·库克旅行社，开始正式从事旅行代理服务。这是全世界第一家旅行社，标志着近代旅游业的诞生。

自此之后，托马斯·库克就将旅游事业视为自己的终身事业。1845 年夏，托马斯·库克亲自带领 350 人的消遣观光团去利物浦旅游。为组织此次旅游活动，他进行了周密的准备，事先考察沿途景点，确定游览地点，联系沿途食宿事宜。此后，他编写的《利物浦之行手册》也成为早期的旅游指南。1846 年，托马斯·库克又组织 350 人到苏格兰集体旅游，并获得了巨大的成功。1851 年，世界博览会在伦敦举行，库克父子共组织 15.6 万名以上的参观者前来游览。1855 年，托马斯·库克又组织旅游者前往法国巴黎参加博览会，此次旅行共计在巴黎停留 4 天，全程一次性报价，成为世界上组织出国包价旅游的开端。

1865 年，托马斯·库克父子公司正式成立，全面开展旅游业务。此后，托马斯·库克又亲自担任导游，组织 10 人参加了历时 70 天的环球旅行，这次环球旅游又为托马斯·库克带来了巨大的荣誉。1872年，托马斯·库克又发明了世界上最早的旅行支票。1880年，他又拓展了印度和埃及的市场。托马斯·库克一生实现了许多创举，正因为他，旅游业成为一个为世人所知的行业，旅游也开始作为一种生活方式而为世人所接受，人们的旅游观念随之发生改变。

托马斯·库克被誉为“世界旅游之父”，他的名字也成为旅游的代名词。他所创造的包价旅游服务模式使得世界各地纷纷效仿，许多类似的旅游组织在各地纷纷成立。1857年，英国成立登山俱乐部；1885年，英国成立帐篷俱乐部；1890年，法国和德国也分别成立观光俱乐部；1850年，美国运通公司开始兼营旅游代理业务，并于1891年发行了旅行支票，与后来的英国通济隆公司、比利时的“铁路卧车公司”并称为20世纪初世界三大旅行代理公司。

六、近代中国旅游业的产生与发展

在西方工业革命如火如荼之际，位于世界东方的雄狮尚在沉睡之中。处于封建社会末期、抱持闭关锁国政策的大清帝国在列强的坚船利炮中打开了国门。在民族危亡之时，有识之士才开始睁眼看世界，百日维新、洋务运动等都是清政府向西方学习的不断尝试，许多才子也都漂洋过海，向先进的欧美国家学习改变国家和民族命运的方法，足迹遍布世界。与此同时，随着西方列强的入侵，西方传教士、商人、学者、探险家也纷纷来到中国。依托经济和政治地位上的优势，他们往往能够选择中国的名胜之地休闲享乐，甚至在庐山、北戴河等避暑胜地建造别墅。他们的旅游休闲活动引领了近代中国的旅游活动，中国有闲阶级在日益频繁的中外交流和新思想的冲击下，旅游观念逐渐改变，旅游活动日益兴起。外国旅游企业看准商机，迅速抢占中国市场，在上海、天津、广州等沿海城市设立了旅游企业分支机构。这些活动客观上促进了中国旅游活动和旅游业的发展。

1923年8月，上海商业银行旅行部由陈光甫创办成立，这是第一家由中国人开办的旅游代理机构。从此，国人可以不再通过洋人开办的旅行社办理旅游业务。因此，上海商业银行旅行部在创办之初就得到了国内各界的热烈欢迎，它标志着中国旅游业从此进入一个新的历史时期。1924年春，上海商业银行旅行部第一次组织了游客从上海赴杭州的游览。1925年春，上海商业银行旅行部第一次组织了有20多人参加的赴日本“观樱”旅行团，游客们游览了长崎、京都、东京、大阪等地，这标志着其正式办理出国旅游业务。1927年春，该旅行部编印出版了中国第一本旅游刊物《旅行杂志》，并一直出版发行到1954年。

1927年6月，上海商业银行董事会决定投资5万元，将旅行部单独注册挂牌并更名为“中国旅行社”。后来随着业务范围的不断扩大，其内部机构也逐步健全，发展到七部一处，不仅在全国各大城市设立了办事机构，而且在新加坡、马尼拉、加尔各答、仰光等外国城市设立了办事机构。

知识链接

中国旅行社：民国初年陈光甫创建的中国第一家旅行社

1923年8月1日，第一家由中国人创办的旅行社——上海商业银行旅行部宣告成立。1927年，旅行部改为中国旅行社，以服务社会为理念，悉心经营，开拓发展，成为民国第一家大型旅游服务企业，并跻身于世界级旅行社之列。作为中国近代第一家正规的旅行社，中国旅行社自1923年成立直至1953年宣告结束，以其30年的不凡旅程，为后人留下了服务社会的宝贵理念和丰富经验，值得后人借鉴与仿效。

模块小结

本模块简要介绍了人类出行的历史，从原始社会人类迫于生计的迁徙，到奴隶社会的奴隶主巡游、早期的商业旅行，到封建社会更大规模的商业旅行、帝王巡游、文人漫游、科考旅行、宗教旅行、外交宦游和官宦迁嫡等旅行活动，直到近现代工业革命之后现代旅游业的萌芽与发展，简要概述了旅游活动的起源与发展历程。

同步测试

一、选择题

1. 被世界公认为商业性旅游鼻祖的是（　　）。

A. 孔子　　B. 徐霞客　　C. 马斯洛　　D. 托马斯·库克

2. 中国最早的旅行社是（　　）。

A. 中国旅行社　　B. 中国国际旅行社

C. 中国青年旅行社　　D. 中国康辉旅行社

3. 以下说法中正确的是（　　）。

A. 丝绸之路促进了东西方经济和文化的交流，说明古代中国出境旅游业已经非常发达

B. 郑和七下西洋，促进了古代旅游业的发展

C. 古代旅行很难说是旅游活动

D. 在工业革命之前，不存在旅游活动

4. 旅游发展与生产力之间的关系是（　　）。

A. 生产力水平与旅游发展没有关系

B. 生产力水平的高低影响旅游活动的发展

C. 生产力水平越高，人们越无法旅游

D. 生产力水平越低，人们出游意愿更强烈

二、思考题

1. 试分析古代著名旅行家是否等同于今天的旅游者?

2. 为何说古代文人的旅行给今天的我们留下了极为宝贵的财富?

3. 试分析旅游活动与审美意识之间的关系。

实践训练

查阅书籍，了解本模块中所提到的古代旅行家的生平事迹。

模块二　旅游的内涵与外延

【学习目标】

1. 理解旅游概念的内涵及旅游的本质属性
2. 理解旅游活动产生的主客观条件
3. 了解旅游概念的外延及旅游活动的类型

【学习导入】

当导游的小王

小王是一名导游，参加导游工作的三年来，小王带领不同的游客游遍了祖国的三山五岳，这其中既有辛苦，也有成就感。小王习惯于将每次带团的经历通过网络发布出来，希望获得亲友们的认可。这时，许多朋友就特别羡慕地给小王留言："真羡慕你们做导游工作的，不仅可以免费旅游，还能够赚钱养家。"看到这类留言，小王心中总会飘过一丝疑惑："我真的是在免费旅游吗？从表面上看，好像是；但是仔细想，不带团时自己与亲朋好友一起旅游在感觉上又完全跟带团时不一样，这到底算不算旅游呢？"

思考：

同学们，你们觉得旅游是什么？带团算不算一种旅游活动？晚饭后逛公园、到北京走亲戚、因公出国参加会议等行为又算不算旅游？旅游概念的内涵与外延分别是什么呢？

从古至今人类就从未间断过迁徙和旅行活动，且方式多种多样。但古代旅游活动多是混杂于旅行活动之中，少有故意为之的专门旅游活动。究竟什么样的旅行活动才算旅游活动，哪些活动又不算旅游活动呢？这就需要我们从旅游的内涵和外延来寻找答案。

一、旅游的内涵

旅游一词最早产生于魏晋南北朝时期。然而，"旅"与"游"在古代文学中是两个词，“旅”是指离开家乡而客寄他方，而“游”则表示游览、观光、娱乐之意。从词源分析，旅游一词至少有两层内涵：一是空间上的移动，即离开家乡去往异地；二是出行动机上的审美、休闲和愉悦目的。古代的帝王巡游、科学考察、宗教云游等都是离开常住地前往异地，但他们的目的则往往并不是出于纯粹的游览和审美，因此古代的旅行活动很难称得上是我们现代意义上的“旅游活动”。

在国外，旅游的英语表达是“tourism”，它于1811年出现于《牛津词典》中，并且在二战之后才被广泛使用，而在此之前，人们普遍用“travel”一词来表示较为艰苦、困难和危险的旅行活动，大体类似于我国古代的“旅行”一词。

可以看出，古代旅行不论是在中国还是外国，都不是那么令人愉悦的事情，旅途中充满不确定性、困难甚至危险。只有当社会经济发展水平达到一定的程度，人们的出行才会变得轻松，旅游活动才能真正成为人们的一种生活方式。

（一）旅游的本质属性

尽管旅游活动丰富多彩，内容形式千差万别，甚至一种旅游活动与另一种旅游活动之间看起来没有任何相似性。然而，事物的形式只不过是其本质的外在表现，所有旅游活动之所以称为旅游活动，是因为它们都具备同一本质，使得旅游是为旅游，而非旅行、休闲或者其他。总体而言，判断一个活动是否是旅游活动，可以从以下几个方面进行：

1. 精神上的愉悦性

尽管人们的旅游动机各不相同，或游览名胜古迹，或醉心山水美景，或参与互动活动，或体验异域风情，或探险奇山古洞，但是这些活动对于满足旅游者内心的需要却是相同的，即对人内心愉悦的一种满足。精神上的愉悦性使得现代旅游活动与古代旅行活动具有本质上的不同。

游览名山大川，山的雄奇、水的柔美、植被的秀丽、峡谷的幽深，这些自然美可以让人体验一种审美的愉悦；走向荒漠戈壁，“大漠孤烟直，长河落日圆”的广阔无垠、肃杀和苍凉感一样带给游人异样的心境；凭吊先人遗迹，怀念、愤慨、惆怅、唏嘘纷纷涌上心头，却反过来能够带给游人心灵的升华；欣赏艺术作品，艺术之美与人内心相互激荡，给人以或崇高、或优雅、或悲壮、或震撼、或恬静等诸多感受；静坐于度假区内，捧一杯清茶，或远眺、或静思、或发呆、或小憩，休闲的时光总能给心灵带来自由的享受。同样，体验异域风情，学习传统文化，见识的增长、知识的获取使人心生成长的愉悦；探险奇山古洞、攀登绝顶高峰、参加极限运动给人以挑战成功的喜悦；造访宗教圣地，高大巍峨的宗教建筑在虔诚的诵经声中给人以静心的力量。

可见，所有的旅游休闲活动无一不给人以精神的愉悦享受，其中既有娱乐享受、审美求知，也有休闲体验。

知识链接

黑色旅游

黑色旅游是指到死亡、灾难、痛苦、恐怖事件或悲剧发生地的旅游现象。这种现象最早可以追溯到欧洲中世纪，大批的朝圣者前往耶稣殉难地的旅行。1996年，苏格兰大学的玛尔考姆·弗尔列和约翰·莱侬首次提出“黑色旅游”的概念。2000年，他们又合作出版了《黑色旅游：死亡与灾难的吸引力》一书。此后“黑色旅游”在国外，特别在欧美地区的旅游学界引起广泛的研究，成为欧美地区旅游学界新兴的热点研究领域。国外还有许多学者提出了诸如“死亡旅游”“黑色景点”“暴力遗产”和“不和谐遗产”等相似的概念。

在欧美，成功的黑色旅游案例有很多。例如：波兰的奥茨维辛集中营（1940—1945年150万名囚犯葬身于此），自1947年波兰政府将此建成博物馆以来，已成波兰十大著名旅游景点之一，堪称黑色旅游的样板基地。2001年，美国“9·11”事件后，世贸中心废墟给游客带来强烈的视觉冲击，让人无法忘记那一幕惨剧，世贸中心废墟也成了许多游客的必访之所。以灾难为吸引物，适时适地地开发黑色旅游，不仅突出了旅游业的社会效益，也为旅游产品的创新带来了启示。

在我国，唐山大地震、汶川大地震给人们留下了难忘的痛苦记忆，如今唐山大地震罹难者纪念墙和纪念碑已经成为唐山旅游的必去之地。侵华日军南京大屠杀遇难同胞纪念馆也充满着中华民族伤痛的记忆。

当旅游者在这些“黑色旅游”地参观游览时，其心情实在难以说得上是“享受”。

思考：

这种“难过”“悲伤”甚至“愤懑”的黑色旅游体验是否是对我们课本所说的“精神上的愉悦性”的否定？

2. 空间上的异地性

旅游活动必然带来旅游者在空间上的转移，旅游活动的产生基本源于两方面的原因：一方面，人们日复一日、年复一年的生活于其惯常居住地，熟悉的人物及事物、工作与家庭两点间的往返、枯燥的工作内容等早已无法激起人们心中的兴奋，因而，人们倾向于离开惯常居住地，寻求一种不同于日常生活的、新奇的、变化莫测和不可预期的生活所在地，同时由于社会角色扮演的原因，人们在其惯常居住地往往扮演着较为固定的角色，而社会对这些固定的角色也有着固定的期望，人们碍于社会对自己的期望，需要时刻努力维持角色所需要的外在形象，这被称为印象整饬，而这种努力使得人们无法真正地体验到放松和休闲的感觉，因而，逃离惯常居住地前往异地成为人们放松休闲的一种重要方式；另一方面，由于地理、人文、经济、风俗、语言等多方面的原因，使得异地的山山水水、民俗风情都与人们的惯常居住地有着极大的差异，这种差异会使得旅游者产生一种新鲜的、不可预期的、有着强烈的心理冲击的体验，因此，非惯常居住地往往能够对旅游者产生巨大的吸引力。

3. 时间上的暂时性

旅游活动往往并不会持续太长时间，这是由旅游活动在空间上的异地性所决定的。异地性决定了旅游目的地与惯常居住地在自然景观和民俗风情等诸多方面的差异，这些差异能够在旅游者到达之初给旅游者带来一种新奇、紧张刺激、变化莫测、不可预期的旅游体验。然而旅游的体验时间一旦超过一定界限，则会给旅游者带来另一个极端的体验，新奇变成麻木、紧张刺激变成筋疲力尽、变化莫测变成了然于胸。异地，在时间的冲刷下，渐渐变得与旅游者原来的惯常居住地并无二致，异地对于旅游者的吸引力也消失殆尽。

因此，旅游活动在时间上必然是短暂的。人们需要到异地旅游，需要放松、需要新奇、需要刺激，但更需要花更多的时间留给自己安全、舒适、温暖的港湾——惯常居住地。

4. 目的上的非功利性

旅游活动是为了追求审美体验和享乐休闲的活动。因此，旅游的非功利性是指人们的旅游活动并不以获取实际利益为出行目的，旅游活动并不满足人们的物质的、功利性的需要，它直接满足的是人们的精神需要。一方面，旅游活动并不因为旅游者的实际利益需要而产生；另一方面，旅游者并不对旅游客体做功利性的评价。正如在旅游审美过程中，人们欣赏一片树林，想到的不是这片树林的经济效益，不是树林可以做成多少家具、可以制造多少张纸。作为一名旅游者，人们往往想到的是树林的美学价值。在旅途中，旅游者对当地美食的追求也开始脱离原始的“求饱”动机，而是更多的加入了非功利性的精神需要。例如：旅游者在品尝美食时会追问美食的历史渊源、故事传说、生产过程、文化寓意等，从而展开丰富的联想、情感、体验、认知等心理活动，在享受美食的过程中，旅游者也会得到心灵上的陶冶、审美上的享受和认知上的升华。

（二）旅游与旅行、休闲的区别

为了更深入地了解旅游的本质特征，有必要对旅游、旅行和休闲三个概念做出一定的区分（见表1-1）。

1. 旅游与旅行

旅行包含旅游，旅游是旅行的一种形式。旅行是指人们离开惯常居住地前往异地，而人们前往异地的目的则不重要，或是基于科学考察的原因，或是基于游览观光的目的，或是走亲访友的初衷，抑或仅仅是一种苦行、一种磨砺、一种洗礼。而旅游者的旅游活动则目的明确，旅游活动不基于任何功利性目的，如工作、谋生、学习或其他事务，而是单纯地追求一种精神上的愉悦，如游览、观赏、参与体验等。因此，旅游是一种旅行，但旅行却不一定是旅游。

2. 旅游与休闲

什么是休闲？国内外不同学科领域的学者对休闲的理解至今仍然莫衷一是。在经济学中，休闲是指“在闲暇时间里的活动”，这些活动往往能够让休闲者得到放松、休息和成长，如读书、垂钓、发呆、逛街、登山等。因此，休闲更多的是从时间的角度进行界定，从这个角度来看，旅游是一种“在闲暇时间里的活动”。因此，我国多数学者认为“旅游是休闲的一部分”，旅游是休闲活动的一种特殊形式。编者采用多数学者的观点，认为旅游属于休闲的一部分，是休闲活动中同时具备暂时性和异地性的一种活动。

表1-1　旅游与旅行、休闲的区别

概念	目的	空间	时间
旅游	休闲享乐、审美求知	异地	暂时（一般不超过一年）
旅行	商业、贸易、宗教、探亲访友、科考	异地	暂时
休闲	休闲享乐、审美求知	非异地	暂时（一般不超过一年）

（三）旅游的定义

综上所述，旅游是一种非功利的、以获取精神愉悦为目的的、暂时性的异地活动。国内外学者也对旅游的概念做出了不同的阐述。例如：德国学者蒙根·罗德认为旅游是暂时离开自己的住地，为了满足生活和文化的需要或各种各样的愿望，而作为经济和文化商品的消费者逗留在异地的人的交往。

20世纪70年代，国际旅游科学专家协会（International Association of Scientific Experts in Tourism，AIEST）认为，旅游是由非本地居民的旅行和短暂停留所引起的各种现象和关系的总和；其前提是这些旅行和短暂停留不会导致他们长期居住或从事任何赚钱的活动。

1993年，联合国接受世界旅游组织的报告，将旅游定义为：人们出于休闲、商务或其他目的离开惯常环境到某个地方，连续停留时间不超过一年的活动，这种活动不以从访问地获取报酬为目的。

我国著名旅游学者李天元认为，旅游是人们出于移民或就业任职以外的其他原因离开自己长住地前往异国他乡的旅行和逗留活动，以及由此所引起的现象和关系的总和。

可以看出，20 世纪国内外学者多将旅游看做一种经济现象，对旅游的作用、特点和定义等各方面的研究都被深深地打上了经济学的烙印。这些研究无法准确地将旅游活动与其他功利性活动区分开来，甚至受经济学的影响还将商务活动纳入旅游的定义之中，不能够深入地反映旅游现象的本质。我国著名旅游学者谢彦君教授认为旅游活动应当从现象学的视角予以认识，提出旅游是个人以往异地寻求愉悦为主要目的而度过的一种具有社会、休闲和消费属性的短暂经历。本书采用谢彦君教授对旅游的概念所做的界定。

（四）旅游活动产生的条件

任何人都可以成为旅游者，但并不是每个人在任何时间、任何条件下都能成为旅游者。个体从生活世界走向旅游世界需要满足一定的条件，只有个体既有内在的意愿驱动，又有外在客观条件的允许，才能由生活中的人变成一个旅游者。

1. 旅游活动产生的客观条件

长达数千年的人类文明史进程中，对旅游活动的记载却屈指可数，“旅行”在人们的脑海中总是与“苦旅”“风餐露宿”“朝不保夕”等负面词汇相联系，究其原因，古人旅行之所以苦正是与当时旅行的许多客观条件分不开的，如交通不便、住宿服务匮乏、经济拮据等，使得人们安土重迁、故土难离。在经济发达的现代社会，“来一场说走就走的旅行”依然是大多数人心中的梦想，并且也只能停留在梦想的层面，也正是由于人们的出游往往受限于经济、时间、家庭情况等诸多客观因素，因此无法做到“说走就走”。

（1）可自由支配收入。人们往往是在满足了自身的生存需要之后才能顾及自己的精神需要。由于对生存需要的满足不会因收入的降低而减少或消灭，因此，当人们的收入降低时，人们会花更多的金钱用于维持正常的生活；而当人们的收入超过维持生活所需时，人们才有可能真正开始为精神需要而消费。历史上旅游业的兴起也是与经济的繁荣和人们收入的增加密不可分的。

当代研究中，人们常常用可自由支配收入来分析旅游消费行为。人们在获取收入之后，并不能完全按照自己的意愿进行消费，而是首先要扣除所得税、日常生活必需消费（衣食住行等）、社会保障性消费。满足了正常生活所需之后，人们收入中所剩余的那部分便是可自由支配收入。当收入在贫困线以下时，人们疲于应付生活，无法产生旅游行为；而一旦收入超过贫困线，人们便开始花更多的钱用于精神层面的消费，如旅游消费。

相关统计也证明了这一点：当一国人均国民生产总值在800美元～1 000美元时，居民将普遍产生国内旅游动机；当一国人均国民生产总值在4 000美元～10 000美元时，居民将产生到邻国旅游的动机；而当这一数值在10 000美元以上时，居民将产生全球旅游的动机。据统计，2016年，中国（不包括港澳台）人均GDP已经达到8 865.999美元，绝大多数居民已经具备大众旅游的经济基础，中国成为名副其实的世界旅游大国。

同时，旅游消费具有较高弹性，世界旅游组织估计世界旅游消费弹性为1.88，即当人们的可自由支配收入每增长1%时，人们的旅游消费数额就会增长1.88%。也就是说，随着可自由支配收入的增长，人们倾向于花费更大比例的金钱用于旅游消费，这也与恩格尔系数的表述一致。

另外，可自由支配收入的增长还会影响旅游者旅游目的地和旅游方式的选择，同时影响旅游消费中各要素的消费比例。随着可自由支配收入的增长，人们在出游时目的地会选择风景优美、设施完善的旅游度假地，交通方式上选择便捷的高铁或者飞机，住宿上选择舒适的高标准酒店。在消费结构上，旅游活动中的食、宿、行、游是必不可少的内容，旅游者在这些方面的消费差别不大、弹性较小，但娱乐和购物活动则弹性很大，可自由支配收入的多少直接影响旅游者在这两个方面消费的投入比例。

然而在实践中，旅游消费水平也并不是与收入水平的增长完全呈正相关的关系。例如：当人们的可自由支配收入达到一定的高度，其旅游消费所占比例反而减少了，这是因为较高收入的人群往往事务繁忙，反而无暇参与旅游休闲活动。

拓展阅读

《我想去桂林》

1994年，来自贵阳的歌手韩晓因首唱《我想去桂林》而成名，并跻身国内当红歌手行列。这首歌塑造了一个渴望游桂林，期盼置身于山水风光之中，但又苦于因为时间与金钱的矛盾而无法实现愿望的人物形象。桂林山水甲天下，那么美丽的风景，有什么理由不去看看呢？歌词如下：

我想去桂林呀我想去桂林
可是有时间的时候我却没有钱
我想去桂林呀我想去桂林

可是有了钱的时候我却没时间
在校园的时候曾经梦想去桂林
到那山水甲天下的阳朔仙境
漓江的水呀常在我心里流
去那美丽的地方是我一生的祈望
有位老爷爷他退休有钱有时间
他给我描绘了那幅美妙画卷
刘三姐的歌声和动人的传说
亲临其境是老爷爷一生的心愿
……

（2）闲暇时间。旅游活动在客观上需要消耗一定的时间，事实上在经济发达的现代社会，时间是比金钱更为稀缺的资源，只有同时满足时间和金钱两方面的条件，人们才有出行和旅游的可能。

每个人的24个小时可以划分为工作时间、生活时间和闲暇时间三大部分。工作时间是指人们为了赚取生存所需的资源而必须付出的劳动时间；人们除了吃饭、睡觉和家务所必须花费的时间，还要参加一些必要的社交活动。扣除工作时间和生活时间，其余时间便是人们的可自由支配时间，人们往往将可自由支配时间部分或全部地用于休闲和旅游活动，因而可自由支配时间往往被称做闲暇时间。

在历史发展进程中，社会总体闲暇时间的分布也随着生产力的变化而不断变化（见图1-1）。在原始社会，社会生产力极其低下，人们为了获取生存所需资源，往往要夜以继日地劳作方能保证自身和家族的生存和发展，劳作成为人类社会的主要内容。进入古代社会之后，人类社会生产力已经有了大幅提升，但整体生产力水平依然较为低下，因此，辛勤劳动是社会伦理的主旋律，而骄奢淫逸成为社会所摒弃的恶习，人们仅有的一点闲暇时间也只能用于劳作后身体精力的恢复，以便于次日继续劳动。工业革命之后，人类社会进入生产力快速发展的新时代，机器化大生产代替手工操作，社会化大分工大大提升了劳动生产率，以往需要大量时间才能获取的生存资源，在现代社会也许只需要很少的时间就可以完成。于是，人们从辛苦的劳作之中解放出来，拥有了大量的闲暇时光，休闲旅游的风尚开始广泛流行，辛勤劳动不再是人们心中唯一绷紧的弦，闲暇活动的目标也不再是为了休整后更好的工作；反之，人们开始将闲暇的生活视为人生的终极目标，工作只不过是保证闲暇生活的一种手段。

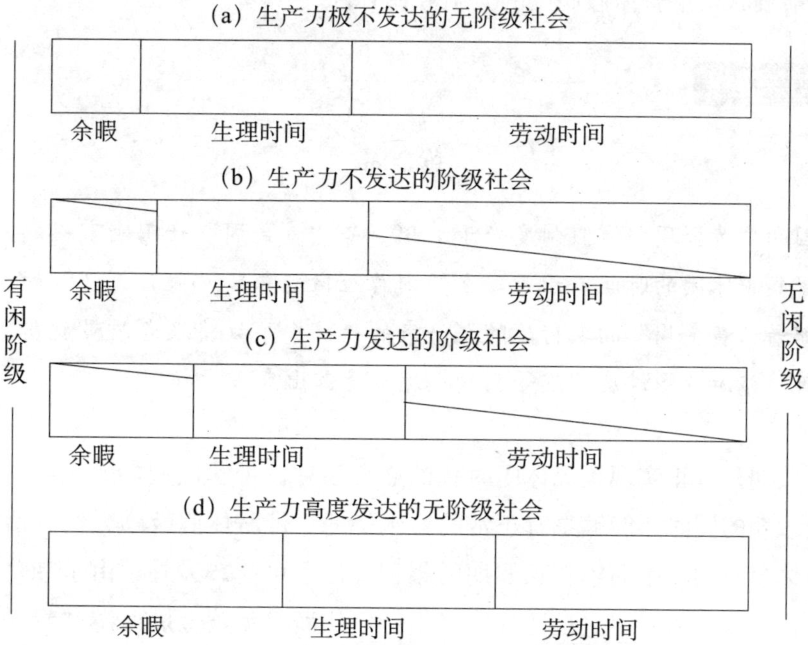

图 1-1　不同社会状态下人生时间的结构

资料来源：谢彦君：《基础旅游学》，北京，中国旅游出版社，2004。

现代社会中，不同的休闲方式需要不同类型的闲暇时间。旅游学研究中，闲暇时间大体可以分为每日工作之余的闲暇时间、周末、法定假日和带薪假期四种。

每日工作之余的闲暇时间零散地分布于每个工作日的剩余时间中，人们常常利用这些时间进行休闲娱乐活动或者休息，但却无法进行旅游活动。

目前，多数国家都采取双休制，两天的闲暇时间为短途旅游提供了时间保障。人们往往利用双休日到城市周边进行短暂的休闲活动，这对于近年来方兴未艾的乡村旅游发展有着重要的意义。

法定假日为人们进行较远途旅游提供了制度保障。1999 年，国务院发布《全国年节及纪念日放假办法》，决定增加公众法定休假日，形成了春节、“五一”“十一”三个大黄金周，黄金周制度的实行极大地促进了我国公民的旅游消费，选择黄金周出行的旅游者连年上升，为国家经济社会发展做出了一定贡献。然而，黄金周的实行使得全国公民出游时间过于集中，严重影响了游客出游体验，在交通、景区管理等各方面出现了大量问题，因此，2013 年修订的《全国年节及纪念日放假办法》中，我国黄金周变成春节和国庆节两个，五一、元旦、清明、端午、中秋则是三天的小长假，这样可以促使客流相对分散于一年中的各个时间段。然而，国家法定假期的微调并不能从根本上改变旅游者出行在时间上的过度集中。在旅游旺季，旺盛的旅游需求与旅游供给的严重不足形成巨大的矛盾，从而产生诸多问题，因此，要想改变当前现状，带薪休假制度的实施势在必行。

知识链接

黄金周

中国的“黄金周”休假制度始于1999年，“黄金周”让刚刚富裕起来的中国人拥有了集中休闲的时间。于是，在国内曾经掀起一股“假日经济”的热潮。但是，伴随着“黄金周”的实行，随之而来的拥挤、事故、服务质量打折、景区设施不完善、旅游资源过度开发等问题也逐渐暴露出来。

带薪假期是真正实现全民休闲时代的必要条件。带薪假期，顾名思义，是指员工在享受假期的同时还能够享有正常的薪水待遇。带薪休假鼓励人们灵活安排自身的工作与休息时间，因而给较长假期的累积提供了可能。另外，由于带薪假期时间上的灵活性，人们可以尽量地选择错峰出行，从而避免黄金周出游“看人头”的尴尬境遇。

近年来，国家对带薪休假制度的推行非常重视。2007年，国务院通过了《职工带薪年休假条例》，从行政法规角度规定了职工的年休假权利，并且国家法定节假日、休息日不计入带薪年休假的假期。2009年《国务院关于加快发展旅游业的意见》、2013年《国民旅游休闲纲要（2013—2020）年》、2014年《国务院关于促进旅游业改革发展的若干意见》、2015年《关于进一步促进旅游投资和消费的若干意见》以及我国的“十三五”规划中，都把积极促进和落实带薪年休假制度列为重要内容。

2. 旅游活动产生的主观条件

当一个人具备足够的可自由支配收入和闲暇时间时，出游意愿就成为决定其出游的可能性、出游目的地选择的最关键因素。出游意愿的产生基于个体一系列的心理过程。大体而言，旅游意愿与旅游者的需要、动机、态度等都有关系。

人类的任何行为都是基于一定的动机，动机是引起个体活动，维持并促使活动朝向某一目标进行的内部动力。旅游动机是促使个体产生旅游意愿及选择旅游方式和目的地的内在驱动力。国内外许多学者对旅游动机都进行过许多研究，其中丹恩（1977）的旅游驱动因素理论较为著名，他提出驱使人们出游的内在驱动力大体可以分为两类：一是“推力”，二是“拉力”。因此，这一理论也被人称为“推拉”理论。推力是指由于日常生活的乏味、工作的压力等诸多原因而推动旅游者走出家门的内在驱动力；拉力是指旅游目的地对旅游者的吸引力。推、拉两种力共同作用下形成旅游行为。麦金托什等学者对旅游动机进行了更为细致的分类，他们将旅游者的出游动机细分为四类，分别是身体动机、文化动机、人际动机、地位与声望动机。

旅游态度也是影响旅游者出游意愿的重要因素。旅游态度可以分为认知、情感、意向三个因素。旅游态度的认知因素决定了人们对旅游以及对旅游目的地的看法。例如：有些人认为旅游是有益身心的；有些人认为旅游只不过是花费金钱获得身心的疲乏；有人认为旅游是享受人生；也有人认为旅游是不务正业、游手好闲。旅游态度中的情感因素决定了人们对旅游或某一旅游目的地的内在感受，如提及迪士尼乐园就让人感到愉快，提到厦门就仿佛有种海风吹拂的惬意。情感因素有时先于人们对事物的认知而产生，有时甚至会影响人们的认知，基本代表了个体对旅游对象的整体评价。因此，不论是旅游行业还是其他行业，经营者常常试图从情感的角度来影响旅游者的出游决策，如选用人气较高的“小鲜肉”明星代言、设计令人亲近的外观或吉祥物等，这些都可以瞬间拉近与游客之间的心理距离。旅游态度的意向因素是指人们旅游行为的倾向性。一般而言，人们的旅游意向往往是基于认知和情感，但有时也会不一致，如尽管对某旅游景区评价不高，由于促销的力度比较大，个体依然有可能选择去这个景区旅游。

3. 旅游活动产生的其他条件

除影响旅游者的主客观条件之外，旅游是否能够成行还受许多其他条件的影响，如个人因素、家庭生命周期、旅游目的地情况、交通情况等。

（1）个人因素。人的旅游动机、需要和态度总是与其个人状况密切相关的，如健康状况、年龄、性别、个人受教育程度、职业等。健康的人容易产生旅游动机，而身体孱弱的人往往无法成行；年轻人喜欢冒险，年长者则喜欢静心观赏；有较高受教育水平的个体对外界了解更多，因此往往也有着较强的旅游动机。

（2）家庭生命周期。根据韦尔斯和格巴的研究，家庭生命周期分为九个阶段：未婚阶段；新婚无子女阶段；满巢阶段 1：已婚夫妇子女幼小；满巢阶段 2：已婚夫妇子女超过 6 岁；满巢阶段 3：已婚夫妇子女独立；空巢阶段 1：不与子女共同生活且未退休；空巢阶段 2：退休且不与子女同住；孤独余生阶段 1：在职的独身年长者；孤独余生阶段 2：退休的独身年长者。

未婚青年渴望认识世界，出游意愿强烈，但限于经济承受能力较差，因此多选择短途和低价旅游活动；婚后青年的旅游动机强烈，且具备一定的经济基础，往往会选择花费较高的远程旅行，旅游目的地多选择浪漫的休闲度假胜地；随着子女的诞生，青年夫妇开始将重心转移到照顾子女上来，因此在金钱和时间上都难以产生旅游行为；随着子女的长大，三口之家开始产生较强出游动机，这时人们往往选择一些能够促进子女成长的亲子旅游、修学旅游等；当中老年夫妇进入空巢时期，可自由支配收入和闲暇时间都达到峰值，因此旅游倾向不断提高，近年来兴起的银发旅游市场便是佐证；然而，随着年龄的增长，老年人由于身体的原因而导致出游意愿渐渐降低。

（3）旅游目的地情况。旅游目的地情况也是旅游者是否会选择来此地旅游的重要原因，可分为自然和社会两方面因素。自然因素包括气候和气象、自然灾害等，这些因素使得旅游目的地在有些时候不适合游览，从而导致旅游决策的改变。旅游目的地的政治、经济和社会各方面状况都会影响旅游者的选择，如罢工、恐怖袭击、疫病流行、签证政策等原因都可能影响旅游者。

（4）交通情况。交通状况直接影响旅游者到达旅游目的地的难易程度，交通便利、距离客源地较近的旅游目的地往往游客众多，而许多资源品位较高、风景优美、民风淳朴的旅游目的地因交通不便，难以到达。为促进西部地区的旅游业发展，我国大力推进偏远地区支线机场的建设，从而快速解决旅游目的地的交通困境。

二、旅游的外延

作为一种复杂的社会现象，旅游是一种综合性的社会经济活动，可谓包罗万象、纷繁复杂。尽管我们已经从旅游的本质属性出发，对旅游概念的内涵做出了界定，但是在实际的经济统计工作中，依然需要对旅游的外延做具体的界定，从而从不同的维度确定哪些现象是旅游。

（一）旅游活动的时间界定

众所周知，旅游具有暂时性，旅游者往往倾向于在旅游目的地做短期的停留。然而，在具体统计工作中，“短期”依然需要做出具体的时间界定，以确定是否计入旅游统计。一般而言，国内外学者将旅游活动划分为过夜旅游与一日游（不过夜旅游）。

所谓过夜旅游，是指旅游者离开其惯常居住地，在旅游目的地停留 24 小时以上的旅游活动。然而，业界对过夜旅游的时间上限却存在争论。例如：世界旅游组织认为旅游活动的时间范围应是在旅游目的地停留 24 小时以上，但最长不超过 1 年；法国旅游发展署将国内旅游者视为外出旅行 24 小时以上但不超过 4 个月的人；国家统计局将在旅游目的地停留不超过 6 个月的人视为旅游者。

所谓不过夜旅游，即一日游，是指在时间上不超过 24 小时，当日往返的旅游活动。由于一日游不涉及在当地的住宿，对旅游目的地的经济贡献相对较小，因此许多国家和地区将一日游单独进行统计。

（二）旅游活动的距离界定

国际上一般将旅游活动划分为国际旅游与国内旅游两种，旅游者同样也被划分为国际旅游者与国内旅游者。顾名思义，国际旅游者与国内旅游者的区别就在于是否出国。我国将旅游划分为境内旅游和出境旅游。

旅游活动具有异地性，人们离开惯常居住地到达异地进行旅游活动，但在出行距离上，各个国家和地区对于“异地”也有着不同的衡量标准。美国国家旅游资源评价委员会、加拿大统计局和旅游局都采用至少 80 千米（单程）作为衡量是否为国内旅游的临界尺度，而美国旅游数据资源中心和美国人口普查局则采用至少 160 千米的标准。我国统计局认为居民离开长住地 10 千米以上，出游时间超过 6 个小时，便可计为旅游者。

（三）旅游活动的具体形式

旅游活动具有非功利性，旅游者出行的目的是身心的愉悦，而非就业、获利等功利性目标，这一观点在当前旅游学界已经达成共识。然而，在现实生活中，人们旅行活动的构成往往是异常复杂的。在一次出行活动中，人们往往会完成多个活动，有些活动是出于精神愉悦的目的，也有些活动是出于谋生的需要。旅游活动与非旅游活动的认定如表 1－2 所示。

表 1－2　　旅游活动与非旅游活动的认定

旅游活动	非旅游活动
消遣、娱乐活动； 观光、度假活动； 会议、展览活动； 短期的研学、修学活动； 以健康为目的的医疗休养活动； 在目的地从事经济、宗教、体育、文化等活动； 商业或公务活动； 因家庭事务、探亲访友等原因而前往目的地停留； 购物活动	在异地从事某一职业； 在异地定居； 在异地学习，并寄宿在校； 居住在边境地区并日常越境到邻国工作； 外交访问活动

三、旅游活动的类型

旅游活动的类型划分与划分标准直接相关，不同的分类标准下的旅游的划分方法也各不相同。例如：按时间分类，旅游可以分为一日游和过夜游；按距离分类，旅游可以分为远程旅游和近程旅游；按地理范围分类，旅游可以分为国际旅游和国内旅游。

下面我们主要介绍以旅游目的为划分标准的旅游类型。按旅游目的分类，旅游活动大体可以划分为消遣型旅游和事务型旅游两大类，其中每个类别又可细分为不同的分类型。值得注意的是，在一次旅游行程中，旅游者出游的目的可能并不是单一的，而是混合多种旅游目的。

（一）消遣型旅游

消遣型旅游是指以消遣为目的的旅游活动，包括观光旅游、度假旅游。其中，观光旅游又包括文化旅游、宗教旅游、生态旅游、专业旅游等，这是旅游活动中最普遍和最主要的类型。

1. 观光旅游

观光旅游是以领略异地自然风光、都市景观或人文风情等为主要内容的旅游活动。在旅游过程中，旅游者以游览和观赏为主，在旅游目的地不做停留或稍做停留。一般情况下，旅游者往往挑选旅游目的地知名度高、吸引力大的景点进行观光，争取以最短的时间浏览最多的热门景点。一旦旅游结束，旅游者也很少会选择重游故地，而是常常选择另一个目的地进行观光游览。观光旅游是人类最早的旅游形式，是最普遍、最常见的旅游类型。我国旅游业也是从观光旅游的基础上慢慢发展起来的。至今，观光旅游仍然是我国旅游活动中人数最多、分布范围最广的旅游类型。观光旅游主要可以分为人文观光旅游和自然观光旅游。事实上，任何一个自然景观都早已被深深地刻上了文化的烙印，“仁者乐山、智者乐水”，大自然的山山水水、一草一木经过几千年的文明熏陶，早就具备了丰富的文化内涵。

文化旅游是当前我国观光旅游中非常重要的组成部分。文化旅游泛指以鉴赏异国异地传统文化、追寻文化名人遗迹或参加当地举办的各种文化活动为目的的旅游活动。文化旅游能够拓展人的见闻、增长人的见识，已成为当前旅游业的新时尚。由于文化所包含的内容非常丰富，因此文化旅游的形式也异常多样，主要涉及探索和了解旅游目的地的历史、民族风俗、建筑样式、宗教文化、生活方式、艺术成就、社会组织和文化教育等。其中，既有物质形态的文化，又有非物质形态的文化，既有动态的文化，又有静态的文化。

2. 度假旅游

度假旅游与观光旅游不同，是指人们为了调节生活节奏，出于休养身心，或者为暂时摆脱日常工作和生活环境的紧张压力，利用闲暇时间前往环境幽雅、景色优美、设施良好的旅游目的地，如海滨、山地、湖泊湿地、森林等地休闲和娱乐的活动。度假旅游的主要目的是寻求自由、散漫、放松和休闲状态，以利于身心的健康恢复，因而旅游者在旅游目的地的活动显得相对轻松、自由和随意。由于度假旅游不以大量游览观光为目的，因此旅游者的活动范围一般相对固定，仅限于临时居住地周边。在旅游时间上，度假旅游者往往选择在旅游目的地尽可能地多做停留，并且旅游结束后再次重游的可能性非常大，甚至会定期地返回进行度假活动。在消费水平上，度假旅游的消费与观光旅游相比较高，因此度假旅游与经济发展水平具有较高的相关性。度假旅游自二战后随着世界经济的迅速升温才开始较为普及，但至今仍然是小众的旅游形式，多存在于中高收入群体中。目前，度假旅游主要包括森林旅游、温泉旅游、乡村旅游、海滨度假、湿地度假、疗养旅游等形式。

（二）事务型旅游

事务型旅游是指旅游者因公或因私而离开惯常居住地前往异地所开展的活动。从其本质上来讲，事务型旅游并不以旅游为主要目的，但当人们因公或因私出行时，往往在其事务之外开展形式多样的观光和度假活动，因而，事务型旅游也被看做一种重要的旅游形式之一。

1. 因公事务型旅游

这种类型的旅游主要包括公务旅游、商务旅游、会议旅游、奖励旅游等形式。因公事务型旅游在目的地的选择上并没有太多余地，但事务发生地往往选择在风景秀丽的旅游城市或者名胜度假区，因此旅游者往往选择在目的地周边进行短期的游览。同时，这类旅游者的消费能力较强，对旅游接待设施和质量要求较高，对价格普遍不太敏感。最后，这类旅游者在出行时间上也往往并不集中于旅游旺季，不受气候和季节的影响。其中，以会奖旅游最为引人注目。

会奖旅游，即会展及奖励旅游，国际上简称为MICE，即会议（Meeting）、奖励（Incentive）、大会（Convention）、展览（Exhibition）。其中，会议、大会和展览旅游是指利用举行各种会议、大会和展览活动的机会所开展的特殊旅游活动；奖励旅游则是公司为了激励成绩优秀的员工、经销商或代理商而专门组织的旅游活动。会奖旅游以规模大、时间长、档次高和利润丰厚等突出优势，近年来已经成为旅游业界的新宠。

2. 因私事务型旅游

这种类型的旅游包括探亲访友、治病休养、参加亲友婚礼、购物、出席在外求学子女的重要典礼、外出参加某种培训班或短期修学等。因私事务型旅游的类型众多，出游动机也复杂多样，但这种类型的旅游多是自费旅游，因此，旅游者在出行过程中多会精打细算，以最合理的花费达到最好的旅游效果。

模块小结

本模块主要解决什么是旅游的问题。一方面，旅游具有愉悦性、异地性、暂时性和非功利性等特征。从本质上来看，旅游是个人以往异地寻求愉悦为主要目的而度过的一种短暂经历。旅游受时间、可自由支配收入等客观条件的影响，但最终决定于个人主观意愿。另一方面，我们从现实出发，从时间、空间距离和旅游活动形式出发具体界定了旅游活动的外延，从不同的维度对旅游活动进行了分类，将旅游活动划分为消遣型旅游和事务型旅游两大类。

同步测试

一、选择题

1. 以下哪个选项不属于旅游的本质属性？（　　）

A. 时间上的暂时性　　B. 空间上的异地性

C. 经济上的综合性　　D. 精神上的愉悦性

2. 导游服务人员走遍三山五岳，但从本质上来讲，其导游服务活动却不属于旅游活动，为什么？（　　）

A. 旅游具有时间上的暂时性　　B. 旅游具有空间上的异地性

C. 旅游具有精神上的愉悦性　　D. 旅游具有目的上的非功利性

3. 关于旅游、旅行、休闲，以下说法不正确的是（　　）。

A. 旅游与旅行的区别主要在于出行目的是否为了追求愉悦

B. 旅游与休闲的主要区别在于是否具备异地性

C. 休闲也是一种旅游

D. 旅游也是一种旅行

4. 以下哪一选项不属于旅游行为所必需的条件？（　　）

A. 足够的可自由支配收入　　B. 足够的闲暇时间

C. 较强的出游动机　　D. 较高的受教育水平

5. 根据丹恩的推拉理论，以下哪个选项是“推”的因素？（　　）

A. 某景区实行节假日免费游览活动　　B. 连续工作月余，身心俱疲

C. 四月洛阳牡丹盛开　　D. 电视广告中的旅游公益宣传片

二、思考题

1. 请思考黄金周制度的利弊，并分别做出说明。

2. 试从旅游的异地性角度分析外边的风景更美好的原因。

3. 试分析沙漠旅游的“大漠孤烟直”给游客带来的苍凉感是否与旅游的精神愉悦性相悖？

三、案例分析

清明小长假旅游火爆

驴妈妈发布的《2017清明小长假出游报告》显示，2017年清明假期中，在驴妈妈平台预订景区门票人次是2016年同期的2.9倍。从预订人气来看，全国十大热门景区分别是上海迪士尼乐园、北京故宫、黄山风景区、上海大宁郁金香公园、无锡鼋头渚、广州长隆野生动物世界、北京野生动物园、成都大熊猫繁育研究基地、白

水寨和罗蒙环球乐园。

不难看出，伴随着樱花、桃花、海棠等各色春花竞相开放，各大赏花景区游人如织，踏春赏花出游持续火爆。上海大宁郁金香公园、无锡鼋头渚、广州华南植物园、成都花舞人间、贵州百里杜鹃风景名胜区等均上榜各区域最热门景区榜单，并出现了游客爆棚的火爆景象。

“带着孩子逛主题乐园”也是2017年清明假期出游的热门选择，各地主题乐园依然受到带娃出游家庭的青睐，上海迪士尼乐园荣登清明假期全国最火景区，广州长隆欢乐世界、罗蒙环球乐园等主题乐园也入围全国热门景区榜单。同时，山林景区也成为出游热点，出游人次同比上涨237%。暖春时节登山踏青成为人们清明出行的“心头好”，如华东的黄山风景区、灵山大佛，华中的南岳衡山，华北的盘山风景区，西南的峨眉山，西北的贺兰山等均上榜所属区域的热门景区TOP 10。

思考：

（1）试从旅游活动产生的各种条件来分析清明小长假出现旅游井喷现象的原因。

（2）运用推拉理论分析赏花、山林、乡村和主题公园成为清明小长假的“明星”旅游目的地的原因。

实践训练

【实践1】查询近期本地旅游行政部门对旅游人次的官方统计数据，试调研这些旅游人次数据的统计来源。

【实践2】请访谈处于不同家庭生命周期中的亲朋好友，分析不同的家庭生命周期与旅游行为之间的关系。

模块三　旅游的意义

【学习目标】

1. 了解旅游对于人生、对于社会的重要意义
2. 增强学习者对旅游本质的认识
3. 增强学习者对旅游专业和旅游行业的认同
4. 提升学习者学习的积极性和主动性

【学习导入】

旅游是花钱买罪受?

世界各国对于发展旅游业越来越重视，各种旅游宣传铺天盖地，仿佛旅游已成为一种时尚。大学生小王蠢蠢欲动，想去江南来一场说走就走的旅行。江南的水乡、雨巷、温婉的江南女子及其手中所擎的油纸伞，仿佛在召唤着他去旅行。而当他将旅行计划告知家人的时候，却出现了不同的声音：妈妈认为旅行中食宿不便、旅途劳累、景点拥挤，而且旅行并不能收获到任何有形的东西，纯粹是“花钱买罪受”。小王不禁茫然，旅游是必需品还是奢侈品？是有意义还是无意义？如果有，旅游对于人生，甚至对于社会到底有何意义？

思考：

同学们，你们认为旅游是必需品还是奢侈品？是有意义还是无意义？

世界旅游组织《旅游权利法案》在第一条就明确指出：“每个人休息娱乐的权利，合理限定工时的权利，定期带薪休假的权利，并在法律范围内不加限制地自由往来的权利，已在全世界得到承认。”自我国 1999 年实行黄金周以后，大众旅游迅速发展。2013 年 2 月 2 日，我国国务院办公厅发布了《国民旅游休闲纲要（2013—2020 年）》，第一次从政府层面提出“旅游休闲是公民的基本权利”，更加体现了我

国政府以人为本的施政方针，也说明了旅游休闲作为公民的基本权利和人类的基本需求已经得到了社会的广泛认同。

知识链接

历史上的旅游休闲观念的发展

尽管在现代社会中，旅游休闲早已成为公民的基本权利，然而在漫长的人类社会中，旅游休闲却在大多数时间里被认为是负面的甚至罪恶的事物。

在西方，社会娱乐意识于罗马帝国时代达到顶峰，当时一年中就有200个公共假期，人类已经进入第一个“休闲社会”。然而，由于罗马帝国未能很好地处理“休闲”，导致了最终的覆亡。我国历史中此类例子也不胜枚举。隋文帝宵衣旰食，出现了开皇盛世，而隋炀帝骄奢淫逸，以致二世而亡；唐明皇统治前期励精图治，出现了开元盛世，而后期注重享乐，最终导致大唐100多年的分裂割据。历史的教训告诉后人：生于忧患，死于安乐。因而，在人类历史的长河中，旅游休闲总是被人们视为自取灭亡，避之不及。

罗马帝国覆亡后，人们几乎所有的时间都要从事于人力劳作，而留下极少的时间用于休闲。人们所有的自由时间都被用于从工作中恢复，以便次日继续进行有效的劳动，休闲的作用就成了工作后获得休息以及为了工作而休闲。休闲成为手段，而工作则成为目的。

直到现代，随着世界经济的迅速发展，人们自由闲暇时间的增多使得人们开始回归古希腊哲学思想，反思人生的目的。正如古希腊哲学家亚里士多德所表示的那样，“工作是手段，而休闲才是最终目标”。工作永远不会成为休闲，而休闲也绝不会与工作有任何关系。幸福与生活的质量是源于休闲，而非工作。

一、旅游的个体意义

（一）弥补个体心理匮乏

现代心理学认为个体行为的动机产生于机体对某种需要的匮乏，这种匮乏对机体会产生一定的张力，它驱使着人们去努力弥补这种匮乏，以尽快恢复机体的平衡。人在不同的时刻会产生不同的需要，这些需要驱使着人们产生各种各样不同的行为。马斯洛将人的需要划分为生理需要、安全需要、爱和归属的需要、被尊重的需要和自我实现的需要。人们在满足了基本的生理和安全需要之后，高层次的特别是精神方面的需要则变得更为迫切。而旅游则恰恰能够满足旅游者对爱和归属的需要、被尊重的需要和自我实现的需要等多种高层次需要。

特别是在21世纪，经济繁荣和人民生活水平的迅猛提高，人们的物质需要基本上得到了满足，可自由支配收入和闲暇时间不断增加，而教育、资讯和交通的发达进一步激发了人们对外界事物的兴趣，人们对旅游的需要开始迅速增长，旅游成为提升人们幸福感的生活必备品。

（二）增长见识、开阔视野

古人云“读万卷书，行万里路”，王阳明心学注重“知行合一”，陆游有诗句“纸上得来终觉浅，绝知此事要躬行”。旅游或旅行历来都被赋予着非凡的教化意义。

在旅途中，各地风土民情、历史人文、地理气候验证和丰富着旅游者心中所学的间接知识；同样，在旅途中，旅游者不可避免地与不同的人群发生着各种关系，在人际交往中体验人生百态。无论是细雨温润的江南、大漠孤烟的西北、天苍苍野茫茫的大草原，还是峻极于天的山岳、波涛奔腾的长江大河，都会自觉不自觉地与旅游者心中无数的诗篇互相应和、激荡，进而澎湃出对大好河山的无尽赞叹，无形中旅游者的审美情趣也得到了提升。

（三）增强自我认同感

作为社会性动物，人类不可能脱离群体生活。有心理学家研究发现，个体幸福感与财富、事业成功等因素并不呈现相关关系，反而与社会交往、群体归属等因素呈现较大的相关关系。因此，自我认同感对于个体的身心健康发展非常重要。

知识链接

认同感

认同感是指人对自我及周围环境有用或有价值的判断和评估。人需要被肯定，但是很多人长期处于得不到承认的境地，体验到的更多是疏离感，长此以往就会出现过多的我没有用、我没有价值的判断和评估，即认同感缺失。认同感的满足方式有两种：一种是公众认可，即情境对自己的肯定和承认；另一种是自我认可，即自己对自己的肯定和承认。认同感的满足取决于对存在做出怎样的反应，是享受还是逃避？不同的人会有不同的选择，不同的认知结构决定不同的取向，也因此影响人的心境。

课堂讨论：你周围的朋友出游时最常见的行为是什么？你有没有随手拍照片上传朋友圈的行为？请深入地思考一下，人们为什么喜欢在朋友圈炫耀自己的出游照？

在现代社会，人们可以通过荣誉、财富、事业上的成功、知识、见识、气质、生活的美满等多种途径获取认同感。旅游经历被认为是人们获取认同感的最佳方式之一。在一次成功的旅游经历中，对旅游目的地的选择可以体现旅游者的价值判断及人生态度；旅行途中，旅游者的行为可以反映旅游者的道德素养；对不同景观的审美体验则反映旅游者的知识水准及情感体验；旅游经历的多寡意味着旅游者本身的见识与人生体验的丰富程度。同时，出游本身意味着充足的可自由支配时间及金钱。

因此，旅游经历能够尽情彰显旅游者本人比他人更为优越的一面，促使旅游者获得更多的所属群体成员的赞赏与艳羡，进而大大增进旅游者的自我认同感。

（四）促进个体身心健康

旅游能够促进旅游者的身心健康。一方面，旅游的过程便是走出家门、走向世界的过程。不管是投入大自然的环抱，还是徜徉在古人遗迹旁边，旅游者总是在行走中摆脱了办公室、电脑和堆积如山的案牍，同时得到身体的锻炼，促进生理健康。

另一方面，旅游还可以满足旅游者多种心理需要。由于旅游是前往异地的休闲体验，让人产生新奇的兴奋感。银发老人将旅游看作圆梦的旅程，如夕阳红旅游团更多地选择去往北京、延安、井冈山、韶山等地，目的便是圆了儿时对这些“圣地”的向往之梦。另外，在旅游途中，旅游者不可避免地会与同行旅游者、旅游服务人员、当地居民等多个群体发生联系，旅游交往的增多无形中会促进旅游者心理健康发展。

二、旅游的社会意义

（一）促进当地经济发展

旅游业的迅猛发展、旅游者的大规模转移带动了经济的快速发展。由于旅游途中旅游者对食、宿、行、游、购、娱的全方位需要，因而在旅游途中会产生大量消费，而旅游消费又会间接地促进各地基础设施的完善、各相关行业的快速发展以及大量就业岗位的产生。因此，世界各地争相发展旅游业，甚至在许多国家和地区，旅游业已经成为经济发展的支柱产业。

我国将旅游业确定为国民经济的战略性支柱产业之一，旅游业得到了国家前所未有的重视。旅游业被认为是带动区域经济整体发展的“灵丹妙药”，特别是通过发展全域旅游和乡村旅游解决“三农问题”。

知识链接

旅游业应成为精准扶贫先行者

党的十八届五中全会指出，为实现到2020年全面建成小康社会的伟大目标，要通过实施精准扶贫、精准脱贫政策，帮助那些现行标准下农村贫困人口全部实现脱贫，贫困县全部摘帽，区域性整体贫困问题得到彻底解决。这对我国旅游界提出了新的目标要求，即要通过大力发展乡村旅游业，帮助贫困地区和贫困人口脱贫致富。旅游扶贫作为国家扶贫工程的重要组成部分，旅游业理应成为精准扶贫的先行者，使参与旅游发展的贫困地区和贫困人口成为精准脱贫的实践者和受益者。

（二）推进优秀文化的传承与发展

随着现代化进程的加快和经济全球化浪潮的冲击，目前我国许多优秀的民族传统文化的保护和传承正面临严峻的挑战。许多珍贵的历史遗址、遗迹由于长年无人问津而年久失修、破败，甚至被当地居民挪作他用，或者被不法分子盗抢一空；许多传统技艺、传统民俗已经消失或正在消失，老一辈的传统技艺传承人正在慢慢老去，却面临后继无人的尴尬境地。旅游业的发展为这些优秀传统文化的传承与保护开辟了新的途径。在2010年博鳌国际论坛上，刘云山发表讲话说："文化是旅游的灵魂，旅游是文化的载体。"旅游与文化的结合具有天然的优势：一方面，传统文化遗产丰富的文化内涵能够提升旅游者的旅游体验，吸引更多的旅游者前来；另一方面，社会关注度的提升、旅游收入的增长也有助于传统文化遗产的保护和传承。

拓展阅读

上九山古村新貌

位于山东省邹城市的上九山村是一个古朴美丽的小村落，满村的石板路、石墙、石头小屋，以及随着山势流经村庄的小溪成为最吸引旅游者前来体验的景观。

然而几年前，藏在深闺人未识的上九山村却差点被夷为平地（见图1-2）。原来由于山上生活的艰苦与不便，多数村民已经不在山村中居住，山村中房屋院落开始荒废、倾颓，拆迁计划有条不紊地进行中，邹鲁地区的一座活的"传统民俗文化博物馆"即将伴随着轰隆隆的机器声消失不见。

幸运的是，当地政府加大了对上九山村的保护和开发力度。今天的上九山村早已面貌焕然一新，倾颓的房屋得到修复，散落于村中各处的传统生产生活用具被收

图 1－2　开发之前的上九山村一角

集起来集中展示，已经消失或即将消失的生产活动和民俗活动被重新展示在游客面前（见图 1－3）。

图 1－3　开发后的上九山村

（三）促进社会稳定与团结

社会的稳定是旅游业健康发展的前提；反过来，旅游业的发展也能促进社会的稳定与团结。旅游本身是对异域文化的体验，旅游流所带动的不仅仅是经济的发展，更是文化的交流与融合，文化交流的日益增多则有助于人们心中地域偏见和文化隔阂的消融。

随着我国经济的进一步发展、产业结构的升级，传统的粗放型经济不断优化。与此同时，我国面临失业率升高的巨大压力。但旅游业的发展为人们提供了大量的就业机会。由于旅游产业是一个劳动密集型产业，能够吸纳大量的就业机会，因此，在民众安居乐业、幸福生活、社会稳定、健康发展的背后，旅游业发挥了重大的支撑作用。

模块小结

旅游对于个体以及社会都有着重要意义。对于个体而言，旅游能够弥补个体心理匮乏，增长见识、开阔视野，增强自我认同感，促进个体身心健康；对于社会而言，旅游的发展能够促进当地经济发展，推进优秀文化的保护与传承，促进社会稳定与团结。不管从微观角度还是从宏观角度来看，旅游都具有非常重要的意义。

同步测试

一、选择题

1.（　　）第一次从中央政府的层面提出“旅游休闲是公民的基本权利”。

A.《国务院关于加快发展旅游业的意见》

B.《国民旅游休闲纲要（2013—2020 年）》

C.《国务院关于促进旅游业改革发展的若干意见》

D.《关于进一步促进旅游投资和消费的若干意见》

2. 以下哪一点不是旅游对个体的意义？（　　）

A. 旅游能够弥补个体心理匮乏　　B. 旅游能增强自我认同感

C. 旅游能增长见识、开阔视野　　D. 旅游能够让人增加经济收入

二、思考题

1. 人们为什么喜欢在朋友圈炫耀旅游照？

2. 为什么说“读万卷书不如行万里路”？

三、案例分析

旅游的乐趣

“旅行并不仅仅是你到了一个景点，在那儿拍照留念。当时的天气，当时空气中花粉的味道，还有当时你是否是气喘吁吁、汗流浃背，这些都构成了旅行的一部分，你整个的身体是在参与的，而不仅仅是拍照和看到。

“旅行的乐趣就在于它存在变数。不一定全都美好，但只要是你的身体和情感都在体验，事后想起来，都觉得可爱，这就是旅行最让人着迷的地方。

“人一定要旅行，尤其是女孩子。一个女孩子的见识很重要，你见得多了，自然就会心胸豁达，视野宽广，会影响你对很多事情的看法。旅行让人见多识广，对女孩子来说更是如此，它会让自己更有信心，不会在物质世界里迷失方向。

“我非常舍得在旅行中花钱，没有比把钱花在旅行上更值得了。因为它给你带来

的是你永远不会忘记的记忆财富。一件衣服两年就过时了，一个包包三年就磨坏了，但旅行的记忆，不论是当时的录像还是照片，或者是当时写下的两篇还很幼稚的旅行日记，当你重新翻看的时候，那种美好的感受依然会将你环抱，绵绵不绝。

“结婚前的情侣有必要一起出游，尤其是做一次比较艰苦的旅行，看对方是否有处理问题的能力，是否有爱护体贴之心等等。旅行会把一生中会遇到的、会吵架的话题都经历到，诸如吃什么、卫生习惯、与人打交道的习惯等等，是考验两个人是否默契的最佳手段。”

资料来源：http：//www. mafengwo. cn/i/3085497. html.

思考：

以上是杨澜在一次采访中表达的对旅行的看法。请同学们试着从旅游的个体意义出发分析杨澜上面所说的几段话。

实践训练

【实践 1】请去最近的乡村旅游景点，调查旅游发展与当地人民经济状况改善之间的关系。

【实践 2】请访谈周围参加旅游的朋友或亲人，分析旅游对于个体身心所产生的影响。

单元二
旅游资源

【单元导读】

旅游资源是什么？是有形的可见物，还是无形的精神？旅游资源在本质上与旅游产品又有何区别？

顾名思义，旅游资源应具备“旅游”与“资源”两大属性。作为一种资源，旅游资源具备所有资源所具备的共性——“潜在性”和“自在性”，这使得旅游资源与旅游产品有着质的区别。作为一种“旅游”资源，旅游资源则又具备一定的“吸引力”，能够吸引旅游者前来游览的吸引力。一般而言，旅游资源的可观赏性构成了旅游资源的核心吸引力。众所周知，旅游是游客暂时前往异地寻求愉悦的过程，旅游资源的吸引力源自游客的异质文化。也就是说，文化的差异导致了旅游资源具备了“吸引力”属性。而旅游资源的这种内在的文化又是与其所在的地域文化分不开的，旅游资源在很大程度上是地域文化的代表和呈现。基于此，旅游资源又具备了“不可移动性”，因为旅游资源的移动断绝了其与地域文化的联系，因而就算从技术上得到完美的转移，“此”旅游资源也不再是“彼”旅游资源了，要么丧失原本的旅游价值，要么转化成为一个新的旅游资源。

旅游资源到底是什么？哪些是旅游资源？哪些又不是？旅游资源如何转化为旅游产品？本单元将展现旅游资源的内涵和外延，阐述旅游资源的特征、分类与典型景观，使学习者掌握旅游资源开发与利用的原则与方法，从而对旅游资源产生更为清晰的认知。

模块一 旅游资源的概念与分类

【学习目标】

1. 了解旅游资源的概念
2. 理解旅游资源与旅游产品的区别
3. 掌握旅游资源的主要类别划分
4. 了解中国旅游资源的典型景观

【学习导入】

草原天路

湛蓝的天空、壮丽的草原、旋转的风车、蜿蜒的道路——近年来，草原天路火爆网络，成为众多旅游爱好者向往的胜地。

“草原天路”位于张家口市张北县和崇礼区的交界处，西起张北县城南侧的野狐岭（野狐岭要塞附近），东至崇礼区桦皮岭处。这条被命名为X001的县级小公路起初不过是为了连接崇礼滑雪区、赤城温泉区和张北草原风景区的一条通道。然而，与其他县级公路不同的是，这条小路蜿蜒曲折、沿线河流山峦连绵不绝、沟壑纵横、草甸广阔、牛羊成群，展现出一幅百里坝头风景画卷，“比电脑桌面还美”成为人们对这条公路的直观感受。此外，公路沿线还分布着古长城遗址、桦皮岭、野狐岭、张北草原等众多人文、生态和地质旅游资源。因此，“草原天路”一跃成为中国十大最美丽的公路之一。

思考：

“草原天路”在建设之初仅仅是为了连接交通，并未从旅游的角度来考虑，至今“草原天路”也未能建成完善的旅游相关服务设施。而在短短几年时间里，“草原天路”却成为国内最具知名度的旅游目的地之一，这其中究竟是何原因？

作为旅游活动的客体，旅游资源是人类进行旅游活动的前提，也是旅游业得以建立和发展的基础。一个区域内旅游资源的多少、品位、规模和构成是这个区域成功利用资源发展旅游业的前提。可见，旅游资源对于旅游业的发展是极其重要的。

一、旅游资源的概念

资源是指一切可被人类开发和利用的物质、能量和信息的总称，它广泛地存在于自然界和人类社会中，是一种自然存在物或能够给人类带来财富的物质。或者说，资源是指自然界和人类社会中一种可以用以创造物质财富和精神财富的具有一定量的积累的客观存在形态，如土地资源、矿产资源、森林资源、海洋资源、石油资源、人力资源、信息资源等。因此，我们可以说，所谓旅游资源，便是一切可被人类旅游所开发和利用的资源。国内多数旅游学者所提出的旅游资源的定义便是在此基础上进行阐述的。

谢彦君在其著作《基础旅游学》(1999) 中指出："旅游资源因可以向旅游者提供审美和愉悦的凭借而对旅游者具有某种吸引力。不具有这种吸引力的资源不能算作旅游资源。旅游资源作为一种形态，主要存在于一种潜在的待开发状态，同时也包括已经开发但尚未耗竭其旅游价值的那一部分资源。旅游资源是先旅游而存在的自然或人文因素。旅游资源无论是单体还是复合体，都依托于一定的地域空间，是绝对不能移动的。"此阐释对于旅游资源概念的思考全面而深入，学术界普遍较为认可。

二、旅游资源的基本特征

(一) 可观赏性

可观赏性是旅游资源与其他类型的资源的主要区别之一。无论是何种类型的旅游，不管是民俗旅游、度假旅游还是生态旅游，无一不存在观赏活动。尽管某些以美食、参与体验为主的旅游活动不以观赏为主要目的，但人们也往往会选择在风景优美的地域开展此类活动。可以说，可观赏性是所有旅游资源所共有的特征。同时，可观赏性的大小也在很大程度上决定了旅游资源品位的高低。可观赏性越强的旅游资源如云南石林、长白山天池、敦煌莫高窟等资源品位越高，对游客的吸引力越大，可成功得到开发利用的可能性也就越大。

(二) 自在性

旅游资源与其他人类所需要的资源一样，其最初并不是因人类需要而产生的，也不会因人类的需要而发生改变，旅游资源是客观存在的，具有自在性。自然旅游资源如泰山、黄河、天池等皆是大自然千百年的造化所形成，壮美的山川河流在形成之初并非是为了人类的欣赏，其内在美是客观存在的，是先于人类审美的。而人文类型的旅游资源如云冈石窟、"三孔"建筑群、贵州千户苗寨等，尽管这些人文旅游资源是人类活动的产物，在建造之初也有意识地融入人类的审美意识，但是其依然具有自在性，并不是为了旅游者的观赏而建造的。当代有许多的景观如深圳世界之窗、华侨城、方特主题乐园等人造景观和游乐设施并不具有自在性，因而不可以归入旅游资源，而是一种旅游产品。

（三）潜在性

与其他资源如煤、石油等类似，旅游资源最初也具有一定的潜在性。旅游资源主要存在于一种潜在的待开发的状态，同时也包括已开发但尚未耗竭其旅游价值的那一部分资源。而旅游资源一旦得到完全的开发，则转化成为成熟的旅游产品从而为旅游者所利用。旅游资源的潜在状态并非是指完全不为人类所知，而是指尽管已经为人类所知晓，但可进入性较差，无法为人类所利用，更无法产生经济效益、社会效益。

拓展阅读

野长城

近年来，“无人机拍摄绝美野长城”在网络上被广为关注，视频中一段段残破但风光绝美的长城片段令广大网友唏嘘不已，视频也引起了许多驴友组织对野长城的造访（见图 2-1）。然而，一方面，驴友对野长城的造访使得野长城的破坏进一步加剧；另一方面，广大驴友的安全也未得到保障，“驴友在野长城失踪”“驴友在野长城受伤”之类的新闻屡见不鲜。毫无疑问，风光绝美的野长城对旅游者具有极高的吸引力，但是这种吸引力在缺乏较好的开发利用之前却可称之为“致命吸引力”。

图 2-1　未被修缮的小河口长城城墙

思考：

野长城是否属于旅游资源？如果是，野长城具备旅游资源的哪些特征？

（四）不可转移性

旅游资源存在于一定的地域环境中，且往往与地域环境紧密结合，成为地域环境的有机组成部分，因而具有不可转移性。自然旅游资源多数是山川、河流、湖泊等，它们共同的特点是体量巨大，因而在现有的人工条件下，转移自然旅游资源是不可能的。而人文旅游资源由于是人力建造的，因而在技术上实现物质形态上的转移是可行的。人文旅游资源的价值并不完全体现在其物质形态上，而更多地体现在其对地域文化的展现上。人文旅游资源在历史进程中早已与地域文化深入融合、密不可分。众所周知，曲阜是儒家文化的发源地和孔子诞生地，因而旅游者在参观曲阜孔庙的过程中会产生一种怀古的幽思，仿佛自己就站在当年孔子所站的那一方土地上，从而达到旅游体验的“畅爽”感，而一旦将孔庙建筑整体转移到国外，则会变成一具失去了灵魂的躯壳。

拓展阅读

张飞庙“异地搬迁”

张飞庙始建于蜀汉末年，后经宋、元、明、清历代扩建，已有1 700多年历史（见图2-2）。庙内塑有张飞像，保存了汉唐至近代的珍贵字画、石刻约360幅、木雕217幅。

图2-2　搬迁前的张飞庙

图2-3　张飞庙新址

2002年10月8日，由于新建成的三峡工程二期水位将达到135米，而张飞庙的最低处为130米（见图2-3）。这个千年古庙正式闭馆搬迁。张飞庙的保护方案是“原物搬迁”，因此将尽可能地使用原物，当然也可能补充一些辅料。由于庙内张飞塑像是泥塑，无法进行搬迁，因此，新张飞庙中的塑像将用铜塑像来代替。新张飞庙的位置在长江南岸的盘石镇龙安村，距原址32千米，该地的地理特征与原有环境相似，即仍然可以依山、坐岩、临江，并仍然与新云阳县城隔江相望。张飞庙是三峡库区最大的地面文物搬迁项目。

资料来源：http：//www.china.com.cn.

思考：

张飞庙在迁址之后并没有吸引力下降，反而因成功的迁移方案而名扬海内外。张飞庙的成功迁移是否改变了旅游资源的不可转移性这一特征？为什么？

从古至今，人们历来热衷于将自己喜爱的景观复制到自己所在的地域，如避暑山庄中的山水风光多是借鉴了南方园林的建造手法，颐和园中谐趣园是仿无锡寄畅园所建，而横店影视城明清宫苑景区则直接复制了北京故宫。然而，这些复制的景观尽管精美逼真，但完全不会对原景观产生任何影响，反而是在新的地域成为一种新型景观。

三、旅游资源的类型

正如旅游资源的定义所描述的“旅游资源是指客观地存在于一定的地域空间并因其所具有的愉悦价值而使旅游者为之向往的自然存在、历史文化遗迹或社会现象”，旅游资源包罗万象。凡可令旅游者为之向往的事物皆可成为旅游资源。旅游资源既可以是有形的，也可以是无形的；既可以是自然的山水，也可以是人造的建筑或物品；既可以是历史遗留的，也可以是当代所建的。

因此，旅游资源的类型多种多样。一个事物在某个历史阶段不是旅游资源，但随着历史的发展却可能转化为对旅游者具备吸引力的旅游资源；一个旅游资源也可能随着历史的发展而失去旅游价值从而不再是旅游资源。从根本上来讲，旅游资源多样性的特点是由旅游消费的需求多样性所决定的。

由于旅游资源的类型多样，因此学术界对于旅游资源的分类也存在多种依据和标准。例如：按照旅游活动的类型来划分，旅游资源可分为度假型旅游资源、乡村旅游资源、观光型旅游资源、文化教育型旅游资源等；按照旅游资源的价值大小和品位高低划分，旅游资源可分为世界级旅游资源、国家级旅游资源、省级旅游资源和县市级旅游资源等。当前，学术界多依据旅游资源的性状，即现存状况、形态、特征划分，首先将旅游资源划分为人文旅游资源和自然旅游资源两个大类 8 个主类；其次在每个主类下面又细分为若干亚类；最后在每个亚类下面再度细分为多个基本类型。目前，我国的国家标准《旅游资源分类、调查与评价》（GB/T 18972—2003）将旅游资源分为“主类”“亚类”“基本类型”三个层次，每个层次的旅游资源类型都有相应的汉语拼音代号（见表 2-1）。

表 2-1　　旅游资源分类表

主类	亚类	基本类型
A 地文 景观	AA 综合自然旅游地	AAA 山丘型旅游地　AAB 谷地型旅游地　AAC 沙砾石地型旅游地　AAD 滩地型旅游地　AAE 奇异自然现象　AAF 自然标志地　AAG 垂直自然地带
	AB 沉积与构造	ABA 断层景观　ABB 褶曲景观　ABC 节理景观　ABD 地层剖面　ABE 钙华与泉华　ABF 矿点矿脉与矿石积聚地　ABG 生物化石点
	AC 地质地貌过程形迹	ACA 凸峰　ACB 独峰　ACC 峰丛　ACD 石（土）林　ACE 奇特与象形山石　ACF 岩壁与岩缝　ACG 峡谷段落　ACH 沟壑地　ACI 丹霞　ACJ 雅丹　ACK 堆石洞　ACL 岩石洞与岩穴　ACM 沙丘地　ACN 岸滩
	AD 自然变动遗迹	ADA 重力堆积体　ADB 泥石流堆积　ADC 地震遗迹　ADD 陷落地　ADE 火山与熔岩　ADF 冰川堆积体　ADG 冰川侵蚀遗迹
	AE 岛礁	AEA 岛区　AEB 岩礁

续前表

主类	亚类	基本类型
B 水域 风光	BA 河段	BAA 观光游憩河段　BAB 暗河河段　BAC 古河道段落
	BB 天然湖泊与池沼	BBA 观光游憩湖区　BBB 沼泽与湿地　BBC 潭池
	BC 瀑布	BCA 悬瀑　BCB 跌水
	BD 泉	BDA 冷泉　BDB 地热与温泉
	BE 河口与海面	BEA 观光游憩海域　BEB 涌潮现象　BEC 击浪现象
	BF 冰雪地	BFA 冰川观光地　BFB 常年积雪地
C 生物 景观	CA 树木	CAA 林地　CAB 丛树　CAC 独树
	CB 草原与草地	CBA 草地　CBB 疏林草地
	CC 花卉地	CCA 草场花卉地　CCB 林间花卉地
	CD 野生动物栖息地	CDA 水生动物栖息地　CDB 陆地动物栖息地　CDC 鸟类栖息地　CDE 蝶类栖息地
D 天象 与气候 景观	DA 光现象	DAA 日月星辰观察地　DAB 光环现象观察地　DAC 海市蜃楼现象多发地
	DB 天气与气候现象	DBA 云雾多发区　DBB 避暑气候地　DBC 避寒气候地　DBD 极端与特殊气候显示地　DBE 物候景观
E 遗址 遗迹	EA 史前人类活动场所	EAA 人类活动遗址　EAB 文化层　EAC 文物散落地　EAD 原始聚落
	EB 社会经济文化活动遗址遗迹	EBA 历史事件发生地　EBB 军事遗址与古战场　EBC 废弃寺庙　EBD 废弃生产地　EBE 交通遗迹　EBF 废城与聚落遗迹　EBG 长城遗迹　EBH 烽燧
F 建筑 与设施	FA 综合人文旅游地	FAA 教学科研实验场所　FAB 康体游乐休闲度假地　FAC 宗教与祭祀活动场所　FAD 园林游憩区域　FAE 文化活动场所　FAF 建设工程与生产地　FAG 社会与商贸活动场所　FAH 动物与植物展示地　FAI 军事观光地　FAJ 边境口岸　FAK 景物观赏点
	FB 单体活动场馆	FBA 聚会接待厅堂（室）　FBB 祭拜场馆　FBC 展示演示场馆　FBD 体育健身馆场　FBE 歌舞游乐场馆
	FC 景观建筑与附属型建筑	FCA 佛塔　FCB 塔形建筑物　FCC 楼阁　FCD 石窟　FCE 长城段落　FCF 城（堡）　FCG 摩崖字画　FCH 碑碣（林）　FCI 广场　FCJ 人工洞穴　FCK 建筑小品
	FD 居住地与社区	FDA 传统与乡土建筑　FDB 特色街巷　FDC 特色社区　FDD 名人故居与历史纪念建筑　FDE 书院　FDF 会馆　FDG 特色店铺　FDH 特色市场
	FE 归葬地	FEA 陵区陵园　FEB 墓（群）　FEC 悬棺
	FF 交通建筑	FFA 桥　FFB 车站　FFC 港口渡口与码头　FFD 航空港　FFE 栈道
	FG 水工建筑	FGA 水库观光游憩区段　FGB 水井　FGC 运河与渠道段落　FGD 堤坝段落　FGE 灌区　FGF 提水设施
G 旅游 商品	GA 地方旅游商品	GAA 菜品饮食　GAB 农林畜产品与制品　GAC 水产品与制品　GAD 中草药材及制品　GAE 传统手工产品与工艺品　GAF 日用工业品　GAG 其他物品

续前表

主类	亚类	基本类型
H 人文活动	HA 人事记录	HAA 人物　HAB 事件
	HB 艺术	HBA 文艺团体　HBB 文学艺术作品
	HC 民间习俗	HCA 地方风俗与民间礼仪　HCB 民间节庆　HCC 民间演艺　HCD 民间健身活动与赛事　HCE 宗教活动　HCF 庙会与民间集会　HCG 饮食习俗　HGH 特色服饰
	HD 现代节庆	HDA 旅游节　HDB 文化节　HDC 商贸农事节　HDD 体育节
数量统计		
8 个主类	31 个亚类	155 个基本类型
[注] 如果发现本分类没有包括的基本类型，使用者可自行增加。增加的基本类型可归入相应亚类，置于最后，最多可增加 2 个。编号方式为：增加第 1 个基本类型时，该亚类 2 位汉语拼音字母＋Z；增加第 2 个基本类型时，该亚类 2 位汉语拼音字母＋Y。		

四、中国典型旅游资源介绍

（一）自然旅游资源

1. 地文旅游资源

地文是自然地理环境的基本条件，是自然景观存在的基础。例如：旅游景观中极其常见的山地景观、峡谷景观、沙漠景观、草原景观都是地文景观，而其中山地由于类型多样、风光秀丽，成为旅游资源最为集中的区域。除了自然景观，人文景观也多在风景优美的山地富集，“天下名山僧占多”也说明了宗教场所对名山的偏爱。

由于成因的不同，花岗岩山地景观容易发生球状风化，形成巨大的石蛋、石柱或者其他浑圆多姿的兀立形态，如泰山、黄山等都是花岗岩的代表景观。火山地貌由于火山喷发的原因，形成了独特的火口湖景观、流纹岩山体等景观，如长白山天池、腾冲火山群、雁荡山等都是典型的火山地貌景观。岩溶景观是由于地下水或地表水对可溶性岩石的破坏和改造所形成的景观，又被称为喀斯特地貌，地表景观以峰林、石林、天坑、地表钙化等景观为主，地下景观则以溶洞为主，如云南石林、桂林山水等都是典型的岩溶景观。此外，冰川地貌、海岸地貌、石英砂岩地貌都会形成非常典型的美丽景观。

2. 水文旅游资源

水文旅游资源可以分为河流、湖泊、瀑布、海洋、泉水等。

（1）河流旅游资源。我国著名的河流中规模较大的有长江、黄河、珠江、淮河、钱塘江、京杭大运河、黄浦江、三江并流等，规模较小的有秦淮河、济南护城河等内河景观。河流景观多呈带状分布，有利于游客进行舒缓的走廊式游船观光。

（2）湖泊旅游资源。我国湖泊众多，从海拔超过 4 700 米的高原湖泊纳木错到低于海平面150米的艾丁湖，从烟波浩渺的青海湖到小家碧玉的西湖，中国湖泊景观可谓类型多样、分布广泛、景色各异。高原湖泊的典型景观有喀纳斯湖、纳木错、青海湖、洱海、滇池等；而祖国中东部区域的鄱阳湖、洞庭湖、太湖、洪泽湖、巢湖等都是较大的淡水湖泊；而武汉东湖、杭州西湖、南京玄武湖、苏州金鸡湖、北京什刹海与昆明湖、扬州瘦西湖、济南大明湖等都是城市景观湖的典型代表。

（3）瀑布旅游资源。瀑布是从悬崖或者河流纵断面的陡坡倾泻而下的水流。由于地形与水流量的差异，瀑布形态各异，规模有大有小、有高有低、有宽有窄。黄果树瀑布、黄河壶口瀑布、吊水楼瀑布由于规模较大、气势恢宏而被称为中国三大瀑布。此外，我国最宽的瀑布九寨沟诺日朗瀑布、亚洲第一大跨国瀑布德天大瀑布（见图2-4）、台湾蛟龙瀑布等也都是较为著名的大瀑布。由于古代文学作品的影响，庐山瀑布、雁荡山大龙湫瀑布成为闻名天下的名瀑。

图2-4　德天大瀑布

（4）海滨旅游资源。我国海岸线北起鸭绿江口，南至北仑河口，波涛汹涌的大海、缥缈神秘的海上仙山、风景宜人的沙滩、惊涛拍岸的礁石自古以来都是吸引游人前往海滨游览的主要因素。而当代4S（蓝天、阳光、沙滩、海水）概念的提出又使得沙滩海滨成为最具吸引力的旅游资源。大连旅顺海滨、秦皇岛北戴河海滨、胶东半岛海滨、厦门海滨、三亚海滨成为我国最为著名的海滨旅游度假胜地。

（5）泉水旅游资源。泉水是指地下水在地表的天然出露。根据泉水温度的不同可以分为温泉与冷泉，按照功能不同泉水又可以分为观赏泉、品茗泉和沐浴泉等。济南由于"家家泉水，户户垂柳"被称为"泉城"，趵突泉被称为"天下第一泉"（见图2-5）。此外，杭州虎跑泉、无锡惠山泉、镇江中泠泉也都是著名的泉水景观。我国温泉分布广泛，已知的温泉点有2 400多处。温泉分布较多的省份有台湾、广东、福建、江西、云南、西藏等地，云南腾冲因温泉数量多、水温高、富含硫质而天下闻名；福州市由于温泉资源丰富、储量大、分布广、水温高、水质纯净、开采历史悠久，且集中于市区中心，成为我国著名的“温泉城”。

图 2-5　济南趵突泉

3. 气象与气候旅游资源

气候是大气物理特征的长期平均状态，以冷、暖、干、湿为主要指标；而气象是指发生在天空中的风、云、雨、雪、霜、露、虹、雷电等一切大气的物理现象，一般指一种较为短暂的自然现象。我国地域辽阔，疆土从南到北跨越热带和寒温带，从东到西也从湿润的海洋气候变成干旱的内陆气候，因此我国气象与气候旅游资源十分丰富。在北方寒冷的气候，极光、冰雪、雾凇、滑雪吸引着无数游人；海南的温暖气候、云贵高原的四季如春也吸引着北方人前往旅游；东部海滨与东部名山的日出日落、杨柳湖岸的明月清辉一样令人陶醉。江南烟雨、巴山夜雨、山顶云海、海市蜃楼等气象景观也常常成为吸引游人的旅游资源。

4. 生物旅游资源

生物旅游资源主要是指动植物景观。植物景观主要是指自然界的植被、植物群落、植物个体所体现的景观。植物是山水的肌肤、风景的容颜，没有了植物的地方往往缺乏生机，让人感觉荒凉不适。植物景观可以通过植物本身的姿美、色美和味香三个方面进行欣赏。不同的植物具有不同的姿态，如松柏的挺拔、垂柳的柔软、古槐的遒劲、小草的顽强。尽管姿态各异，但都具备着一定的吸引力。植物本身往往带有鲜艳的颜色，如绿色、红色、黄色、紫色等，这些颜色本身便能给人以美的享受。最后，植物往往能够散发出各自不同的香气，加上植物的姿与色，则产生出独特的魅力，较为著名的植物景观有北京的香山红叶、杭州的满陇桂雨、四川的蜀南竹海等。

动物是景观中最活跃、最生动的因素。我国地域辽阔，因而动物种类也异常丰富，它们不同的外貌形态、生活习性及其鸣叫声音都可能成为吸引游人的因素。例如：大熊猫已经成为四川甚至中国旅游的一张名片，憨态可掬的大熊猫成为世界各国游客最为喜爱的动物之一。此外，西双版纳的大象、峨眉山的猴群、扎龙自然保护区的丹顶鹤、江苏大丰的麋鹿、青海湖鸟岛的鸟群都已经成为游客前往参观的主要目的之一。

（二）人文旅游资源

人文旅游资源是指具有一定历史价值、文化价值和观赏价值的旅游吸引物。人文旅游资源在形态上既可以是实物的，也可以是非实物的。自人类出现以来，凡是人类文化的产物，经旅游开发可以对游客产生吸引力的资源皆可称之为人文旅游资源。因此，人文旅游资源所涵盖的范围极其广泛，建筑物、寺观、古城镇、古村落、雕塑、绘画、文艺、民俗、歌舞、饮食文化等都可以成为人文旅游资源。

1. 建筑与陵墓

我国历史悠久、人文荟萃，历代遗留下来的建筑、工程和陵墓众多，成为人类共同的财富。宫殿、祭祀建筑、园林、宗教建筑、石窟、陵墓、工程等，或规模宏大或小巧精致，体现了我国古代劳动人民的智慧。我国现存的宫殿最为著名的是北京故宫、沈阳故宫；而现存的祭祀建筑也比较多，如天坛、社稷坛、孔庙等；著名的园林有皇家园林颐和园、避暑山庄、圆明园，私家园林则是以苏州园林为代表的江南园林最为著名；宗教建筑与石窟由于宗教的兴盛而遍布于国内，著名的有武当山道教建筑群、五台山佛教建筑群、莫高窟、云冈石窟、龙门石窟等；著名的皇陵则有秦始皇陵、唐乾陵、明十三陵、清东陵和清西陵；著名的工程则有长城、京杭大运河、都江堰等。

2. 民俗风情

民俗风情是不同地域、不同民族在其长期的生产生活过程中所形成的独特的生活习惯。由于其地域特色明显，成为重要的旅游吸引物。民俗风情又集中地体现在特定区域的民居特色、服饰特点、语言特色、婚丧嫁娶、禁忌、宗教信仰、文化艺术成就、节庆活动等方面。我国是一个多民族聚居的国家，56 个民族风俗各异，成为发展旅游业的重要资源。例如：侗族的大歌楼和风雨桥、苗族的歌舞和吊脚楼、彝族的火把节、摩梭人的走婚习俗、蒙古族的草原风情等都是令人向往的旅游资源。由于我国各地地形差异明显，因此分布于不同区域的汉族民俗也各不相同。例如：陕北黄土高原民俗与华北平原的民俗大相径庭、东北汉族与岭南汉族也是风俗各异，这种差异性恰恰成为吸引游客的重要的旅游资源。

3. 城镇风貌与村落景观

城镇与乡村是人类聚居地。城镇通常是指以非农业人口为主，具有一定规模工商业的居民点。北京、上海、广州、深圳等当代大都市是都市景观的主要代表；青岛、厦门、杭州、苏州等城市则因秀丽的风光而闻名中外；平遥、丽江、洛阳、曲阜等城市则因其悠久的历史和灿烂的文化而成为著名的旅游目的地。

乡村则是针对城市来说，以从事农业为主要生活来源人口各种形式的居住场所。由于乡村相较于城市而言更为接近大自然，风光较为优美，近年来，乡村采摘、观光、垂钓、高科农业等旅游资源成为城市人口短距离度假的首选。同时也有一些乡村由于历史悠久，遗迹保存较为完好，如皖南的宏村、西递，江西的婺源（见图 2－6）成为古村落旅游资源的典型代表。

图 2－6 中国最美乡村——婺源

模块小结

本模块简要介绍了旅游资源的概念、特征及类型。旅游资源是指客观地存在于一定地域空间并因其所具有的愉悦价值而使旅游者为之向往的自然存在、历史文化遗存或社会现象。因此，旅游资源具有可观赏性、自在性、潜在性和不可转移性。旅游资源包罗万象，但基本上可以分为自然和人文两个大类，自然景观又可以分为地文景观、水域风光、生物景观、天象与气候景观 4 个主类；人文景观又可以分为遗址遗迹、建筑与设施、旅游商品、人文活动 4 个主类。

同步测试

一、选择题

1. 以下不属于旅游资源的是？（　　）

A. 故宫　　B. 德天大瀑布　　C. 东部华侨城　　D. 二人转

2. 以下说法正确的是？（　　）

A. 北京周口店北京人遗址吸引力不大，因此不是旅游资源

B. 张飞庙的迁移表明旅游资源的不可转移性是一个伪命题

C. 旅游资源必须是物质形态的，因此剪纸技艺不是旅游资源

D. 凡是能够吸引旅游者产生旅游动机并前来旅游的都是旅游资源

3. 以下不属于水文旅游资源的是？（　　）

A. 长江　　B. 西湖　　C. 崂山　　D. 趵突泉

4. 以下不属于中国三大瀑布的是？（　　）

A. 黄果树瀑布　　B. 壶口瀑布　　C. 德天大瀑布　　D. 吊水楼瀑布

二、思考题

1. 试举例说明旅游资源的自在性。

2. 为何说张飞庙的迁移并不能改变旅游资源的不可转移性？

3. 如何理解旅游资源的潜在性？

实践训练

【实践 1】请查阅相关资料，试着按照新的角度和标准来给旅游资源进行新的分类。

【实践 2】请对自己家乡的旅游资源进行调查，并按照旅游资源的分类方法进行梳理。

模块二　旅游资源的开发与保护

【学习目标】

1. 了解旅游资源开发的含义与原则
2. 掌握旅游资源开发工作的组织与实施
3. 熟悉旅游资源的保护知识

【学习导入】

百龙旅游电梯是否该建?

2002年5月1日，世界自然遗产——张家界武陵源风景区内，被称做“天梯”的百龙旅游电梯正式开始试运行。百龙旅游电梯垂直高度335米，运行高度313米，由156米山体内竖井和171米贴山钢结构井架等组成。由于这座电梯建在武陵源核心景区及石英砂岩层上，社会各界人士从电梯开始建造以来就议论不断。

电梯建成试运行后，国内许多媒体对该电梯经营方铺大理石、种美国草的行为提出质疑，认为其破坏了武陵源风景区的和谐。联合国教科文组织驻中国办事处的一位官员显得不无忧虑：“张家界武陵源风景区是经联合国批准的世界自然遗产之一，但由于前些年的过度开发，这里的‘城市化’倾向已经非常严重，可以说已经损害到这一地区的自然环境和原始风貌。对此，我们提出过严肃批评，当地政府部门也为恢复张家界武陵源风景区的本来风貌做出了一些努力，但这次又在保护区内建起了这座大型电梯，对这件事我们只能表示遗憾。”

但也有很多人认为，电梯的建成方便了游客，节省了游客的时间和体力，同时增加了景区的收益和当地的经济效益，并且观光电梯本身也已经成为景区一个新的旅游吸引因素。

思考：

作为世界自然遗产，张家界成为全人类的共同财富。在景区内建设索道与电梯无疑是提升景区可进入性、方便游客的重要举措。然而，在如此重要且独一无二的景区内修建大型工程也不可避免地改变了原有风貌，破坏了自然环境。开发与保护，该如何平衡？

旅游资源具有潜在性、自在性等特征，因此，全部或部分未被转化为现实旅游产品的旅游吸引物就是旅游资源；同时，由于旅游资源的自在性，使得旅游资源的存在并不因人类的旅游需要而存在，也不以人类旅游需要而发生改变。所以，一方面，旅游资源由于其潜在性而无法使自身吸引力得到有效发挥；另一方面，旅游资源也因其自在性而极可能不具备较好的可进入性。为了让旅游资源的潜在吸引力转化为现实的旅游吸引力，从而吸引游客，旅游资源的有序开发则势在必行。

一、旅游资源开发的含义

开发，是指人们对资源的潜在价值进行深入发掘并加以利用的过程。旅游资源与其他资源一样，只有经过开发才能被人们认识、利用。旅游资源的价值能否转化为现实的效益直接取决于旅游资源开发的科学性和系统性。旅游资源的开发，是指人们对旅游资源的潜在价值进行发掘和利用，以改善和提高旅游资源对游客的吸引力，从而使旅游资源的现有和潜在优势得以发挥进而产生经济、社会、环境效益，并最终使得旅游活动得以实现的技术性活动。

二、旅游资源开发的原则

旅游资源的开发是一项技术性工作。只有保持科学、严谨的态度，才能最大化地实现经济效益、社会效益和环境效益的和谐统一。一般而言，旅游资源的开发需要遵循以下原则：

（一）经济性原则

旅游资源开发的首要目标就是要实现经济效益。旅游产业是一种经济产业，对旅游资源进行的各种开发和规划的最终目标就是促进区域经济的发展并改善就业状况。旅游业是一个综合性产业，一个旅游资源的成功开发往往会带动当地第三产业的全面发展，促进当地经济增长。

要实现经济性原则，就要以市场为导向，在市场调研的基础上深入分析目标市场、旅游者的旅游需要和动机、旅游者的消费偏好及变化、旅游流的结构和动向等，对未来的经济、社会、环境等多方面的收益进行考量，与开发所需投入的成本进行对比，从而综合评估旅游资源的开发。

（二）保护性原则

对旅游资源的开发，势必会对旅游资源的原貌进行一定的改变，开发本身就是对景观的一种“破坏”。无论是自然旅游资源，还是人文旅游资源，都是独一无二的自然造化或人类结晶，一旦遭到破坏将可能造成无法挽回的损失。在旅游资源的开发过程中，因施工或其他人为的原因，有可能对旅游资源造成水质、空气和噪音等多方面的污染；而在旅游资源的开发结束之后，由于旅游人数的上升，旅游资源的环境压力也大大提升；另外，由于旅游资源的开发不可避免地需要一定的基础服务设施的建设，而这些建设项目势必也会对旅游资源产生一定的景观改变。

因此，旅游资源的开发务必坚持保护性开发的原则。一方面，严格工程管理，做到不对景观造成不必要的污染和改变；另一方面，在必要的工程建筑设计中，注意各设施、建筑的风格与整体环境的搭配，做到藏而不露、与整体景观协调。

最后，在开发的总体规划中，应科学合理地设定景区最大容量，控制游客数量，在旅游资源可承受的范围内开展旅游活动。不论是自然旅游资源，还是人文旅游资源，长期超容量接待游客必然会导致资源的损害。

（三）特色性原则

独特性是指在一定的地域范围内的不可替代性。特色是旅游资源的核心吸引力，也是旅游开发能否成功的基础所在。在开发过程中，应体现“人无我有，人有我优，人优我特”的差异性特点，重点发掘旅游资源的独特性。如果在一定地域范围内存在类似景观，则可以发掘本旅游资源的“之最”——如历史“最”悠久、造访名人“最”多、风景“最”美、规模“最”大等。

对于一些吸引力较大的旅游资源，保持风景的原始风貌非常重要。任何的大拆大建都有可能成为破坏原始风貌的画蛇添足行为，必要的建设和开发行为也应该与当地文化特点相结合，努力反映当地浓厚的地域民族文化特色，以此树立旅游目的地的美好形象。

当然，维持旅游目的地的原始风貌，并不是一味地保持原汁原味。在外部景观方面、风俗体验上应给予旅游者一种截然不同的体验，而在饮食、居住环境方面应尽可能地满足旅游者的惯常生活方式要求。外土内洋的建筑风格成为旅游开发时的一种流行做法。

（四）系统性原则

旅游产业是一个综合性产业，涉及旅游者食、住、行、游、购、娱的方方面面。因此，旅游资源的开发应注重系统性原则，将旅游资源的开发视作一个完整、有机和开放的系统来看待。一方面，一个地域范围内的旅游资源或一种旅游资源的多个方面往往存在不同的类型，开发时可视作一个系统，以某一特色旅游资源为中心对多种旅游资源进行统筹开发，可实现旅游资源的优化组合。另一方面，旅游资源的开发离不开当地经济、社会和环境的发展，旅游资源的开发应与当地基础设施建设、工业、服务业、金融业、交通运输业统筹规划、同步发展，以实现旅游发展的联运效应，拉动当地经济、就业、文化、社会多个方面的协调发展。

(五) 经济、社会、环境效益相统一的原则

在旅游发展过程中，经济效益、社会效益、环境效益往往是对立又统一的三个方面。任何一方面的失败都意味着旅游开发的失败。

旅游资源开发的最直观的目的就是实现当地经济的增长、人民生活水平的提升。然而，在一些旅游资源的开发案例中，人们往往盲目地注重经济效益的增长，而忽视了社会效益与环境效益的同步增长，导致当地资源的破坏、环境恶化、生态退化、就业率下降、社会治安混乱等后果，这些反过来又影响旅游目的地的“好客”程度，最终导致旅游目的地的吸引力急剧下降。

因此，实现旅游资源开发的可持续发展，必须重视经济、社会和环境效益的同步发展。在发展经济的同时，注意各利益群体的利益均衡，注重控制旅游目的地的物价和社会治安，重视文明旅游，控制旅游容量，保护旅游目的地的生态环境。

三、旅游资源开发工作的实施

(一) 旅游资源的价值评价

旅游资源的价值评价的目的是分析和判断旅游资源的吸引力大小和开发价值。若未经科学的价值评价就盲目地开发旅游资源，有可能导致开发项目的失败和人力、物力的极大浪费。

旅游资源的价值评价是一项技术含量极高的工作。由于旅游资源的多样性，有的旅游资源美学价值极高，却缺乏文化内涵；有的旅游资源具有极高的文化和历史价值，却缺乏美学价值；有的旅游资源美学价值很高且具有极高文化内涵，却难以转化成为当地的经济效益。因此，以不同标准对旅游资源的价值进行评价决定了旅游资源的不同价值。一般而言，对旅游资源的价值评价有美学价值、社会/文化价值和市场价值三种评价标准。

(二) 旅游资源开发的可行性研究

旅游资源的价值评价与开发的可行性研究密不可分。在旅游资源开发之前，进行一系列的资料收集、数据分析等，以评估旅游资源的开发是否可以实现经济、社会、环境效益的协调统一。

可行性研究一般是在对旅游资源进行价值评价的基础上，对旅游资源所处的区位特点、潜在的客源市场、市场需求走向、可能的经济和社会效益以及对社会和环境的影响进行全面和科学的分析。

（三）旅游资源开发的主要内容

在经过科学的可行性研究之后，确定旅游资源具有一定价值，并且已经确定旅游资源的开发方向和开发规模之后，旅游资源的开发便可进入投资决策和具体的开发阶段。一般而言，旅游资源的开发包含如下内容：

1. 旅游景区景点建设

在旅游资源的基础上建设的旅游景区景点是吸引旅游者的核心，其规划和建设的成败直接决定了旅游开发的成败。旅游景区景点的建设就是将潜在的旅游资源转化为现实的旅游产品，从而可以为旅游者所观赏或体验，进而可以直接或间接地转化为经济、社会和环境效益。

2. 改善旅游资源的可进入性

可进入性是指旅游资源所在地与外界（特别是与主要客源市场地区）的交通联系以及该地内部交通条件的通畅和便利程度。旅游资源开发是否成功取决于可进入性的强弱。不管一个旅游资源的旅游吸引力有多强，旅游价值有多高，一旦内外部交通受到限制，那么其旅游价值便难以实现。改善旅游资源的可进入性不仅仅包括交通设施的建设，还包括对营运的安排和管理工作，需要政府交通主管部门和各营运企业通力合作，提供科学、合理的客运线路规划和管理，以方便游客进出旅游目的地。

3. 相关设施建设

对景区景点的参观和体验活动仅仅是游客食、住、行、游、购、娱六要素中“游”的环节。要想实现一次完美的旅游活动，其他要素也必不可少。因此，在旅游资源开发建设的同时，需要同步进行旅游目的地的基础设施建设。其中包括交通、给排水、供电、通信等基础设施，餐饮、住宿、娱乐、购物、医疗、教育、金融、停车场、活动中心、厕所、标识牌等公共设施建设。这些相关设施建设对于当地旅游业发展至关重要，将极大地影响旅游者的旅游体验。

4. 旅游目的地营销

“酒香也怕巷子深”，恰当的旅游目的地营销是吸引旅游者的重要手段。在全面、合理地分析本地旅游资源的优势、劣势、机遇和可能的挑战之后，准确选定本地旅游的主要游客来源，如何种年龄段、何种职业和阶层的人，或者在空间距离上多大范围内的游客是本地的主要客源市场，针对客源市场，制定有针对性的宣传口号、产品设计和定价决策。最终通过人员推广、广告、网络宣传、渠道营销等多种手段进行宣传推广，以实现旅游资源经济效益的转化。

5. 旅游服务建设

旅游产业是一种服务产业，好客程度的高低也反映了一个地域旅游业发展的程度高低。好客程度高，游客会产生被尊重和宾至如归的美好体验；反之，游客则会产生被冷落、不被尊重甚至被宰的失落感。即使旅游资源的吸引力再强，恐怕也不会让游客再次前往。

提升旅游目的地的整体服务水平：一方面，通过人才的引进和培训活动提升旅游从业人员与旅游管理人员的服务意识；另一方面，当地居民的整体精神面貌和文明程度也不可忽视。旅游者在与当地居民的短暂接触过程中，会产生民风淳朴、民风彪悍、民风刁滑之类的感受，从而产生晕轮效应，对旅游目的地形象产生正面或负面的影响。

四、旅游资源的保护

（一）旅游资源开发与保护的对立统一

1. 旅游资源开发与保护的对立

从某种意义上来讲，开发本身便是对旅游资源的一种破坏，最好的保护便是不去开发，并严格地保护。不论对于人文景观还是自然景观，开发和利用便意味着对人文景观和自然景观的改造，在旅游资源进行道路、索道、建筑、标识牌等设施的建设，或对一些原始景观进行优化使之更符合旅游者的旅游需求，这些在某种程度上是对原始风貌的破坏。

另外，旅游资源的开发和利用意味着旅游者的大量进入，而随着旅游者的大量进入，空气污染、水污染和固体垃圾污染不可避免地随之而来，而大量旅游者的踩踏、触摸和攀爬也会加速自然景观和人文景观的退化和损坏。

2. 旅游资源开发与保护的统一

开发和利用与旅游资源的保护本身存在内在矛盾，然而这种矛盾并不是完全地不可调和，开发与保护两者之间也存在统一。

一方面，旅游资源存在的价值就在于能够为人类所利用，不能利用的事物便不可称之为资源。因此，旅游资源的最终目的便是旅游的开发和利用，对于利用中的旅游资源的保护是为了可持续的发展和利用，而对于一些极度脆弱的旅游资源的严格保护也只是为了等待保护技术更加发达之后再进行开发和利用。

另一方面，旅游资源的开发反过来会促进旅游资源的保护。一者，由于旅游资源具有一定的潜在性，在旅游资源未经开发利用之前，往往不为人知，对其保护更是无从谈起了；二者，某些旅游资源尽管已经为环保和文物部门所保护，但由于资金缺乏，往往也无法得到有效的保护。

（二）旅游资源遭受损害的原因

旅游资源遭受损害的原因，大体可以分为两种：一是自然因素，二是人为因素。

1. 自然因素

许多旅游资源往往经历了千百年岁月，可能已经经历了无数次的火山喷发、地震、海啸、台风、雷电、冰雹、洪水、火灾等，其中任何一个自然灾害都足以完全摧毁一处自然景观或人文景观（见图 2－7）。尽管这类灾害并不常见，但当我们将时间尺度放到历史的长河中，这些自然灾害便可称得上频繁。

图 2－7　2017 年地震对九寨沟景观的破坏

就算没有遭受任何大的自然灾害，旅游资源也躲不过岁月的侵蚀——老化和风化作用。例如：众多石窟造像、石碑已经被侵蚀得面目全非，我国历史上许多著名的古建筑也随着木质材料的老化而倾颓、不可复见。

除此之外，一些生物性因素也可能导致旅游资源的损害，如蝗灾对自然景观的破坏，白蚁啃噬、鸟类粪便腐蚀、植物的生长等对人文景观造成的损害。

2. 人为因素

相较于自然因素对于旅游资源的破坏，更值得注意的是人为因素对旅游资源的破坏作用。人为因素对旅游资源的破坏包括：旅游开发建设不当引起的原始风貌的改变以及旅游者和当地居民的不文明行为所造成的损害。

一方面，在旅游资源的开发建设过程中，由于缺乏科学严谨的规划或由于利益驱使，旅游开发者大量砍伐森林、破坏山体、大兴土木等行为都有可能对景观造成不可恢复的损害。另外，为了获取更多的经济利益，旅游开发者往往会对景观进行过度的开发，大量旅游购物场所、旅游住宿和餐饮设施的建设都严重改变了景观的原真性，使得景区变得商业化、城市化和人工化，大大降低了旅游景观的吸引力。另一方面，旅游者和当地居民的不文明行为也会对旅游资源造成一定的损害。例如：一些不文明的旅游者随处乱丢垃圾，在建筑、树木等处随意刻画，在一些自然或文化遗产地随意攀爬，对一些文物进行随意的触摸等行为都对景观造成了或大或小的破坏。而旅游目的地当地居民的行为则可能具有更大的破坏性，如当地居民生活垃圾的随意倾倒、对文物的盗取、对树木的盗伐、对野生动物的盗猎等行为都将严重破坏旅游景观。

（三）旅游资源的保护措施

针对旅游资源遭受损害和破坏的原因，旅游资源的保护也应采取相应的措施。

（1）对于自然因素对旅游资源的损害，应采取积极预防的措施进行保护。特别是随着保护技术的发展，旅游资源的风化、老化、侵蚀等都可以利用物理或化学的技术手段加以预防。对于一些因条件限制而无法施加常规保护措施的旅游资源，则应当定期地进行巡察，以期及时发现问题并加以保护。

（2）对于因旅游者不文明行为所造成的旅游资源的损害，则应主要采取教育的手段对旅游者进行教育，提倡文明和健康的旅游方式。对于个别违反规定并对旅游资源造成一定损害的旅游者必要时要予以行政处罚和经济处罚，对于严重损害旅游资源的个人还应追究其法律责任。

（3）对于旅游资源的开发和经营方对旅游资源的损害，则应加强立法。一方面，严格旅游景区内各种设施建设的审批制度，对于未经批准、私自在景区内违法建设的情况予以严厉的行政处罚，严重的还应追究法律责任。另一方面，加强旅游资源开发的科学规划，努力在不改变旅游资源原始风貌的前提下，制定最优的旅游开发方案，同时要对景区容量进行科学测算，以避免过量的旅游者对旅游资源造成难以恢复的损害。

（4）对于旅游资源已经发生的或者不可避免的损害，则主要应用技术手段进行修复和重建，如故宫建筑群的建筑每年都会发生老化或者损毁，修复成为保护古建筑群的主要手段。对于一些不可避免的损害，如三峡工程建成后，张飞庙势必被大水淹没，在这样的情况下，整体搬迁成为最佳的选择。对于一些已经完全损毁的古建筑，为恢复其历史原貌，在“修旧如旧”的原则下，对部分古建筑进行重建也是保护的一种选择。

模块小结

本模块简要介绍了旅游资源开发的含义和原则，探讨了旅游开发工作的主要内容以及旅游资源的保护问题。所谓旅游资源的开发，是指人们对旅游资源的潜在价值进行发掘和利用，以改善和提高旅游资源对游客的吸引力，从而使旅游资源的现有和潜在优势得以发挥进而产生经济、社会、环境效益，并最终使得旅游活动得以实现的技术性活动。旅游资源的开发应秉持经济性原则、保护性原则、特色性原则、系统性原则以及经济、社会、环境效益相统一的原则。旅游资源的开发包括价值评价、可行性研究及具体的开发建设。在开发的同时也不应忽视对旅游资源的保护，只有合理平衡开发与保护的关系，才能可持续利用旅游资源。

同步测试

一、选择题

1. 旅游资源的开发是指人们对旅游资源的潜在价值进行发掘和利用，以改善和提高旅游资源对游客的吸引力，从而使旅游资源的现有和潜在优势得以发挥进而产生（　　）效益，并最终使得旅游活动得以实现的技术性活动。

A. 生态、环境、经济　　　　B. 经济、社会、环境

C. 社会、经济、民生　　　　D. 经济、环境、人民

2. 以下不属于旅游开发的原则的是？（　　）

A. 保护性原则　　　　B. 社会性原则

C. 经济性原则　　　　D. 经济、社会、环境效益相统一的原则

3. 以下不属于旅游开发的主要内容的是？（　　）

A. 旅游景区景点建设　　　　B. 旅游服务水平的提升

C. 旅游规划　　　　D. 改善旅游资源的可进入性

4. 以下说法正确的是？（　　）

A. 旅游资源的开发与保护是对立的两个方面

B. 旅游资源的开发与保护是统一的两个方面

C. 旅游资源的开发与保护是既对立又统一的两个方面

D. 旅游资源的开发与保护是无关的两个方面

二、思考题

1. 试论述旅游资源的开发与保护之间的关系。

2. 如何理解旅游资源开发的经济性原则？

3. 造成旅游资源损害的因素有哪些？

实践训练

【实践1】请查阅相关资料，试着找出我国有哪些对旅游资源产生损害的旅游开发案例。

【实践2】请找出自己家乡的一处旅游资源，并对其进行旅游开发的可行性研究。

单元三
旅游体验

【单元导读】

旅游体验是精神追寻的旅程。从旅游主体的角度来看，旅游体验是指旅游者通过与外部世界取得联系从而改变其心理水平并调整其心理的过程。这个过程是旅游者心理与旅游对象相互作用的结果，是旅游者以追求旅游愉悦为目的综合性体验。相对传统旅游而言，体验式旅游是一种注重个人需求、强调文化深层内涵的旅游形式。旅游过程中的审美至关重要，不论是对自然的审美、对社会的审美还是对于艺术的审美，审美对象的复杂性、审美主体的差异性都使得旅游审美体验千差万别。在旅游体验过程中，文化体验是旅游体验中的重要内容之一，而文明旅游则是旅游者实现自己和他人较高旅游体验的基本保障。

模块一 旅游审美

【学习目标】

1. 理解旅游审美的特点和类型
2. 认识导游在旅游审美中的作用

【学习导入】

旅游与审美

当下最任性的话，就是“世界那么大，我想去看看”“最好的时光在路上”。

到网上搜索一下，中国有2 800多个县级行政区，尽管文化积累、资源禀赋、交通条件不同，但几乎都在忙着发展旅游业。各地的旅游产品开发，有的以自然风光为主，有的以人文历史为主，有的则是两者较好融合。旅游者在欣赏美的自然、艺术品和其他人文现象时获得了审美愉悦。人在旅途，旅游并不是“看看”那么简单，还有“想想”“做做”等。

思考：

同学们，在旅途中，你的旅游目标是什么呢？在旅途中旅游审美重要吗？

著名美学家叶朗教授说：“旅游，从本质上说，就是一种审美活动。离开了审美，还谈什么旅游？旅游涉及审美的一切领域，又涉及审美的一切形态。旅游活动就是审美活动。”可见，旅游不仅是一种休闲娱乐活动，也是一种“寓美于游”的审美活动。旅游者出于非功利性目的，在旅行、游览中体验到一种审美愉悦，从而满足自己的审美需求。近年来，旅游者的精神文化需求提高，审美层次需求呈现不断上升的趋势，开始由观光为主向体验为主迈进。

拓展阅读

日本最美小村

日本合掌村坐落在岐阜县白川乡的山麓里，被称为“日本传统风味十足的美丽乡村”。“合掌造”房屋建造于约300年前的江户至昭和时期，1995年12月被列为世界文化遗产。合掌村在文化遗产保护和传承上具有世界领先水平，沿袭并创造出一系列独特的乡土文化保护措施。白川乡开发保护的成功与当地农民为保护家乡的地域文化、保护山村的生态环境所做的不懈努力是分不开的，他们的经验对我国新农村建设具有积极的参考作用。

资料来源：https：//3g.163.com/travel/article/B5L07GC900063KE8.html＃adaptation＝pc.

思考：

白川乡开发保护的成功经验对我国新农村建设有何启示？

一、旅游审美的特点

（一）旅游审美主体审美观的差异性

旅游审美主体是指旅游审美行为的承担者。具体来说，是指具有内在审美需要、审美结构和功能，并与旅游资源结成一定审美关系的旅游者。在旅游审美活动中，旅游者特有的思想感情、审美趣味、性格气质、艺术才能所汇聚成的个性审美心理结构总会交融展现在当下的审美选择和审美观照中，从而显出其独特的审美个性。在旅游审美欣赏中，面对同一欣赏对象，不同的欣赏者常会产生不同的审美感受。有时，甚至同一个欣赏者面对同一个欣赏对象，在不同的时间里，也会因为主观条件的变化产生不同的审美感受。这表明欣赏者主体性因素的发挥对于欣赏活动有很大的影响。由于旅游者主观条件的不同，他们在欣赏的选择方向、敏感程度侧重之处以及联想的内容与情感的格调等方面，都会有许多差别，致使旅游者的审美趣味具有明显的个性差异性。

（二）旅游审美客体的复杂性

旅游审美客体是指旅游景观，即地理环境中具有美感的各类自然景观和人文景观。随着旅游经济的发展，人们的旅游动机和需求向着高层次、多元化发展，使旅游资源的范围不断变化和发展，呈现出一定的复杂性，具体表现在以下三个方面。

1. 旅游审美客体的规模性

旅游审美客体都分布在一定的空间范围内，其本身的占地面积、建筑面积、体积、容积等在数值上都比较大。旅游者只能置身于风景之中，从其内部进行欣赏，才能达到景随步移、步移景换的审美快感。

2. 旅游审美客体的多样性

旅游审美客体的范畴极其广泛，其表现形式多种多样，可以是自然的，也可以是人文的；可以是历史的，也可以是当代的；可以是有形的，也可以是无形的。即使是同一景观，其往往由多种因素组成，每一种因素都可以构成具有多种美学价值的景观类型。例如：以地貌为基础的风景资源可使人产生多种美感，山地和沟谷可呈雄伟、壮观和奇险的动人景色，而平原使人产生悠远的意境。此外，引人注目的造型地貌景观若赋予奇异的传说、神话，其观赏价值就会大增，如桂林的象鼻山、云南路南石林的“阿诗玛”、昆明的“睡美人”等。

3. 旅游审美客体的变化性

旅游审美客体具有变化性，在一定的条件下会发生变化。首先，许多自然景观随着季节变化而变化，最明显的是气象气候景观，如吉林的雾凇只能在入冬时才能呈现，黄山的云海和瀑布只在夏季多雨的时候才会出现。其次，自然景观在不同的季节里表现出不同的风貌，“春山艳冶而如笑，夏山苍翠而如滴，秋山明静而如洗，冬山惨淡而如睡”正形容了亚热带山地的四季风貌。

（三）旅游审美过程的直接性和短暂性

人们在旅游活动中可以亲临现场，直接面对审美客体，获得切身的感受。然而由于旅游时间的限制，旅游者经常只能走马观花，没有机会反复观察和深入思考，加之旅游者对所处的旅游环境一般都比较陌生，并且重复前往某地旅游的可能性较小，因此对旅游对象难以形成深刻的感知。

二、旅游审美类型

旅游是一项集自然审美、社会审美和艺术审美于一体的综合性审美实践活动，任何一种美的形式和内容都可能成为旅游者的审美对象。

（一）自然审美

自然美是旅游活动中所经历的自然事物所呈现出的美，它是社会性与自然性的统一，如山川湖海、花草树木、鸟兽虫鱼等。大自然是一种本然的“物态”存在，它之所以能成为一种旅游审美的载体，是由于它已经进入人类的文化圈中，并且成为人类旅游的一种直接享受对象。① 对于旅游者来说，自然美是现代社会文化过程和城市化过程中难得保留下来的一片净土，因此备受青睐。

1. 形态美

不论是人文旅游景观还是自然旅游景观，都会表现出一定的形态美，并依靠这

① 杨丹丹：《旅游者审美行为现状分析》，载《经济视野》，2016（25）。

种具体可感的形象性对旅游者的审美感官形成冲击，从而带来特定的审美愉悦。旅游景观的形态、数量范围和某些特征可以形成不同的美感。例如：山势起伏蜿蜒、山体线条柔和、植被茂密、水色净美者，产生秀美的感觉；平畴无垠、水面坦荡、视野开阔、可极目无际者，产生旷远等美感。通过人们的感知，千姿百态的形态形成各种美感，使旅游者享受其中。

知识链接

形态美的类型

按照我国传统美学的分析，形态美主要包括以下几种：

1. 雄

雄即雄伟、雄浑，意味着形象高大、气势磅礴。泰山为“五岳”之尊，素以“天下雄”而著称。从绝对高度上看，其主峰海拔 1 545 米，在地貌分类上只属于中等山体，但因为它位于海拔仅三五十米的辽阔坦荡的华北平原东侧，以磅礴之势凌驾于齐鲁大地上，具有通天拔地之势，给人以高大、雄浑之感。当登上泰山极目远眺，“会当凌绝顶，一览众山小”的雄伟之感油然而生。雄伟之美可使游人产生仰慕甚至敬畏之情，增加人们的豪情壮志，催人奋进。

2. 奇

奇即奇特，指少见的、独具一格的外部形态。在我国诸多名胜中，以“奇”为美的景观首推黄山。黄山奇美主要源于峰奇、石奇、松奇、云奇。黄山 72 峰各有特殊的山石形象：有的势若天柱，有的形态古怪（似人、似兽、似物），丰富多彩，惟妙惟肖。黄山的松树更是奇特，有“迎客松”“送客松”“凤凰松”“连理松”，奇松怪石共同构成了黄山独特的松石之美。奇特之美能给人以特殊的愉悦感，具有特殊的吸引力。它可以启迪人们的智慧，激励人们勇于追求和探索。

3. 险

险即险峻、陡峭、岌岌可危等。西岳华山素有“天下险”之称，华岳险峻，“耸峙关中，临照西土”，加之“削成而四方，其高五千仞”的形象，堪称以“险”取胜的典型景观。当然，以“险”为美的景观不限于华山，黄山的“鲤鱼背”、杭州钱塘潮以及武陵源的“天生桥”等也堪称“险”的代表。险峻之美可以激励人们不畏险阻、百折不挠、奋力前进。

4. 秀

秀即秀丽、优美。这类景观一般有良好的植被覆盖地表，山石土壤很少裸露，山水交融、草木葱茏、生机盎然。此外，其形态丰满别致，轮廓线条柔和优美，如峨眉之雄秀、西湖之娇秀、富春江之锦绣、张家界之奇秀等。秀美给人一种自然柔和、恬情顺性的情趣，能使人悠然自得、心绪平和。

5. 幽

幽即幽深、幽静，多指以丛山深谷为基础，并有茂密的植被和寂静的环境所构成的意境。凡能产生“幽”的事物，其势必曲、必深、必静，也大多光线较暗，使游人的视野受到局限，即“曲径通幽”。中国古典园林中的曲径、曲桥及假山、树篱等造成的障景，分割不同的景区，目的之一就是要形成幽境。“青城天下幽”，是因为青城山竹树繁茂，山路曲折而静谧，人行山中，瞻前顾后皆疑无路，竟难辨身处何地。幽境能使人超然世外，助人潜心静思，最宜养性怡情。

6. 旷

旷即畅旷、辽阔，多指以宽阔的水域、高原、平原为主体所构成的风景，其特点是视野开阔，水面坦荡，可极目无际。典型的“旷”美景观首推“八百里洞庭”，登岳阳楼远眺，方可体验“衔远山，吞长江，浩浩汤汤，横无际涯，朝晖夕阴，气象万千”的非凡景象。而登泰山岱顶能“一览众山小”，登香炉峰见眼前“江水细如绳”，大都形象地描绘了高旷景致所给人的那种高拔雄伟的审美感受，同时也反映出人们自古以来就有登高览胜的旅游审美习惯。旷景给人奔腾豪放、心旷神怡、心胸开阔之美感。

7. 野

野即天然未凿，富有野趣、古朴等。野也是一种美，具有妙境天成、绝少为人干扰的特点。现代文明的负面影响使人们产生了强烈的“重返大自然”的渴望，所以野趣更成了当今人们追求的目标。天然野趣可给人一种自在之情、苍凉之慨、悲壮之叹，能够使人坦率、真诚、光明磊落。

资料来源：陈锡畴：《中国旅游地理》，北京，高等教育出版社，2006。

2. 色彩美

自然景观色彩的审美意义是十分明显的。它直接调动旅游者的视觉神经，并以强烈的表情性向旅游者传达一定的感情信息和基本的美感意味。例如：同样为圆形，金色的太阳和银辉的月亮却带给旅游者不同的审美感受。色彩美学与一定的民族文化（包括民族风俗、民族习惯、民族情感、民族爱好等）和个人素质（包括个人修养、个人性格、个人观念等）具有密切的联系，如中国文化中的红色给人以兴奋或喜庆的感觉、黄色给人以高贵或欢乐的感觉、绿色给人以平静或安闲的感觉。不同的时空场景也影响人们对色彩审美的主观感受。例如：红色可以使人想起火或血，因而既可能引起热烈、兴奋情绪，也可能引发恐怖、残冷之感。

3. 声音美

声音可以成为自然景观形式美的审美对象，但一般情况下，不是所有的“音响”都能够被人们欣赏。只有和谐而有规律的乐音能使人感到悦耳动听，而嘈乱无章的噪音只会令人头昏目眩。声音的强弱及其在时间中的延续变化与人的生理心理机制之间有一定的对应关系，声音可以引起旅游者昂扬、低沉、喜悦、哀伤等情绪反应。因此，声音是人们传达感情的最佳媒介和载体。

4. 嗅觉美

嗅觉可以使人感受外界的气味，芬芳的鲜花、甘甜的泉水、诱人的山果、甘醇的佳酿、丰盛的菜肴、草原和森林的气息等都会给人以舒心的嗅觉美，从而调节人的精神，其中某些气味还对人的健康有利。中国古典园林工匠很注意制造嗅觉美，番禺余荫山房的主要建筑之一即为“闻木樨香”。嗅觉美不同于其他美感，它诱使人们去亲自品尝体验，所以美食、佳酿、名茶、鲜果等都成为旅游中不可缺少的项目。

5. 动态美

奔腾的江河、跌落的瀑布、飞溅的浪花、水中的游鱼、空中的飞鸟等都在不停运动。运动可以增加气势、增加活力，能使人精神振奋，给人以美好的象征。由于运动，在特定情况下使某些本来静止的物体也呈现出动态。例如：乘船或乘车沿江观赏桂林到阳朔的山水风景时，随着船舶或车辆的运动，原来相对静止的山景、水景呈现多层次、多角度的变换。这样就可以从不同的角度、光线和范围看到许多绝妙的美景，仿佛山、水都在为游客翩翩起舞，舒展丰姿。游客不仅享受了山景、水景的静态美，而且享受了自然景观的动态美，还可以进一步感受到大自然的空间美和游人自身产生的想象美。

上述各种美虽有单一存在的，但更多的是几个方面综合在一起。因为任何物体总有一定的形态、颜色、气质、运动形式等，而景观又往往是由多种物质组合而成的，游客通过各种感官，便可获得多种美感，如形态美、色彩美、动态美等。这些美感的结合又可产生综合美。

（二）社会审美

社会美是旅游活动中所经历的各种社会生活所呈现的美，它是人类社会生活美好方面的集中体现。这些美普遍地存在于人类的道德伦理、习俗礼仪、婚姻家庭、经济政治、宗教信仰以及社会劳动和社会产品中，并以人类自身的存在状态和活动状态显现出来。旅游者必然会以审美的态度观察、体验这些美，并由此形成一种社会审美文化形态。

社会审美的对象主要是由人的存在和活动所构成的人类社会，由心灵、品格、智慧、情感、理想等精神性存在构成。人的精神性存在只有外化为感性的物质存在时，才能成为旅游审美的客体。因此，社会审美的对象既有物质文化形式，也有精神文化内涵。

旅游社会审美与旅游者所处的社会制度和个人的社会功利意识直接相关，这就使得旅游社会审美的表现更为复杂。旅游活动中的社会审美文化可以说是客源地和接待地的两种社会制度、社会功利意识相互碰撞的火花。

（三）艺术审美

旅游活动中的艺术审美是指旅游者与作为旅游审美客体的各种艺术作品发生"同构"关系而产生的形态。艺术品是人们按照一定的意图，遵循美的法则创造出来的表达一定意义的形象。只有那些能够给人以精神上的愉悦和快感，也就是具有审美性的人类创造物，才能称为艺术品。正因为艺术品具有审美价值，能带给人审美享受，它才能进入旅游领域，成为旅游审美文化的一种载体。

艺术美是由人创造的，是人类劳动和智慧的结晶，艺术作品具有鲜明的主体性、形象性特点。基于艺术作品的这两个特点，旅游艺术审美与其说是艺术品与旅游者之间"同构"关系的发生、深化，不如说是旅游者与艺术创造者通过艺术品这个"媒介"进行相互沟通和交流。旅游者审美时自觉或不自觉地会受到艺术创造者主观意图的影响。只有当欣赏者把握了创作者的真实意图，艺术品的魅力和价值才能得到最大限度的发挥。

三、旅游审美的体验层次

在具体的旅游审美活动中，由于旅游者的文化层次、对景点的了解程度、审美方法等存在很大差异，各自的审美感受程度不同，因此呈现出一种多层次旅游审美体验现象。旅游者在旅游审美活动中获得的不同层次的审美体验依次表现为"悦耳悦目""悦心悦意""悦志悦神"三层，这三个层次呈金字塔结构。最低一层"悦耳悦目"所占人数最多，大多数旅游者在旅游过程中以风景观光、物质享受、游玩娱乐等目的为主，较少以艺术欣赏为目的，以文化感受、历史缅怀等体验为目的的旅游者则更少。"悦心悦意"是比"悦耳悦目"高一层次的审美感受，旅游者能领悟到审美对象某些较为深刻的意蕴，进而产生相对持续和稳定的精神愉悦。"悦志悦神"是审美体验的最高层次。旅游者在观赏审美对象时，能被唤起精神意志上的奋昂或愉悦状态和伦理道德上的超越，是一种在崇高感的基础上寻求超越与无限的审美境界。

知识链接

导游在旅游审美中的作用

1. 导游是旅游者的直接审美对象

旅游者外出旅游时最先和全程自始至终接触的是导游，旅游者会对导游从生理、心理、审美和伦理角度等先进行全方位的审视。因此，导游的衣着打扮应整洁得体、化妆和发型要适合个人的身体特征，既合乎时尚，也不失自己的个性，有独特的风格和高雅的品位。这既会帮助导游从感官上赢得旅游者的喜爱，又能满足旅游者的浅层次审美需求，同时也预示着导游已经获得初步的成功。一个精神饱满、乐观自信、风度潇洒的导游能给旅游者带来清新、舒畅的美感享受。导游的动作举止、神态风度也是旅游者较为注重的。很难想象，一个邋遢、形象猥琐的导游会赢得旅游者的喜爱和工作的配合。在与旅游者相处中，导游谈吐不凡、幽默风趣，再加上亲切自然优美动听的语言，都会给旅游者带来美好的享受，使导游在整个行程中的努力事半功倍。

2. 导游是旅游审美信息的传递者

旅游者在旅游审美活动中，由于个性差异、文化差异和语言障碍等因素的存在，对于同一旅游审美观照物在审美感受上会有很大的差异。一个来自异国他乡的旅游者，当他一踏上陌生的土地，便不期而然地进入一场异国文化精细而无声的碰撞，眼前的新奇一切有可理解的，也有不可理解的。一般说来，异质文化既能满足人们的猎奇之心，又会带来莫名的陌生感，甚至会把人引入一种不知所云、手足无措的尴尬境地。因此，在旅游活动中，由于旅游景观具有多样性的特点，旅游者在较短时间内从事这种综合的审美实践活动具有相当大的难度。要获得旅游审美信息就需要借助中介力量进行有效的传递。导游便是旅游景观与旅游者之间的中介，是旅游审美信息的传递者。人们常说的“没有导游的旅游是没有灵魂的旅游”，正是点明了这一意义 。

3. 导游是旅游审美行为的协调者

在同旅游者的审美关系中，导游还扮演着协调旅游主体的审美行为的角色。一方面，这是导游活动的基本内容；另一方面，也是旅游观赏主体的实际需要。在旅游审美实践中，导游往往利用自己的历史文化与地貌风物知识，主要从旅游观赏节奏等方面来协调旅游者的审美行为。观赏节奏有两层含义：一是指整个旅程的节奏，二是指在一个景区中的游览节奏。一般来说，在旅游活动中，导游要把握旅宜速、游宜缓的原则，处理好重点区域与一般区域的张弛急缓；在动态观赏时，要通过旅游速度节奏的变化，引导旅游者对动态景观步移景异的审美感受。在旅途中遇到经典观照物时一定要让旅游者驻足观照、凝神品味，充分感受旅游景观的美感。

此外，导游作为旅游审美活动的协调者，要运筹调度，指引旅游者以最佳的方位、时效去欣赏自然景观和人文景观中的美。

资料来源：远征：《旅游审美与导游服务浅析》，载《科技信息》，2011 (23)。

模块小结

旅游活动的本质是一种审美活动。旅游审美具有旅游审美主体审美观的差异性、旅游审美客体的复杂性、旅游审美过程的直接性和短暂性等特点。旅游审美类型主要分为自然审美、社会审美、艺术审美三种。无论是哪一种旅游，旅游者都是在不断的旅游活动中寻求美的享受，以愉悦身心、陶冶性情、增添生活乐趣。导游在旅游活动中是审美信息的传递者和审美活动的调节者，作为沟通旅游者和旅游目的地的重要服务中介，对于提高游客旅游审美有重要的作用。

同步测试

一、选择题

1. “九寨归来不看水”是对九寨沟景色的真实诠释：千颜万色、碧蓝澄澈、奇湖错落、变幻无穷。这体现了自然景观的（　　）美感特征。

A. 形态美　　B. 色彩美　　C. 声音美　　D. 嗅觉美

2. 黄山的审美特征是（　　）。

A. 雄　　B. 秀　　C. 奇　　D. 险

3. 以下哪一点不是旅游审美的特点？（　　）

A. 旅游审美主体审美观的差异性　B. 旅游审美客体的复杂性

C. 旅游审美过程的直接性和短暂性　D. 旅游审美的综合性

4. 风景美属于（　　）的范畴。

A. 形态美　　B. 色彩美　　C. 声音美　　D. 嗅觉美

二、思考题

谈谈你对旅游从业人员的旅游审美修养的认识及培养。

三、案例分析

小李的导游服务

小李是石林景区的导游，她的工作服装是经过改良后的阿诗玛服饰，游客们都说她微笑着进行导游讲解时就像真的阿诗玛。这天，她又带着一批游客在景区内游览：

“看，这是石林的第一个景点，叫‘出水观音’。你看那巨石，状如观音手捧柳枝瓶徐徐出水，因此得名。若从东岸看此景最为形象。

“现在我们到了望峰亭。望峰亭初建于 1931 年 5 月，1971 年重建，建在高 30 米的石峰顶上，分为两层。我们现在站的这里是顶层，下面为底层。大家现在可以看到石林的主要游览区李子箐石林。它的面积约 12 平方千米，游览面积约 1 200 亩。主要由石林湖、大石林、小石林和李子园几个部分组成，游路有 5 000 多米。

“现在我们来到了石林最有名的景点——阿诗玛。现在阿诗玛就在大家眼前这片范围内，大家可以找找看我们美丽的阿诗玛在哪里。可以给大家点提示，她穿着黄色的衣服，背着一个四方篮子。看到了吗？（然后让游客发挥想象力和观察力，寻找阿诗玛）。我们找到了阿诗玛，在她身上也有一个非常凄美的故事（讲阿诗玛的传说）。”

走到一块平地上，小李介绍了当地的舞蹈，并邀请团友一起跳，大家非常开心。

思考：

从旅游审美角度出发，导游如何对旅游者开展导游服务工作？

实践训练

【实践 1】请从审美角度分析和评价自己感兴趣的山岳景观。

【实践 2】请游览某一旅游景点，分析该景点的审美情趣。

模块二　文明旅游

【学习目标】

1. 了解文明旅游的意义
2. 理解提升文明旅游的策略
3. 增强文明旅游意识

【学习导入】

凯萨琳宫的不文明行为

据俄罗斯圣彼得堡电视台报道，2016 年 8 月 22 日，一个中国旅游团当天参观拥有 300 年历史的凯萨琳宫大厅时，一位母亲为了解决自己孩子的尿急问题，竟然让小孩当场在皇宫大厅的豪华硬木地板上小便。皇宫的工作人员见状后当场吓坏，馆长、副馆长亲自赶到现场处理。皇宫的工作人员表示，这是史上发生的首次类似事件。该消息引发了俄罗斯民众的激烈讨论。圣彼得堡导游协会一名翻译表示，整起事件与中国导游不无关系。因为俄方导游会事先为中国游客讲解行为规范及卫生间位置，但中国导游通常都不愿说明。

思考：

大家如何看待该事件？旅游中的不文明行为是否只发生在游客身上？作为一名旅游从业者，应如何践行文明旅游？

我国已进入大众旅游时代，越来越多的人愿意踏上放松的旅程。然而，随着大量国内游客涌入旅游市场，一些诸如损坏旅游设施、随手题刻等不文明行为不断出现，这些行为不仅损害了环境和游客形象，也为旅游市场蒙上了一层阴影。2006 年 10 月，中央文明办和国家旅游局（2018 年 3 月组建文化和旅游部，不再保留国家旅游局）联合发布了《中国公民国内旅游文明行为公约》与《中国公民出境旅游文明行为指南》，倡导游客遵守公约，争做文明游客。2013 年 10 月起施行的《中华人民共和国旅游法》(简称《旅游法》) 明确规定“应当遵守社会公共秩序和社会公德，尊重当地的风俗习惯、文化传统和宗教信仰，爱护旅游资源，保护生态环境，遵守旅游文明行为规范。”2016 年 5 月，国家旅游局修订了《国家旅游局关于旅游不文明行为记录管理暂行办法》，并审议通过。随着境外旅游的升温，中国游客的足迹遍及世界各处，旅游者用自己的言行展现着中国人的形象，文明出游已成为社会热点。

一、文明旅游的意义

我国旅游者的种种不文明行为不仅损害了文物古迹，破坏了景区生态环境，降低其他游客的游览质量，更重要的是给社会造成了不良影响，使社会公众道德备受质疑，让国家形象蒙羞。文明旅游不仅关乎国民素质修养，也展示了一个国家的文明程度。无论是在国内还是在国外，国人的旅游行为以及旅游经营者的服务行为所表现的文明程度直接关系着外国人对中国人形象乃至中国形象的评价，进而影响他们的出游决策，最终影响中国的入境旅游规模和国际旅游竞争力。

二、不文明旅游行为的表现形式

(一) 扰乱公共交通工具秩序

这一形式的不文明旅游行为分为扰乱水运交通、陆运交通和空运交通秩序三种类型，主要表现为扰乱和影响公共汽车、电车、火车、飞机、邮轮等交通工具的正常运行。

(二) 破坏公共环境卫生和公共设施

破坏公共环境卫生和公共设施是指游客在旅游过程中实施的对环境卫生、设施、树木、景观等公共财产损毁的行为。从情节严重角度来看，破坏公共环境卫生、公共设施是各种表现形式中最为严重的一种。如在旅游景区、车站、酒店等公共场所随处抛丢垃圾、随地吐痰、吐口香糖、上厕所不冲洗等现象。

(三) 公众场合不注重自身形象

部分游客在出行时缺乏基本社交修养，言谈的粗俗、举止的粗鲁让人不齿的同时也让人感到社会基本公民教育的缺失。如在非吸烟区吸烟，大庭广众下脱去鞋袜、赤膊袒胸，酒足饭饱后剔牙、打嗝，公众场合讲黄段子、宣传封建迷信等。

(四) 违反旅游目的地社会习俗和习惯

违反旅游目的地社会习俗和习惯是指游客在旅游过程中实施与当地社会习俗和习惯相悖的行为。例如：有的中国游客在泰国旅游的过程中下车时用力关车门，这一行为违背了当地的习俗，因为在泰国大力关车门表示对主人的不满，极易引起当地居民的愤怒。

拓展阅读

中国女子泰国白庙写真走红

2015年9月，一组中国女孩身穿汉服在泰国白庙拍摄的写真集在泰国引起轰动。女孩身穿一身白色汉服搭配白庙犹如仙境般的景物，如同下凡的仙子，美不胜收（见图3-1）。

图3-1 中国女子白庙写真

思考：

你认为这种照片美吗？请从文明旅游的角度进行分析。

（五）损毁、破坏旅游目的地文物古迹

目前，仍存在许多破坏文物古迹的行为，如在景观文物、服务设施上乱刻乱画。

（六）参与赌博、色情等活动

游客在旅游过程中参与涉及赌博、色情等内容的活动，造成不良社会影响。

除了以上不文明旅游行为，违章野炊、露营，不听劝阻任意喂食、投打动物、危害动物安全等也属于不文明旅游行为。

拓展阅读

游客在泰国千万别玩牌

据泰国《曼谷邮报》报道，2016年2月泰国执法机关在度假胜地芭堤雅一餐厅逮捕32名涉嫌聚众赌博的外国人，这些人多数是欧洲人，虽然他们表明没有赌钱，但是警方仍以其违反《泰国1943年扑克牌法》规定，即拥有120副以上扑克牌没有缴税，对被逮捕的32名外国人提出指控。报道指出，32人被带到警局留置12小时，在每人缴交5 000泰铢后获得释放，其中有一人不愿在报告上签字，继续被拘留中。因为在泰国，任何形式的赌博都是非法行为。

思考：

作为一名导游，境外带团时如何避免游客出现类似问题？

三、文明旅游策略

践行文明旅游，需要做好旅游规划、建设、管理、服务接待以及消费等各个环节的工作，需要在旅游方式、行业及产业方面体现文明。

（一）加强教育引导和宣传

教育是提高人们思想觉悟、文化水平和道德水准最重要的方法，要教育人们“先做人、再做事”，传统的道德观不能丢。首先，注重社会教育，从培养良好的习惯开始倡导文明旅游。其次，学校在传授基本知识的同时，应该在课程设置中增加文明礼仪课程，教学活动增设文明出行的内容。中国台湾地区、日本的一些做法值得参考。台湾地区的基础教育内容设置涉及很多行为、生活习惯的养成，日本孩子从小接受的教育是“不要给任何人带来困扰与麻烦”。

如今，各类旅游网站、微博、微信是游客最重要的信息来源，同时也是传播文明旅游效果最好的渠道。移动端旅游服务类App和旅游服务微信更具便捷性，传播效果更佳。因此，政府应该制定相应政策，鼓励旅游企业面向行业、游客建立完善的旅游信息平台，在方便游客查询旅游信息的同时也关注文明旅游信息，通过各种形式潜移默化地引导游客文明出行。政府通过政策的倾斜，对传播文明旅游并取得较好成效的企业予以奖励，鼓励网站在提供相关旅游信息的同时附着文明旅游信息提示语，鼓励微博、微信等自媒体制作文明旅游短片、小品、视频等网络作品，开展展播、展映、评奖等系列活动。政府同时要完善自身平台建设，形成自上而下的文明旅游信息传播机制。

（二）强化监管监督

不文明旅游行为具有很强的反复性，需要政府、社会和企业共同协作，加强监管，引导旅游者摒弃不文明行为，形成良好习惯。

1. 加强旅游政策、法规的立法与监督工作

有法可依、有法必依、执法必严，从法律、法规上控制人们的旅游行为。国家

也试图从法治角度进一步改善国人出境游的不文明行为。2014 年发布的《团队境内旅游合同》《团队出境旅游合同》《大陆居民赴台湾地区旅游合同》和《境内旅游组团社与地接社合同》的示范文本首次明确规定，不管是在国内还是国外，旅游者如从事违法或违反公德活动，旅行社有权单方面解约，扣除相关费用后退还余款。为了倡导文明旅游，一些地方也开始尝试通过黑名单制度或不良行为记录来进行约束。

2. 鼓励社会各方面监督

鼓励社会各方面消除不文明旅游行为，可以利用微信、微博、互联网等媒介营造良好的舆论监督氛围，积极传播文明旅游正能量，从道德舆论上引导文明旅游行为。建立旅游者不文明行为数据库，报道、揭示、评论不文明旅游现象，揭穿、解析和谴责各种不文明旅游行为，使不文明行为接受整个社会的监督。

3. 加大行政惩罚力度

对不文明行为责任人和责任单位实施强制性行政处罚，加强惩处措施的制定和实施。建立旅游警察队伍，加强旅游市场治安管理，协调有关部门对旅游市场进行密切监管，严厉打击和惩处各种违规行为，旅游参与主体必须加强自律自控以及自我监督，对旅游过程中的自我行为进行有效约束，确保诚信经营和优质服务，使文明旅游成为道德习俗。

拓展阅读

“黑名单”为导游戴上“紧箍咒”

国家旅游局 2016 年 9 月通报指出，2 月谩骂游客的北京导游王某已被纳入“游客不文明行为记录”，也就是大家所说的“黑名单”。王某也因此成为首个被纳入“黑名单”的旅游从业人员。可以说，旅游部门的这一举措是为导游戴上了“紧箍咒”。

2016 年 5 月，国家旅游局印发了《游客不文明行为记录管理暂行办法》，明确规定，从事旅游经营管理与服务的工作人员若存在侮辱、殴打、胁迫游客等造成严重社会不良影响的行为，将被纳入“旅游不文明行为记录”。

导游作为窗口行业的工作人员，承担着传播旅游文化和时代风尚的重任，其一言一行都代表着地方和行业的形象。然而如今，在热搜榜单中，“导游”往往与“野蛮”“暴力”等负面词汇挂钩。导游背负“恶名”，有一半的责任在导游自己，一个“黑导游”坏了一锅粥，一次失言毁了导游从业人员的整体形象。

思考：

你对上述做法有何认识？

（三）提高旅游从业人员素质

1. 提高旅游管理部门执业人员素质

提升旅游的文明素养，政府主管部门、交通管理部门、文化教育管理部门以及酒店、交通、旅行社的管理者和员工等要率先起到示范作用，尽到相应的管理和服务责任，对游客的不文明行为要起到管理和监督作用。

2. 提高导游文明素质

带队导游可对游客的行为起到直接的示范、监督和制约作用。旅游过程中，导游不仅要完成组织协调、解说等传统职责，同时应负有监督游客不文明行为的职责。导游在帮助游客了解、欣赏环境和景观的同时，应鼓励游客表现出对景区环境、景观负责的行为，预防和制止其不文明行为。与此相适应，旅游管理部门在导游考评、导游词设计等方面可适当增加有关环境特性和景观保护常识等内容，对游客进行文明旅游行为教育。《旅行社行前说明服务规范》是国家旅游局首次对旅行社服务全过程中的某一环节提出的专门的行业服务标准，首次将“文明旅游”以旅行社行业标准的形式明确。《导游领队引导文明旅游规范》则是规范文明旅游引导的第一个专业性行业标准。

3. 提升旅游景区从业人员素质

旅游景区既是为旅游者服务的前沿窗口，也是在潜移默化中对旅游者进行文明旅游教育的重要阵地。因此要努力创建文明景区，提升景区从业人员的文明素质，将各类旅游景区建设成传播文明旅游的重要场所。景区从业人员要以身作则，起到文明旅游带动和示范作用。

（四）加强景区对旅游者行为的引导与管理

旅游者在景区游览过程中的不文明行为固然与个别旅游者的素质偏低有关，但景区也应该承担起提示、引导、劝阻、督查的责任。旅游景区管理人员应该为旅游者在景区游览时提供必要的信息，对游客进行必要的引导和管理，使旅游者自觉约束自己的行为。为确保旅游者在景区中文明旅游，景区必须为其提供完善的设施设备。例如：布局合理、造型独特的垃圾箱，使旅游者便于将垃圾投放到垃圾箱内；在景区内明显位置摆放和悬挂美观醒目的旅游引导标志，配置有亲和力的说明文字及提醒文字，使旅游者自觉维护秩序和环境。

景区应将旅游者在景区内游览时应有的行为和义务制定成详细、明确的管理规则和惩罚措施，并确保旅游者能准确地获知。对违反管理规则的旅游者，景区管理人员必须严格按规定进行惩处，以对旅游者的不文明行为起到威慑作用。

拓展阅读

四川甘孜试点推广“垃圾银行”　鼓励公众参与环保

2015年10月，四川甘孜海螺沟景区“垃圾银行”启动，推动城乡居民和广大游客养成保护环境的好习惯。实践表明，“垃圾银行”取得的成绩十分可喜，不仅推动垃圾减量分类，还促进更多公众参与环境保护。

模块小结

本模块主要讲解了文明旅游对树立国家旅游形象、保持旅游业可持续发展的重要性，以及如何实现文明旅游的有效策略。实现文明出游，需要有关部门加强引导、教育和管理，对不文明现象坚决制止，加大对实施不文明行为的惩戒，不仅需要景区提高服务质量和管理水平，更需要游客提高文化素养，增强文明旅游意识。

同步测试

一、选择题

1. 倡导（　　），是提高社会文明程度、促进社会和谐、形成良好社会风尚的有效途径。

A. 文明旅游　　B. 出国旅游　　C. 公民旅游　　D. 国内旅游

2. 以下哪一点不是提升文明旅游的有效路径？（　　）

A. 提高旅游从业人员素质

B. 加强全社会监督机制作用

C. 加大宣传学习力度，进行全民性文明旅游教育

D. 限制出境旅游人数

3. （　　）是规范文明旅游引导的第一个专业性行业标准。

A.《旅行社行前说明服务规范》

B.《导游领队引导文明旅游规范》

C.《游客不文明行为记录管理暂行办法》

D.《大陆居民赴台湾地区旅游合同》

二、思考题

作为未来旅游从业者，应如何做一名文明旅游的践行者？

三、案例分析

春节不文明旅游仍屡见不鲜

与往年频频被曝光的旅游不文明现象相比，2017年春节期间，类似新闻并不多，这可以从一个侧面反映旅游者文明出游意识的提升。但是被曝光的不文明现象不多，并不意味着没有。例如：大年初五这天，北京地坛庙会迎来客流高峰，随之也出现了一些不文明行为，像朱红的坛墙被“印上”一排排鞋印、家长让孩子在树下小便等情形不一而足。再看天津，古文化街上，占道经营的小摊贩逼得机动车绕行；天津站附近的世纪钟前，多处草坪被踩成了“斑秃”。

据国家旅游局数据中心综合测算，2017年1月31日全国旅游接待总人数3 770万人次，同比增长14.0%；实现旅游收入510亿元，同比增长16.3%。

如此庞大的出游数字，其背后的文明与不文明显得格外显眼，由此也让人不得不生出一丝忧虑——不文明旅游行为何时才能绝迹？近年来，从中央到地方不断强调文明旅游，相关政府部门还出台了倡导文明旅游的专门规定。然而，在这种背景下，不文明旅游现象仍屡禁不止，层出不穷。

资料来源：http：//money.163.com/17/0203/08/CCBBKD71002580S6.html.

思考：

根据上述材料，谈谈不文明旅游行为产生的原因。

实践训练

请在自己周围朋友或亲人中倡导一次文明旅游活动。

模块三　旅游与文化

【学习目标】

1. 了解旅游与文化的相关概念
2. 理解旅游与文化的关系
3. 理解旅游文化整合创新的原则和途径

【学习导入】

乐安擦亮文化品牌　助推旅游业发展

日前，北京民族文化宫人头攒动，热闹非凡，由乐安县主办的电影《大傩·董春女》开机新闻发布会和“千古第一村——流坑图片展”在这里举行，展出的180幅精美的流坑古村图片，令参观者赞叹不已。

乐安文化底蕴深厚独特，红色、古色、绿色等资源丰富。近年来，乐安县创新文化工作思路，注重文化软实力提升，围绕建设“古村生态旅游知名县”的发展目标，挖掘“三色”资源，发展影视拍摄、文化产业创意、户外休闲运动等新兴文化业态，着力培育文化产业新的增长极，直接带动文化和旅游产业加速发展。

在保护、挖掘、传承优秀文化的同时，乐安县还将文化产业发展与生态旅游发展有机结合起来，组织开展了“文化走出去”系列活动。乐安蛋雕艺人邹兆庆就是该县文化走出去的受益者之一。作为乐安蛋雕的第四代传承人，其蛋雕作品广受欢迎。近年来，在有关部门的大力扶持下，他先后参加了上海世博会、意大利米兰世博会等各种国内和国际的文化活动20多次，成为乐安对外文化交流的使者之一。今年，该县还将组织流坑图片赴英国展、流坑画册中英文版全球发行、乐安“非遗”文化对外交流展、流坑科举文化展等活动，以不断提高乐安文化的知名度和影响力。

资料来源：http：//mt. sohu. com/20170326/n484833775. shtml.

思考：

文化与旅游的关系是什么？如何实现文化旅游深度融合发展？

2015年国务院办公厅印发《关于加快发展生活性服务业促进消费结构升级的指导意见》，这既是国家在经济转型升级、消费结构升级、国民需求升级的大背景下提出的具有很强针对性的战略举措，也是第一次将旅游产业提升到生活服务业的层面，意味着旅游服务将成为现代生活方式中的重要层面。该指导意见提出：提升旅游文化内涵和附加值，加强旅游纪念品在体现民俗、历史、区位等文化内涵方面的创意设计。不难看出，文化始终是国民经济软实力的强心剂，“文化+”给产业发展带来新的启发和思路。

一、文化和旅游的相关概念

（一）旅游文化

1. 旅游文化的概念

旅游文化是以一般文化的内在价值为依据，以行、吃、住、游、购、娱六大要素为依托，以旅游主体、旅游客体、旅游介体和旅游研究之间的相互关系为基础的，在旅游活动过程中业已形成的观念形态及其外在表现的总和（汪永萍等，2009）。旅游文化的内涵十分丰富，外延也相当宽泛，既有物质层面的，也有精神层面的。物质层面的文化，即文化的固化形态，如旅游人文景观；精神层面的文化则是无形的，如旅游的背景文化、民风习俗、宗教信仰等。这些都是旅游目的地的具有吸引力的资源，经过开发即成为现实的旅游产品。

2. 旅游文化的特征

旅游文化是旅游主体围绕旅游活动创造的。旅游文化聚合生成过程是各种不同文化之间相互影响、相互渗透的过程。因此，旅游文化有着比较明显的特征。

（1）地域性。地域性差异正是形成旅游者旅游活动的吸引力之一。旅游者对异域文化的猎奇、探险、求知心理促成了旅游活动的实现。旅游文化在不同的国家、区域表现出不同的特点，使得人类社会的旅游文化形态丰富多彩。而经过旅游者与旅游目的地的旅游文化互动，客源地与旅游目的地之间的文化差异又在不断缩小。

（2）融合性。正如中国文化几千年来不断融合外来民族文化的历史过程一样，在旅游活动过程中，随着旅游者的移动，各种异域文化相互冲击和影响，本土文化与外来文化不断交流、融合，从而形成各种独特的旅游文化。

（3）变异性。由于旅游文化的融合性，旅游者的不断更新，新的文化冲击不断出现，在融合过程中，也就使旅游文化本身不断出现新的表现形式。这种变异性既是旅游文化发展的必然结果，也是其魅力所在。

（4）传统与时尚并存。旅游目的地的本土传统文化是吸引旅游者的原动力，而旅游文化的形成则因其不断更新的变异性而具有时尚性。传统与时尚并存体现了旅游文化在传播当地原生文化、融合外来文化、形成新的文化吸引力的过程中特有的性质。

（二）文化旅游

文化旅游是指通过旅游实现感知、了解、体察人类文化具体内容的行为过程。泛指以鉴赏异国异地传统文化、追寻文化名人遗踪或参加当地举办的各种文化活动为目的的旅游（肖宏等，2013）。文化旅游是旅游的一种类型，与旅游在内涵上存在有机联系。寻求文化享受已成为当前旅游者的一种风尚。

文化旅游产业是旅游业的一个重要组成部分，涉及对一个国家和地区从历史文化中存留下来进入旅游市场的物质和精神遗产（文化古迹、风景名胜、宗教民俗设施以及有关的风土人情、民俗礼仪等）进行开发、营销和推广。文化旅游产业是一种特殊的综合性产业，因其关联度高、涉及面广、辐射力强、带动性大而成为新时代经济社会发展中最具活力的新兴产业。当前，中国的旅游业正在慢慢转型，文化与旅游结合的需求越来越明显。文化产业与旅游产业融合发展、互促互进、相得益彰，将产生巨大的社会效益和经济效益。

知识链接

“文化＋”与文化产业的崛起

文化催生了人类智慧的裂变，使人类文明达到了空前的高度。信息化推动的新一轮工业革命使人类文明进入文化社会、文化科技、文化产业、文化经济的新境界；以文化软实力为重要支撑的“互联网＋”构建的虚拟世界与现实社会和现实产业的融合满足着人们的物质需求，也传递着价值理念。人类的文化自觉达到了空前的高度。

二、旅游与文化的关系

旅游与文化有着紧密关系，文化的本质决定了文化的旅游功能，天然地融合和体现于旅游全过程。旅游活动从本质上讲是一种文化活动。无论是旅游消费活动还是旅游经营活动，都具有强烈的文化性。旅游作为当今世界最广泛、最大众的交流方式，必然是展示文化、传播文化、推动文化的重要载体。众所周知，旅游文化是旅游业的灵魂和支柱，是旅游业发展的内在动力。独特的旅游文化是增强旅游吸引力的源泉。

三、旅游活动的文化属性

（一）文化是旅游主体活动的主要动机

随着生活水平的提高，旅游文化能够满足越来越丰富的精神渴求。繁忙的工作之余，人们需要更多的休闲娱乐等精神享受，旅游文化成为人们的消费大餐。为避开日常生活中追名逐利的喧哗与骚动，许多城市居民选择到广大农村中去，甚至深入穷乡僻壤，从民俗所蕴含的传统中汲取智慧，通过对异地的体验来充实自己。旅游者求新、求知、求美的文化动机出自人类的天性，现代旅游现象实际上是一项以精神文化需求和享受为基础的综合性大众活动。

（二）文化是旅游客体的主要内涵

从旅游客体来看，文化是旅游资源的主要内涵，旅游资源可分为自然资源和人文资源两大类。人文旅游资源的文化内涵是固有的，无论是实物形态的文物古迹还是无形的民族风情、社会风尚，均属于文化的范畴。自然资源是天然的，但只有经过人为的开发利用，将景观中的寓意和寄托着的人类情感提炼出来，打上所处社会的文化印记，才能由潜在的旅游资源变为现实的旅游资源。

（三）旅游产业的文化属性

旅游活动从本质上讲是一种文化活动。无论是旅游消费活动还是旅游经营活动都具有强烈的文化性。旅游者在食、住、行、游、购、娱等方面所付出的消费，其本质是文化消费。例如：旅游者欣赏名山大川、了解文物古迹、体验民俗风情、品尝美味佳肴、感受旅游乐趣都是文化消费行为。旅游经营者向旅游者提供具有一定文化内容的、有特色的产品和优质服务，在整个旅游过程中要深入发掘文化内涵，以满足旅游者物质文化和精神文化需求。因此，旅游业既是经济产业，也是文化事业，而且对社会文化的发展起着一定的推动与促进作用。

四、旅游文化的整合

当今世界，经济结构正在经历深刻变化，旅游业也进入一个大调整、大发展的时期。旅游与文化深度融合是转变旅游发展方式的必然要求和根本途径。

（一）旅游文化整合原则

1. *充分挖掘旅游资源的文化内涵*

一个国家或地区的旅游吸引力主要来自旅游资源的特色，而这种特色在很大程度上取决于资源的文化含量及其独特性。缺乏富有文化内涵的旅游资源就无法形成旅游文化。因此，要充分挖掘旅游资源文化内涵，合理开发利用旅游资源，提升旅游资源的垄断性。

2. 以品牌为导向进行旅游文化整合

旅游文化作为一种狭义文化，是旅游地发展旅游业的重要依托资源，必须注重其品牌价值。依托文化旅游资源群体优势，深化景点景区文化内涵，整合开发具有文化特色、吸引力强的知名旅游产品，创建品牌景点景区，整合区域旅游产品，打造旅游文化特色，塑造旅游文化品牌。

3. 充分体现时代精神

优秀的传统旅游文化虽然有很强的吸引力，但社会的发展、时代的进步也给人们的旅游活动注入新内容，因此旅游文化的整合必须体现这种发展变化和时代精神。

知识链接

全力打造十大文化旅游目的地品牌

山东是文化旅游大省。为整合资源，将博大精深的齐鲁文化转变成有说头、有看头、有玩头，以文化物、寓教于乐的文化旅游目的地品牌，传承创新民族优秀文化，提升旅游产业核心竞争力，该省旅游部门继“好客山东”品牌之后，又精心打造了十大文化旅游目的地品牌，逐步形成完善的旅游文化品牌体系。

（二）旅游文化整合策略

1. 旅游景观文化的重建

由于国家经济建设、战争和自然灾害等原因，旅游景观不可避免地会遭到一定程度或全部的毁坏。其结果会造成原有景观文化内涵和意义的错位，因此需要进行景观文化的重建。重建中要保留原有景观的文化内涵并在此基础上进行景观“意”的重构，以丰富景观的文化内涵。

2. 旅游产品的深度整合

旅游者对旅游产品的追求正从单一化向多样化转变。为了适应旅游者的市场需求，要对旅游资源及旅游产品进行整合开发。在旅游文化创新中将旅游地的历史文化、民俗文化、宗教文化、饮食文化等社会旅游资源进行深度整合，形成具有文化品牌效应的旅游产品。

3. 旅游文化的主题定位

旅游文化的民族特色和地方特色构成旅游目的地特殊的文化主题。旅游文化的主题定位是为当地旅游资源的开发和旅游景观文化的塑造定下一个基调，以便新的景观文化能与当地传统的旅游文化更好地融合和协调。

五、旅游文化的创新

一个国家或地区的旅游文化不是静态的、不变的，它始终处于一个永恒的动态发展过程中。通过旅游文化的创新，可以进一步挖掘旅游资源的文化潜力，对旅游资源赋予新的价值，对旅游文化资源进行有效配置，提高旅游文化品位，从而在旅游经济竞争中保持有利地位。

（一）旅游主体文化的创新

旅游主体文化即旅游者在旅游活动过程中，通过人际交往表现出来的各种文化形态，以及在与旅游客体进行交流、发生关系时感受到的文化差异，它体现为旅游者的各种文化需求和情趣。归根到底，旅游主体文化的创新就是旅游者的创新。旅游主体文化的创新主要在于旅游主体自我意识的觉醒，用现代旅游理念改造自己的思想，不断更新旅游文化观念，提高自身的文化素质、旅游审美能力等。

（二）旅游介体文化的创新

旅游介体文化是旅游主体文化和客体文化的媒介，是主客体文化的桥梁。在旅游活动的全过程中，旅游介体文化发挥着重要作用。旅游介体文化主要包括旅游行业文化和旅游企业文化。其中，旅游行业文化主要是旅游的整个外部环境，有利于旅游行业的整体规划。而旅游企业文化是一个旅游企业的内部环境，主要是指其自身的经营和管理。旅游企业要想更好地获得可持续发展的空间，并在市场经济中成功经营，在很大程度上需要依靠企业文化的建设和创新。追求卓越的旅游企业文化、进行高品质的企业文化建设和创新是现代旅游企业适应市场竞争的内在要求。

（三）旅游客体文化的创新

旅游客体文化，即旅游资源的文化内涵和价值所体现的观念和外在形态。旅游客体文化创新的目的是充分挖掘旅游资源文化内涵，合理开发利用旅游资源，整合文化要素，进行品牌运作，建设具有浓厚民族特色和文化意蕴的景点、景观和景区，提高旅游市场的竞争力。

任何景区都处在一定的人文社会中，是社会文化的重要组成部分。在长期的历史发展中有很多历史文化沉淀其中，这些都是景区提升自己文化内涵的有利因素。景区文化建设中应该突出地方文化特色，开发特色旅游产品，注重对文物古迹和现代人文景观的内涵发掘、提炼和升华。

模块小结

本模块介绍了旅游文化、文化旅游及文化旅游产业的相关知识，阐述了旅游与文化密不可分的关系；从旅游主体、旅游客体和旅游产业三个方面分析了旅游活动的文化属性；从旅游文化整合的原则、整合策略及旅游文化的创新等角度阐明了旅游与文化融合发展的必要性。

同步测试

一、选择题

1.（　　）第一次将旅游产业提升到生活服务业的层面，意味着旅游服务将成为现代生活方式的重要层面。

A.《国务院关于加快发展旅游业的意见》

B.《关于加快发展生活性服务业促进消费结构升级的指导意见》

C.《国务院关于促进旅游业改革发展的若干意见》

D.《关于进一步促进旅游投资和消费的若干意见》

2. 以下哪一点不是旅游活动的文化属性的体现？（　　）

A. 文化是旅游主体活动的主要动机

B. 文化是旅游客体的主要内涵

C. 旅游产业的文化属性

D. 文化需求是旅游需求的根本动因

3. 以下哪一点不是旅游文化的特征？（　　）

A. 地域性　　B. 融合性　　C. 审美性　　D. 变异性

4. 以下说法不正确的是（　　）。

A. 旅游与文化有着紧密相连的关系

B. 旅游活动从本质上讲是一种文化活动

C. 旅游文化是旅游业的灵魂和支柱

D. 文化旅游包含旅游文化

二、思考题

1. 思考旅游与文化的关系。

2. 如何实现文化旅游深度融合发展？

三、案例分析

走文化旅游产业融合发展之路

近年来，安徽池州市九华山风景区高度重视文化产业改革发展，特别是《文化产业振兴规划》及《中共中央关于制定国民经济和社会发展第十二个五年规划的建议》颁布以来，深化文化体制改革，狠抓各项措施落实，文化产业发展取得了阶段性成果。历时16年打造的文化产业项目九华山大愿文化园如期开园，实现了风景区旅游产业转型升级。运营3年来，围绕佛文化做文章，将佛教文化资源与旅游深度结合，旅游接待人次逐年攀升，旅游收入实现翻番，成为全省文化产业示范基地，目前正积极申报国家文化产业示范基地。九华山在特色文化项目引领实现文化旅游深度合作走出一个新路径。

“十三五”期间，九华山风景区将围绕皖南国际文化旅游示范区和世界佛教文化观光胜地建设，突破传统形式，创新体制机制，加强项目建设，纵深推进文化产业发展。实施文化、旅游机构改革归并，建立与景区旅游经济、文化产业发展规律相适应的大文化、大旅游管理体制和经营模式；出台景区文化资源整合、文化产业准入、市场、税收、土地使用等配套政策；打造九华大典演艺项目，将九华大典建成集弘扬大愿文化演出之所、实景演出、“水墨安徽”休闲购物、佛教文化交流中心综合性文化产业；筹划九华山佛教文化博物馆项目，让馆藏文物重现光彩。以国家非物质文化遗产九华山庙会节庆活动为契机，大力发展文化旅游；以荤年、素年等习俗打造民俗文化体验游项目；积极承办全国性、国际性学术交流、体育赛事文化活动，充分发挥国家体育健身基地功能，彰显九华气场魅力，吸引欧美团队开展气功养生游，进行国际性佛教文化研究活动；利用九华山学校夏令营基地开展科普夏令营活动；依托内涵丰富的诗文书画摩崖石刻等九华文化，建立书法村、画家村等创作基地，吸引文化人士来山开展文艺创作；依据九华水街风情河、涵月楼文化接待设施组织开展文化人士交流活动；培育发展艺术品业。

资料来源：http：//www.xyshjj.cn/bz/xyjj/syb/201510/79187.html.

思考：

结合给定材料，试分析文化旅游融合发展的可行性和必要性。

实践训练

结合当地旅游产业的发展，寻找并分享一个旅游与文化深度融合发展的典型案例。

单元四
旅游产业

【单元导读】

随着我国社会经济的不断发展，旅游逐渐成为人们一种非常重要的生活方式。与此同时，旅游业不断发展壮大，各类旅游企业规模日益壮大，旅游产业综合功能优势日益显著，综合贡献愈加突出。

旅行社是旅游产业的重要组成部分，旅行社的基本业务包括采购、组合设计旅游产品、提供旅游咨询、提供导游服务、委托代办业务等。景区具有旅游业发展的核心吸引力，在我国一般分为5A级、4A级、3A级、2A级和A级景区五个级别，同时按照不同的分类标准可以分为不同的类型。旅游饭店是旅游业的重要支撑，尤其是经济型酒店的蓬勃发展为大众旅游的快速发展提供了支持。其他旅游业态，如旅游购物、旅游交通、旅游娱乐等也是旅游产业的重要组成部分。

模块一 认识旅游业

【学习目标】

1. 掌握旅游业发展现状
2. 增强学习者对旅游行业和企业的认知
3. 提高学习者进入旅游行业从事旅游工作的积极性

【学习导入】

中国旅游业国际竞争力快速提升

世界经济论坛最新发布的《2017 年旅游业竞争力报告》显示，中国旅游业的国际竞争力上升，在全球排名升至第 15 位。

据悉，报告从旅游环境、政策条件、基础设施、自然资源 4 方面的 14 项具体指标进行排名，对 136 个经济体旅游业促进经济与社会效益潜力进行了评估。数据显示，传统旅游强国依然领跑全球旅游业竞争力榜单。尽管受到恐怖主义困扰，欧洲诸国仍在旅游业竞争力榜单中优势明显。西班牙、法国、德国高居前三，英国、意大利、瑞士同样榜上有名。此外，美国、加拿大、澳大利亚和日本也进入十强。中国在报告中的各项指标表现优异，在全部 136 个经济体中名列第 15 位，较 2015 年上升两个位次。从具体指标来看，中国的文化资源（第 1 位）和自然景观（第 5 位）排名全球领先。

报告称，随着对旅游业发展重视程度的不断提高，中国旅游产业在国际开放程度（上升 24 位）、信息通信就绪程度（上升 8 位）、旅游基础设施水平（上升 9 位）和游客服务水平（上升 10 位）等方面均有提升。同时，报告建议，为进一步提升国际竞争力排名，中国应在优化运营商环境、保障旅游安全、维护环境可持续发展和保护特有自然资源等方面加大投入。

思考：

正如上文所述，中国旅游业国际竞争力快速提升。同学们，你们了解旅游业吗？它主要有哪些业态形式？其发展现状如何？

一、旅游业的含义和构成

旅游业，国际上称为旅游产业，是凭借旅游资源和设施，专门或者主要从事招徕、接待游客，为其提供交通、游览、住宿、餐饮、购物、文娱六个环节的综合性行业。

旅游业务主要由三部分构成：旅游业、交通客运业和以饭店为代表的住宿业，其是旅游业的三大支柱。旅游业由旅游资源、旅游设施、旅游服务三大要素组成。

按业务种类划分，旅游业可分为组织国内旅客在本国进行旅行游览活动、组织国内旅客到国外进行旅行游览活动以及接待外国人到自己国家进行旅行游览活动。

二、中国旅游业的发展历程

改革开放40年来，中国旅游业经历了起步、成长、拓展、综合发展4个主要阶段，探索出一条体现中国特色、反映世界趋势、遵循旅游规律的旅游发展之路。

（一）起步阶段（1978—1991年）

1979年，中国改革开放的总设计师邓小平同志提出“旅游事业大有文章可做，要突出地搞，加快地搞”，由此掀开了中国旅游产业兴起的篇章。随后，北京建国饭店、长城饭店和北京航空食品有限公司等第一批中外合资旅游企业诞生。

1981年，中国政府第一次组织召开了全国旅游工作会议，在《关于加强旅游工作的决定》中明确指出“旅游事业是一项综合性的经济事业，是国民经济的一个组成部分，是关系国计民生的一项不可缺少的事业”。为此，中国先后对旅游管理体制进行了重大改革：一是1978年将中国旅行游览事业管理局改为管理总局，1982年又将管理总局改为国家旅游局，直属国务院管理；二是推动各省区市相继成立旅游局，负责管理各地方的旅游事业；三是成立旅游工作领导小组，国务院各个部门负责人参与工作。

国内旅游开始起步，出境旅游以出国探亲游、边境游为主要类型进入试点试行。到1991年，中国境内旅游者人数增加至3.33亿人次，旅游总收入达到351亿元人民币。其中，接待入境旅游人数达到3 334.98万人次，旅游创汇28.45亿美元，分别比1978年增长了18.4倍和10.8倍，初步具备以创汇为主的经济产业特征。

这一阶段是中国旅游业迈向产业发展的历史性第一步，是改革开放促进旅游产业兴起、旅游产业发展又推动改革开放的新时代。

（二）成长阶段（1992—1997年）

1992年，是中国改革开放在新的起点上再出发的关键一年。在“发展才是硬道理”的思想指引下，中国政府通过了《关于加快发展第三产业的决定》，明确旅游业是第三产业的重点。

1997年，香港回归之际，中国政府抓住机遇，提出“大力发展入境旅游，积极发展国内旅游，适度发展出境旅游”的方针，并召开出境旅游工作会议，正式批准开展中国公民出境旅游业务，推动了内地与香港出入境双向市场起步发展，呈现国内游、出境游、入境游三大市场同时发展的新格局。

中国旅游业逐步形成以政府为主导的特色发展模式，三大旅游市场相继开始活跃，旅游市场培育推进，旅游产业加快成长。这一阶段也是中国进入亚洲旅游大国之列的关键时期。

（三）拓展阶段（1998—2008年）

这一阶段是中国旅游业由经济增长点向新兴产业、国民经济重要产业转型阶段，也是中国融入世界经济体系、跨入世界旅游大国的重要时期。

为了扩大内需、激活旅游市场，中国政府采取了一系列举措推动旅游业加快发展：一是在全国经济工作会议上明确提出旅游业为国民经济新的增长点；二是开始实行春节、“五一”“十一”3个连续7天假期的黄金周假日制度；三是启动了“中国优秀旅游城市”评定，表明中国政府主导旅游业发展的模式将从一个部门、一个行业延展到多部门、全行业、多区域，形成统筹管理、属地管理和分级管理为一体的推进模式；四是国务院下发了《关于进一步加快旅游业发展的通知》；五是颁布了《中国公民出国旅游管理办法》，以规范出境旅游市场；六是全面展开全国红色旅游推进工作，推动创建工农业旅游示范点，全方位拓展了旅游产业发展空间，推动国内旅游市场保持强劲增长态势，成为拉动内需的消费热点。入境旅游市场呈现高位增长态势，中国迈入世界旅游接待大国的行列；出境旅游市场呈现边境游与国外游、港澳游互动发展的新局面。

这一阶段是中国旅游业综合优势全面发挥的时期，旅游业开始走向政治、经济、社会、文化、生态等大舞台，在关系国计民生的一些重要领域发挥了独特作用。从国际看，中国成为世界第四大旅游接待国。从国内看，旅游功能全面发挥，旅游业基本形成了比较完整的产业体系，建立了有一定专业水平的从业队伍，积累了比较丰富的经营管理经验，奠定了持续发展的良好基础。

（四）综合发展阶段（2009年以来）

这是中国旅游业由国民经济重要产业向战略性支柱产业转型发展阶段。旅游业进入国家战略层面，在调结构、稳增长、促消费、惠民生等方面，越来越发挥出重要的作用，成为中国经济发展的加速器、社会和谐的润滑油、生态文明建设的催化剂、对外合作交流的压舱石，综合性产业地位日益凸显，迈向多方位、多层面、多维度的大旅游产业发展崭新时代。中国开启了向全面小康型旅游强国迈进的伟大进程。

2009 年，出台了《国务院关于加快发展旅游业的意见》，将旅游业首次定位为国民经济的战略性支柱产业，开启了中国旅游业具有里程碑意义的新时代。

2011 年，国务院将每年的 5 月 19 日确定为“中国旅游日”，标志着旅游业迈入满足大众化旅游需求的新时代。

2013 年，国务院发布了《国民旅游休闲纲要（2013—2020 年）》，明确推行带薪休假制度，并颁布实施中国第一部旅游基本法——《中华人民共和国旅游法》，标志着中国旅游业进入依法治旅、依法兴旅的新阶段。

2015 年，全国旅游工作会议提出了“515 战略”，紧紧围绕“文明、有序、安全、便利、富民强国”五大目标，推出旅游十大行动，开展 52 项举措，全力推进旅游业转型升级、提质增效，加快旅游业现代化、信息化、国际化进程。

2016 年，在《国民经济和社会发展第十三个五年规划纲要》中，中国政府将旅游业放在了促进经济发展、促进改革开放、促进调整结构和促进改善民生的战略地位上。

这一阶段是中国旅游业全面转型、提升发展的关键时期，国内游、入境游、出境游三大市场全面繁荣，形成了三足鼎立、活跃发展的新格局。中国成为世界最大的国内旅游市场、世界第一大国际旅游消费国、世界第四大旅游目的国。中国旅游业对中国和世界的经济和社会发展的贡献更加突出，成为世界旅游业的重要一员。

三、中国旅游业的现状

改革开放 40 年来，中国旅游业经历了起步、成长、拓展、综合发展 4 个阶段，取得了巨大成就，对中国经济社会发展的影响和贡献日益增长，在世界旅游业的地位也得到了极大提升，实现了从短缺型旅游到初步小康型旅游大国的转变，成为国家经济社会发展的重要组成部分，为未来持续发展奠定了坚实基础。

（一）国内旅游大众化

改革开放以来，随着中国经济与国民收入的增长，国民人均出游从 1984 年的 0.2 次增长到 2015 年的 3 次，增长了 14 倍；国内游客数量从 1984 年约 2 亿人次扩大到 2015 年 40 亿人次，增长了 19 倍，年均增长 10.2%（见图 4－1）。特别是自 2000 年以来，国内游客数量呈现持续高位增长，推动中国步入大众旅游时代，成为世界上拥有国内游客数量最多的国家。国内旅游收入也从 1985 年的约 80 亿元增加到 2015 年的 34 200 亿元，增长了 426.5 倍，年均增长 22.4%。2015 年，中国旅游总收入超过 4 万亿元。其中，国内旅游收入占全国旅游总收入的比重达到 85.8%，成为中国最主要的旅游消费市场。数据表明，国内旅游从小众市场向大众化转变，大众旅游趋势显著，目前已拥有全世界最大的国内旅游消费市场。

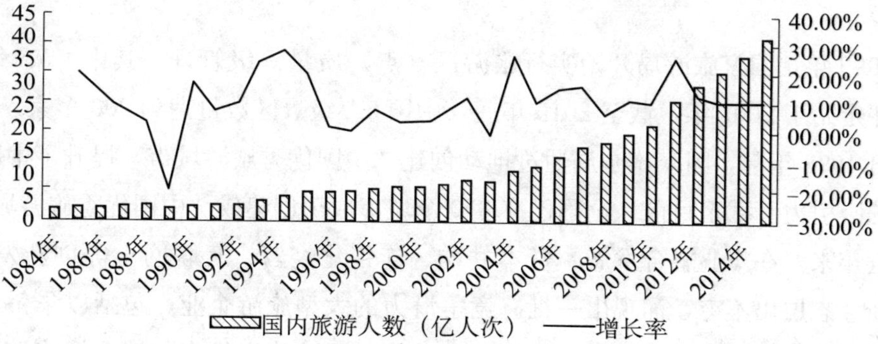

图 4-1　1984—2015 年中国旅游人数及增长率

资料来源：国家统计局网站。

（二）出入境旅游并重发展

改革开放之初，中国的国际旅游仅限于单一的入境游，出境游起步较晚。纵观国际旅游市场，尤其是 21 世纪以来，中国公民出境旅游呈现井喷式增长，形成出入境旅游并重发展格局，出境旅游市场更加活跃，发展空间潜力巨大。

从入境市场来看，中国已是世界第四大旅游入境接待国。从出境市场来看，中国是全球增长最快的客源输出国之一，已成为世界第一大出境旅游消费国。中国公民出境旅游目的地已扩大到 151 个国家和地区，成为世界重要的旅游客源国。

（三）旅游产业综合功能优势日益发挥

改革开放前，中国旅游业是外交事务的组成部分，对增进国家友谊和促进国际交流起到了积极作用，但尚不具备现代产业特征。改革开放后，中国旅游业迅速成长为国民经济的重要产业，在政治、经济、社会、文化、生态等领域显示出巨大活力，与 110 多个行业融合发展，对国家调结构、扩消费、稳增长、惠民生都起到了积极作用。总体上实现了六大发展转变：一是从外交的边缘向外交的前沿转变；二是从经济建设的边缘向经济建设的主战场转变；三是从经济增长点向第三产业的重点转变；四是从传统粗放型、数量型旅游发展方式向集约型、创新型推动方式转变；五是从扩大就业岗位的重任向就业、旅游扶贫的重任转变；六是旅游发展的主体由政府为主向政府、企业、社会共同参与的多主体、多类型、全方位的推进。

如今，旅游业对于社会公共服务、地区综合管理水平的要求进一步提高，旅游业对于中国城镇化建设、乡村脱贫致富、生态保护、实现美丽中国等起着重大作用，旅游产业综合功能优势日益凸显。

（四）旅游产业地位确立

2009 年，中国政府明确提出“到 2020 年要将旅游业建设成为国民经济的战略性支柱产业和人民群众更加满意的现代服务业”，全方位推动旅游产业步入了黄金发展期。

1999年，国家旅游局开始实行旅游区（点）质量等级管理。其中，5A级景区首次评定始于2007年，截至2015年底，中国5A级景区数量达到200多家。

自1998年起，国家旅游局通过推动创建“中国优秀旅游城市”提升了中国城市旅游的吸引力。截至目前，全国已有370个城市成功创建成“中国优秀旅游城市”。

近年来，在产业融合发展、资本并购、连锁化经营、互联网+等创新发展中，旅游新业态层出不穷，涌现出一批有竞争潜力的大型旅游企业，包括以华侨城、宋城等为代表的景区连锁经营商，以锦江、首旅、万达等为代表的综合性旅游商，以携程、去哪儿、同程、途牛等为代表的线上旅游服务运营商，业绩增长迅速，已成为中国旅游企业的领跑者。目前，旅游业作为战略性支柱旅游产业的地位已经确立，旅游产业规模迅速壮大，综合实力显著提升。

（五）旅游业全面发展格局形成

改革开放初期，中国旅游业发展的热点区域主要集中在北京、上海、广州、西安、桂林等少数旅游城市和黄山、峨眉山等著名旅游景区。如今，旅游业发展已遍及全国，成为国家和地方经济增长的重要驱动力。几乎所有的省（区、市）都将旅游业作为战略性支柱产业，一系列更大范围内的区域旅游合作品牌相继产生。

国家旅游局与各省区市建立了推进战略合作机制。2014年国家成立了中国政府旅游工作部际联席会议制度，由国务院分管旅游工作的汪洋副总理任召集人，成员单位包括国家旅游局、外交部、发改委等28个国家政府部门。在国家政策引导和支持下，全国各类金融机构、非旅游类大型企业集团也开始纷纷参与旅游业投资与经营，构建了多层面、多区域、多形式推进旅游业发展的大格局，形成了国家与地方、政府与企业、社会共同推进旅游产业发展的新局面。

四、中国旅游业的综合贡献

旅游业综合性强、关联性高、拉动性大，对国民经济与社会发展的贡献和拉动作用日益突出，是国家稳增长、促消费、调结构、惠民生的重要产业。

（一）旅游业拉动中国经济发展

国家信息中心测算了旅游业对经济的相关贡献，测算结果表明，旅游业对经济发展的贡献和拉动作用不断提升。旅游业对GDP的综合贡献，从2012年的9.41%上升为2015的10.51%。旅游业对三大产业间接带动的增加值占GDP比重呈逐年增长态势。其中，2012年为15 022.77亿元，2015年达到21 230.95亿元。间接带动的第一产业增加值占GDP比重相对处于稳定状态，在0.17%左右；间接带动的第二、三产业增加值占GDP比重则处于上升状态，成为第三产业中的重要产业。

旅游业对关联产业的拉动效应显著。2012—2015年，旅游业对交通运输业增加值的拉动贡献率超过80%，比交通运输业对旅游业增加值50%的贡献率多30个百分点。其中，旅游业对民航运输及辅助服务的贡献率超过90%，对铁路运输及辅助服务的贡献率超过80%，对水上运输及辅助服务的贡献率超过30%，对公路运输及服务辅助的贡献率超过60%；旅游业对住宿业增加值的贡献率在80%以上，对餐饮业的贡献率超过60%，对批发和零售业的贡献率在30%以上；旅游业对房地产业增加值的贡献率超过20%，对公共管理和社会组织增加值的贡献率超过15%，对信息传输、计算机服务和软件业增加值的贡献率超过5%，是现代服务业中发展最为活跃的产业之一。

（二）旅游业推动中国供给侧改革

旅游业既是生产型服务业，也是生活型服务业，集生产、生活、生态于一体，已成为中国的消费、投资和进出口热点，是拉动消费、投资、进出口“三驾马车”的重要引擎，是推动中国供给侧改革的新增长点。

自2014年起，中国城乡居民的旅游消费增速连续高于全国GDP增速。其中，2014年旅游消费总额突破3万亿元，同比增长15.4%，占社会消费品零售总额的12%。

从投资角度来看，旅游投资需求旺盛、领域广、潜力大，正在吸纳更多的社会资本投资进入旅游业。2015年，旅游业直接投资首次突破1万亿元，达到10 072亿元，同比增长42%。

从出口角度来看，旅游服务出口是“不出境的出口”，长期处于增长趋势。据世界旅游业理事会（WTTC）统计，2014年中国入境旅游收入列世界第三，占出口总额的2.4%，2015年上升为2.5%。

从进口角度来看，出境旅游者在国外强劲的旅游购物消费实质是进口贸易。据世界旅游组织统计，2012年，中国游客在海外花费上突破千亿美元，以1 020亿美元位居世界首位；2015年，海外花费已增至1 050亿美元，连续位居世界第一位。

从供给侧改革角度来看，中国旅游业已进入全民旅游和个人游、自驾游需求为主的新阶段，对旅游供给提出了新的要求，不仅要求旅游业从传统景点旅游模式向全域旅游模式转变、从门票经济向产业经济转变，拓展发展空间，培育新的增长点，而且要求加大旅游业与其他产业的融合发展，构建旅游产业新体系，提升旅游需求要素供给的质量和数量，促进供需协调。

（三）旅游业支撑中国全面小康社会建设

旅游是民众生活水平提高的重要指标，是中国全面建成小康社会的重要内容。

旅游业对中国全面建成小康社会起到了重要的支撑作用。旅游业的就业容量大、门槛低、层次多、方式灵活，既有适合广大民众参与就业的大量岗位，又有适合不同类型的高层次人才创业的众多机会。旅游业在促进大学生就业创业、农民工回乡创业就业等方面具有特殊优势，适合激发全社会创业、创新、创意热情。

旅游业是中国扶贫开发战略的一个重要组成部分，具有目标准、成本低、见效快、受益面广、返贫率低、受益期长等主要特点。目前，国家发改委、国家旅游局、国务院扶贫办等相关部门共同推进新一轮旅游扶贫。2015 年，扶持约 2 000 个贫困村开展乡村旅游；到 2020 年，扶持约 6 000 个贫困村开展乡村旅游，实现 1 200 万贫困人口脱贫致富。旅游扶贫正在成为发挥旅游综合功能、做大做强旅游产业的新方式、新路径、新载体。

（四）旅游业成为中国对外交往的桥梁

旅游是开放的窗口、友谊的桥梁，是传播文明、交流文化的最好方式，是国家层面与民间外交最活跃、最有效的渠道。中国改革开放后，旅游业走在了对外开放的最前沿。

目前，中国每年入境和出境旅游总规模近 2.5 亿人次，已有 151 个国家和地区成为中国公民旅游目的地，旅游对增进民间交往、促进民众感情交流发挥了积极作用。

2015 年，国家旅游局全面加快推进旅游业“515 战略”，将“旅游外交”正式提到重要议事日程，全方位发挥旅游在国际交往中的积极作用。

伴随着中俄旅游年、中韩旅游年、中印旅游年、中国-中东欧国家旅游合作促进年、中美旅游年以及一系列高层次国际合作活动的举办，旅游正成为国家对外交流的亮点。2016—2018 年，首届世界旅游发展大会和联合国世界旅游组织第 22 届全体大会等重要国际会议相继在中国举办，预示着旅游外交正成为中国与世界各国和国际组织加强战略合作的重要内容，旅游外交走向了更加活跃的前沿舞台。

（五）旅游业引领生态文明和美丽中国建设

旅游业资源消耗低、污染少、可循环发展，是世界公认的人与自然和谐相处的绿色产业，是支撑建设美丽中国的重要载体，是建设生态文明、传播生态文明、共享生态文明最有优势、最富潜力的美丽产业、朝阳产业。

1999 年，国家旅游局将当年旅游主题确定为“生态环境旅游年”。2006 年又确定了“乡村旅游年”，推动乡村旅游开发与生态保护相结合。近年来，中国乡村旅游发展足迹遍及大江南北，乡村旅游促进了农村经济发展，改善了乡村风貌并带动了农民收入的提高。

为了加快生态文明与美丽中国建设，2010 年，国家旅游局和环境保护部联合开展国家生态旅游示范区建设。颁布了《国家生态旅游示范区建设与运营规范》《国家生态旅游示范区建设与运营规范评分实施细则》和《国家生态旅游示范区管理规程》，先后批准了 112 个国家生态旅游示范区，围绕生态和文化旅游，以“景点带动景区、景区带动社区、社区带动区域发展”的模式，建设了一批生态休闲旅游农业和旅游村镇项目，较好地实现了经济、社会、人口、资源和环境的协调发展。

2013 年，中国确定“美丽中国之旅”作为中国旅游整体形象（标识见图 4－2）。2016 年，国家旅游局推出了绿色旅游发展行动。通过构建绿色旅游发展框架和管理制度，树立绿色旅游发展理念和绿色产业形象，促进旅游开发与生态环境保护实现良性互动；通过开展旅游资源的生态化开发，构建绿色产品产业体系，打造绿色旅游目的地开发样板地，引导旅游生态文明建设；通过启动绿色旅游标准化建设，启动绿色旅游认证体系，推动绿色旅游技术研发和基地建设；通过绿色旅游公益宣传，引导绿色旅游消费，引领全社会的低碳生活方式。

图 4－2　中国旅游整体形象标识

拓展阅读

美丽乡村迈出新步伐　乡村旅游扮靓新农村

乐疃民宿村位于博山城西南 3 千米处，处于国道 205 线、滨博高速公路、仲临路的枢纽地段，南接北国第一洞天樵岭前风景区，北靠国家原山森林公园，西连淋漓湖景区，东有陶琉大观园、孝文化发源地，处于马蹄形四处景区的中心地带。辖区面积 4.7 平方千米，现有村民 634 户、2 132 人，其中党员 97 名。乐疃民宿村先后被授予国家级“美丽乡村”“中国双优古村”“省级宜居乡村”“省级旅游特色村”“省级农业旅游示范点”“省级好客人家五星级农家乐”“省级卫生村”“省级生态文明乡村”“全省民主法治示范村”等荣誉称号。近年来，乐疃村“两委”始终坚持把经济和民生作为工作出发点和落脚点，按照“团结奋进、务实创新、充满激情、干事创业”十六字方针，扎实推进“生态文明、山水养生、休闲居住、文化旅游”建设，构建幸福和谐新乐疃，提升“要休闲·到乐疃”品牌优势，美丽乡村建设迈出新步伐。

思考：

乐疃民宿村是如何建设的？

模块小结

本模块主要阐述了我国旅游业的发展历程、现状以及旅游产业的综合贡献。改革开放40年来，我国旅游业经历了起步、成长、拓展、综合发展4个主要阶段。目前，我国国内旅游从小众市场向大众化转变，已拥有全世界最大的国内旅游消费市场之一；国际旅游从单一入境游发展成为出入境旅游并重格局，出境旅游市场更加活跃、发展空间潜力巨大；旅游业从单纯外事接待型事业转向事业、产业共同发展，旅游综合功能优势日益凸显；旅游业由一般性产业向战略性支柱产业转变，产业规模和实力迅速壮大；旅游业发展由局部扩展到全国，形成了国家与地方、政府与企业、社会共同推进的大格局。

同步测试

一、选择题

1.（　　）提出“旅游事业大有文章可做，要突出地搞，加快地搞”。

A. 毛泽东同志　　B. 邓小平同志　　C. 江泽民同志　　D. 李鹏同志

2. 中国旅游业的拓展阶段是哪个历史时期？（　　）

A. 1978—1991年　　B. 1992—1997年　　C. 1998—2008年　　D. 2009年以后

3. 以下对旅游业的认识哪一项不正确？（　　）

A. 旅游业对经济发展的贡献不断提升

B. 旅游业对中国全面建成小康社会起到了重要支撑作用

C. 旅游业的发展严重破坏了生态环境

D. 旅游业在中国对外交往中发挥了重要的桥梁作用

4. 中国旅游日是（　　）。

A. 5月16日　　B. 5月18日　　C. 5月19日　　D. 5月22日

二、思考题

1. 旅游业对中国全面建成小康社会起到了哪些重要支撑作用？

2. 旅游业在中国对外交往中发挥了哪些桥梁作用？

3. 旅游业对生态文明和美丽中国建设起到了什么作用？

三、案例分析

2017年2 500万中国游客赴“一带一路”国家旅游

2017年有2 500万中国游客前往“一带一路”国家旅游，“一带一路”国家超过日、韩成为第一大目的地；以上海、北京、杭州、广州、成都、深圳、天津、西安、武汉、南京旅客为多。

据国家旅游局预计，“十三五”期间，中国将为“一带一路”沿线国家输送1.5亿人次游客和超过2 000亿美元的旅游消费。

据携程旅游发布的“一带一路国家人气排行榜”，中国游客最多的十个国家分别为：泰国、越南、新加坡、马来西亚、印度尼西亚、俄罗斯、柬埔寨、菲律宾、阿联酋、马尔代夫。中国已经成为泰国、越南、新加坡、印度尼西亚、俄罗斯、柬埔寨、马尔代夫七国的最大旅游客源国，为当地旅游经济发展做出了巨大贡献。

在相关的60余个国家中，已有逾20个国家对中国公民实行免签和落地签，还有近10国出台了有条件免签、电子签证等优惠政策。

随着签证简化等各项利好消息传出，阿联酋、埃及、以色列、伊朗等中东非目的地也越来越受到中国游客的青睐。

资料来源：http：//www.sh.chinanews.com.cn/chanjing/2017-05-17/23018.shtml.

思考：

“一带一路”倡议的提出将对“一带一路”沿线国家和地区的旅游业产生哪些深刻影响？

实践训练

请以小组为单位多渠道搜集并分享中国旅游产业综合贡献的相关材料与案例。

模块二　旅行社业

【学习目标】

1. 掌握旅行社的概念、分类
2. 掌握旅行社的基本业务
3. 了解旅行社的岗位职责
4. 掌握旅行社市场营销的基本内容

【学习导入】

济宁部分热门线路爆满　家庭式旅游过年受热捧

随着春节的临近、寒假的到来，外出旅游过年成为我市不少家庭的首选，家庭式旅游过年备受热捧。日前，记者走访我市多家旅行社了解到，随着春节黄金周的临近，旅游市场日益火爆，机票、酒店等陆续提价，旅行社也推出了不同种类的旅游产品，以满足消费者的多元需求。不仅如此，在这一波旅游过年大军中，不乏许多老年人的身影，他们打破传统的过年方式，一边享受旅游美景，一边体验异域风情。

调查中记者发现，与往年不同的是，如今的70后、80后正处在“上有老，下有小”的阶段，平时由于工作忙，陪伴家人的时间很少，所以大多希望能在春节长假期间给家人送上一份别样的礼物，也在弥足珍贵的假期里重温亲情的温暖。家住市中区的王先生告诉记者，自己已经结婚三年了，每次都在为去哪方老人家过年而犯愁。今年他找到一个既热闹又折中的办法，那就是报个家庭旅游团，带着父母、岳父母一大家子前往南方游玩，这样既能不用为去谁家过年而犯愁，还能一家人其乐融融游山玩水，何乐而不为。“家庭式出游过年的背后，是老人的思想逐渐改变的结果”某旅行社业内人士表示，往年春节旅游以年轻人居多，但今年却有不少老年人愿意同孩子一起在春节时“南飞”，这也是出游人数大增的主要原因。

资料来源：http：//www.jnnews.tv/news/2017-01/07/cms554744article.shtml.

思考：

作为一种传统的业态形式，旅行社仍然是很多旅游者外出旅游的首选方式，特别是出境旅游。同学们，你们对旅行社了解多少，有没有参加旅行社旅游团外出旅游的经历？

一、旅行社的概念

我国《旅行社条例》中指出：旅行社是以营利为目的，从事招徕、组织、接待旅游者等活动，为旅游者提供相关旅游服务，开展国内旅游业务、入境旅游业务或者出境旅游业务的企业法人。从旅行社的概念可以看出旅行社具有以下法律特征：

第一，旅行社是企业法人。作为企业法人，必须具备法人的条件。设立旅行社企业，必须具备《旅行社条例》所规定的条件，须经旅游行政管理部门批准，取得旅行社业务经营许可证，并到工商行政管理部门注册登记、领取营业执照，即取得旅行社企业法人的资格。

第二，旅行社是从事旅游业务的企业法人。旅行社所从事的旅游业务主要是代办出入境和签证手续，招徕并接待旅游者。招徕，是指旅行社按照批准的业务范围，在国内外开展宣传促销活动、组织旅游者的工作；接待，是指旅行社根据与旅游者达成的协议，为其安排行、游、购、食、宿、娱等并提供导游服务。

第三，旅行社是以营利为目的的企业法人。旅行社作为企业法人，是以营利为目的的。只有收取服务费，为旅游者提供有偿服务，企业才能生存和发展。

二、旅行社的分类

（一）国外旅行社的分类

西方国家是根据旅行社经营的旅游业务内容来进行旅行社分类的。

1. 旅游批发商

旅游批发商（tour wholesaler）主要负责旅游产品的设计、组合以及营销。它们能够通过批量购买的方式，以最低价格预订交通、住宿、旅游设施及景点等，将其组合成完整的旅游线路产品后，以批发形式出售给旅游经营商。根据相关法律的规定，旅游批发商不可以直接面对旅游者，它既不直接向公众零售旅游产品，也不从事旅游接待服务。

2. 旅游经营商

旅游经营商（tour operator）的业务内容相对来说比较全面和复杂：第一，它可以经营旅游批发商的业务内容，包括设计组合以及推销旅游产品。对于旅游经营商来讲，它既可以自己经营这些业务，也可以从批发商那里采购。第二，旅游经营商不仅可以零售旅游产品、从事实地接待业务、拥有零售网点，还可以通过自己的零售网点或代理商向公众销售旅游产品。

3. 旅游代理商

旅游代理商（travel agent）又称旅游零售商，主要代理旅游经营商销售的旅游线路产品，代理交通企业或酒店销售的交通客票和客房以及代理餐饮、娱乐、游览预订等单项旅游产品。旅游代理商是典型的中介性服务组织，旅游代理商直接面向公众招徕和组织游客。其业务包括：提供旅游产品咨询服务、预订服务、售发旅行票据和证件、宣传旅游产品、收集顾客的反馈意见等。旅游代理商在代理销售的过程中，不向旅游者收取服务费用，而是从有代理关系的旅游企业，如旅游经营商、交通企业、酒店等被代理企业那里获得代理费，也就是佣金。一般而言，旅游代理商的规模很小，但数量很多，大多由业主自任经理，雇佣的员工数量多在 10 人以下，相当多的旅行代理商都是"夫妻店"形式。旅游代理商也有较大规模的，英国目前最大的旅游代理商——托马斯·库克公司，就拥有 2 000 多个分支零售网点。

（二）国内旅行社的分类

国内旅行社最初分为一类社、二类社、三类社，分管于国家旅游局和各地旅游局。2000 年以后，国家旅游局不再具体管理旅行社的事务，授权由当地的旅游局管理。国内旅行社划分为拥有出境资质的旅行社和不具备出境资质的旅行社。目前，国内各地的旅行社从业务上又分为组团社、地接社、办事处（又称批发商、分销商、代理商、同行）。

组团社：是指在出发地与客人签订旅游合同的旅行社。

地接社：是指旅游目的地接待出发地组团社游客的旅行社。

办事处：是指地接社设在出发地城市的办事机构或者代理，此类办事机构并没有经营权。

还有一些俱乐部及不合法的旅游机构，它们没有相关资质。

三、旅行社的基本业务

（一）采购业务

采购业务是旅行社开展设计业务、接待业务和接受委托代办业务的基础。旅行社必须建立广泛的采购网络，与各有关酒店、餐饮等企业建立紧密的往来业务关系，以保证旅游产品和服务在旺季时的正常供应。很多旅行社都通过批量采购的方式，获得较低的价格，以降低采购成本，提升企业竞争力。

（二）组合设计旅游产品

旅行社将采购来的单项旅游产品进行组合设计并销售给旅游者。旅行社组合设计旅游产品时，需要考虑不同旅游者的消费标准和需求特点后进行单项旅游产品的组合。一般而言，旅游线路产品的设计包括吃、住、行、游、购、娱等多项旅游服务，以满足旅游者在旅游过程中的整体性需要。旅行社也可根据旅游者或者委托社的要求组合设计旅游线路。

（三）提供旅游咨询

旅游者购买旅游产品、选择旅游线路时，需要了解旅游线路的价格和特色以及饭店、交通、娱乐、购物等信息。旅行社作为专业的旅游产品和服务的中间商，可以利用其掌握的大量专业信息为旅游者提供咨询服务，帮助旅游者做出正确的决策。

（四）提供导游服务

导游服务是旅行社提供的关键旅游服务。在旅游过程中，旅行社要派出专职导游人员为旅游者提供引导游览、景点讲解以及协调旅游活动的服务。导游人员联系、衔接旅游行程中的各个企业，协调并解决旅游期间的各种问题，其中包括根据旅游者的要求安排会见等个性化服务。

（五）委托代办业务

一是代办各种旅行手续。人们外出旅游过程中，需要办理相关的旅行手续，以保证旅游行程的顺利和便捷。例如：外国人到西藏某些未开放地区旅游，需要办理相关通行证；中国公民出国旅游，需要办理签证等手续。旅行社为旅游者提供的代办旅行手续主要涉及签证、通行证、行李托运等。

二是代理销售旅游产品或服务。旅行社是很多单项旅游产品的销售渠道。旅行社可代订酒店客房、代订交通客票、代理汽车租赁、代买演出门票、代办人身伤害及随身物品保险等。

（六）其他业务

其他业务包括开发新线路时的线路调研考察业务以及外联业务。开发新线路之前，旅行社需要派遣经验丰富的工作人员到旅游目的地进行相关情况的考察，以保证线路设计的科学合理。旅行社的外联业务主要包括旅行社产品的营销以及与社区、相关业务单位建立良好的公共关系。

四、旅行社的业务部门及岗位工作职责

业务部门是旅行社的核心部门，主要负责产品采购、产品制作、产品销售、产品运作、质量处理等业务。大中型旅行社分工较细，小型旅行社往往合而为一，业

务职能基本一致。

（一）市场销售部

市场销售部（简称市场部）又称外联部，可以按市场划分，如国际部、国内部、出境部、散客部等；也可按语种划分，如日本部、美大部、韩国部等。其工作职责是：了解景区景点、交通、住宿、餐饮、购物、演出、导游服务、行李运送、广告刊登等方面的价格；根据客户要求，初步制作旅游行程；制作各类宣传品；向客户销售；团队确认后向计划调度部下达计划；核对团队费用结算表，作为财务部核算结账凭据。主要工作岗位包括：

（1）经理：负责全面工作，国际社的销售部负责人必须懂外语。

（2）副经理：分管某一市场销售工作，对经理负责。

（3）销售经理（业务员）：负责具体操作业务。

（4）门市部销售员：负责直接向游客提供咨询服务及办理参团手续。

（5）上门促销员：向单位、社区、个人和旅行社同业发送资料，也办理参团手续。

一些旅行社还设有公关宣传部，专门负责产品及资料收集工作。还有一些旅行社将部分财务人员纳入销售部，便于衔接与客户的结算，防止脱节，减少失误。

（二）计划调度部

计划调度部（简称计调部）主要业务范围是：负责公司旅游资源的研发与采购，开发设计旅游线路；维护与旅游景点、饭店、交通部门及合作旅行社的关系，负责旅游景点门票和饭店的预订、导服人员和交通的调度等；根据公司经营目标、季节变换及社会实时活动等研发旅游产品；协助公司管理人员对导游、前台及业务人员进行旅游专业知识培训；收集、听取其他部门的反馈信息，努力提高旅游产品质量，降低成本，对旅游产品定价提出合理化建议等。主要工作岗位包括：

（1）经理：负责全面工作，要求社会关系广、交际能力强。

（2）副经理：协助经理分管某部分业务。

（3）业务经理（业务员）：具体办理团队运行的各项事宜。

有些旅行社将计划调度工作纳入销售部，以使团队衔接紧密，避免出现问题。

（三）前台及导游部

前台及导游部的工作职责是：接待公司来访人员，进行信息登记，并通知相关人员接待；接受散客预订，为散客办理相关手续，交给计调和财务人员；收集、整理游客的反馈信息，接待游客投诉，交给公司相关工作人员进行处理，将处理结果反馈给游客；接受公司安排的培训，提高专业技能和服务水平；自觉加强自我职业修养，维护公司形象等。主要工作岗位包括：

（1）经理：负责导游管理和安排工作，同时参加接团。

（2）副经理：分管导游业务的部分工作，以接团为主。

（3）计划员：安排导游接团，处理计划表、导游证、导游旗、导游图、结算单、团队交接手续等事宜。

（4）导游：分为外语导游和中文导游，目前有特级、高级、中级、初级之分。

（四）票务部

票务部主要负责购买团队和散客所需的飞机、火车、汽车、轮船等交通票。主要工作岗位包括：

（1）经理：全面负责票务工作，要求责任心强、攻关能力强。

（2）副经理：协助经理处理业务工作。

（3）业务员：主要是跑外勤。

（五）车队

车队的工作职责是：主要保障本单位团队及日常用车，如车辆不够，积极对外租借。主要工作岗位包括：

（1）队长：要求责任心强、技术出众、善于管理。

（2）副队长：协助队长工作，一般都上团。

（3）调度员：负责车辆调度。

（4）安检员：负责对车辆进行安全检查。

（5）修理工：能对汽车进行简单的修理和维护。

一般而言，旅行社的车队规模较小、维护成本较高，加上缺乏专业化管理，很容易造成亏损。近年来，原有车队从旅行社中脱离出来，加入其他股份，组建成旅游汽车公司。该公司为独立法人，实行专业化管理，自负盈亏。

（六）新出现的部门及岗位

中国旅行社已有几十年历史，改革开放以来发展迅速，目前已形成初具规模的旅行社业。加入世贸组织以后，外资旅行社逐渐进入，竞争更加激烈。国内旅行社要想站稳脚跟、占领市场，就必须靠理念、靠人才、靠产品、靠网络、靠实力。一些新的部门由此产生，新的岗位也相应产生。

（1）网络旅游部：利用互联网进行网上展示、网上促销、网上咨询、网上参团、网上结算。网络旅游信息量大、速度快、效率高、没有时差，是未来发展的主要方向之一。

（2）产品策划部：专门采购资源，制作旅游特色产品。从某种意义上讲，旅行社的竞争就是产品的竞争，凸显了该部门的重要性。

（3）投资合作部：利用团队和网络优势，与其他优势企业合作，扩大经营规模，实行多元化发展。

（4）人力资源管理部：以人为本是企业的宗旨，有计划地对员工进行培训，最大限度地发挥企业员工优势，保持企业活力，打造持续性发展的基础。

此外，原有的一些部门脱离了旅行社，进行重组或新建机构，实行专业化管理。

（1）票务公司：在原有的票务部或票务中心的基础上，组建专门的票务公司。专业票务公司服务周到，可以送票上门、短期垫款和定期结算，受到了旅行社的欢迎。

（2）行李搬运公司：负责为各旅行社团队运送行李。

（3）导游服务公司：实行专业化管理，旨在解决导游无序接团、无底薪、无保险、无保障等一系列问题，同时加强导游人员业务培训，减少团队投诉。

（4）旅游航空公司：近年有实力的大型旅行社为拓展业务、降低成本，积极成立股份制的包机公司或航空公司，主要从事中心城市至旅游热线的航空业务。

五、旅行社市场营销

旅行社市场营销是指旅行社在充分了解旅游者需求的基础上所进行的对其产品、服务和经营理念的构思、预测、开发、定价、促销、分销及售后服务的计划和执行过程。

旅行社所销售的旅游产品包含有形产品和无形服务两个方面。旅行社市场营销实际上就是买卖双方（旅行社和旅游消费者）进行货币对有形产品和无形服务的交换过程。由于服务的无形性，所有权的不可转移性、不可分割性，使得旅行社的服务营销比产品营销更具竞争性。同时，在实际中，买卖双方关系不存在自然的或自动的协调。旅行社（商品生产者）关心产品或劳务是否能销售出去，关心所处的环境变化及其长期目标的实现，而旅游消费者则关心生产者（旅行社）所提供的产品或劳务是否能使他们获得价值和满足，并根据他们的需要和支付能力做出购买决策，因而买卖双方的关系一直是紧张的。为此，旅行社市场营销管理者必须收集、分析产品销售之前、销售中和销售后的信息，根据相关信息采取有效措施，平衡在商品交换过程中出现的供求双方矛盾，使买卖双方在交换过程中各自追寻的利益趋于平衡，并根据旅游消费者的潜在需求和其他竞争者的经营决策来确定本企业的营销活动，增强旅行社的经营效益。

旅行社市场营销组合是旅行社市场营销的核心部分，市场营销策略组合因素如下：

（一）产品（Product）策略

现代旅游市场营销强调一切经济活动都应从旅游者的需求出发，根据旅游市场的需求制定旅游产品规划，开发旅游新产品。产品策略主要研究旅行社如何根据自己的优势和特点，在激烈的市场竞争中适时地推出自己的旅游产品组合，同时，根据产品的寿命周期积极研发新的旅游产品，真正做到“人无我有，人有我特，人特我新”，从而在市场竞争中长期处于主动地位。

（二）价格（Price）策略

旅游产品的价格是市场营销最敏感的因素，必须以价值为基础。我国旅游事业的发展是一个以接待国际入境旅游为主，先国际旅游后国内旅游，以国际旅游带动国内旅游发展的常规发展过程。因此，研究和制定旅游产品的价格策略时必须考虑与国际旅游市场的价格策略相结合，特别是要认真研究西方旅游业的定价策略。国外旅游产品的价格受市场供求关系的影响很大，因此，我国旅游业的价格也必须灵敏地反映市场供求关系的变化，特别是外国旅游者与外国旅游业的变化情况。旅行社制定价格时，要研究影响旅游产品价格的各种因素，研究确定旅游产品价格的定价目标和旅游产品的定价方法。

（三）促销（Promotion）策略

促销的目的不仅是向旅游消费者出售其需要的旅游产品，而且可以刺激旅游需求，挖掘潜在旅游市场，不断扩大市场占有率。在旅游业发达国家，旅游企业在产品促销过程中积累了丰富的促销经验，总结出成套的推销艺术和广告艺术。其销售一般分为两种：由推销员挨家挨户进行面对面的推销，称为人员销售；以文字、广播、图像等大众媒介为工具而进行的推销，称为非人员销售。促销策略的基本内容包括培训推销人员、旅游产品广告宣传、营业推广和旅行社公关销售。

（四）渠道（Place）策略

现代旅行社为实现旅游市场规模化经营，必须不断地增加旅游产品的销售量，而如何将各种类型的旅游产品通过某种途径传递到旅游消费者手中，自然成为旅行社市场营销的一个重要方面。渠道策略在更好地满足旅游者的需求、更快更便捷地进入目标市场、缩短产品传递过程、节省产品销售成本等方面起到了积极作用。现代旅游产品的流通一般都要通过大量批发商、代理商以及零售商等多重环节，尤其是国际旅游，更需要通过当地旅游经销商的促销，旅行社往往因此加大了旅游产品中的营销成本。因此，流通渠道的选择对扩大旅游市场、提高旅游市场占有率具有重要作用。

（五）从业人员管理（People's Management）策略

旅行社产品有很大一部分是服务产品，服务产品质量的好坏决定了旅行社产品的质量和旅游消费者的满意程度，而服务质量的优劣和服务水平的高低与旅行社员工的素质和工作技巧密不可分。因此，采取一定的策略对员工进行有效管理是旅行社市场营销的重要内容。

产品（Product）、价格（Price）、促销（Promotion）、渠道（Place）、从业人员管理（People's Management）的英文字母都是由 P 开头，故简称为“5P”。“5P”是企业自身可以控制的因素，市场营销组合即这些因素的适当组合与搭配。

模块小结

旅行社是指从事招徕、组织、接待旅游者等活动，为旅游者提供相关旅游服务，开展国内旅游业务、入境旅游业务或者出境旅游业务的企业法人。旅行社的基本业务包括采购业务、组合设计旅游产品、提供旅游咨询、提供导游服务、委托代办业务等。旅行社市场营销策略主要包括产品策略、价格策略、促销策略、渠道策略以及从业人员管理策略。

同步测试

一、选择题

1. 现在旅行社的分类是（　　）。

A. 国际社和国内社

B. 一类社和二类社

C. 拥有出境资质的旅行社和不具备出境资质的旅行社

D. 大社和小社

2. 以下对旅行社理解不正确的是（　　）。

A. 旅行社是企业　　B. 旅行社的经营目标是实现利润

C. 旅行社不用承担社会责任　　D. 旅行社要依法纳税

3.（　　）主要研究旅行社如何根据自己的优势和特点，在激烈的市场竞争中适时地推出自己的旅游产品组合。

A. 产品策略　B. 价格策略　C. 促销策略　D. 渠道策略

4. 负责公司旅游资源的研发采购，开发设计旅游线路的部门是（　　）。

A. 市场部　　B. 计调部　　C. 票务部　　D. 导游部

二、思考题

1. 旅行社的基本业务有哪些?

2. 旅行社市场营销策略包括哪些内容?

三、案例分析

十里桃林正争春　旅行社推藏地秘境长线赏花线路

最近，电视剧《三生三世十里桃花》开启了“霸屏”模式。除了剧中人物绵延“三生三世”的爱恨纠葛引人入胜之外，那一片落英缤纷的十里桃林着实令人向往。记者浏览发现，各大旅游网站已为游客推出了不少春季赏花线路。

驴妈妈旅游国内度假事业部总经理陈宏进表示，由于电视剧《三生三世十里桃花》的热播，近期前来咨询预订“桃林之旅”的用户明显增多，带动了取景地云南普者黑相关线路的销量。与此同时，电影版《三生三世十里桃花》的取景地林芝也成为游客赏桃花的热门选择。

每年3月底4月初，春寒未尽，但位于藏东南的林芝却已是花的海洋。“桃花一簇开无主，可爱深红爱浅红。”这藏地秘境中的“十里桃林”映衬着高原湛蓝的天空、洁白的雪峰和碧绿的尼洋河水，着实是一片旖旎春光。

陈宏进介绍，3、4月正是西藏全年旅游价格最便宜的时候，相比7月到10月的旺季，价格降幅大约在30%左右，比平日价也降了大约20%，此时出游性价比相当高。当前驴妈妈“赏林芝桃花”线路，如“拉萨、林芝、桃花沟、羊湖、扎什伦布寺卧飞10日游”“拉萨、林芝、大峡谷、羊湖、日喀则双卧12日游”“拉萨、林芝、大峡谷、羊湖、日喀则4飞8日游”等长线赏花线路受到多数游客欢迎，不少前来预订的游客是携长辈同游。

此外，由于暖冬，今年花期总体上比去年提前了一些。除了桃花，通常在2月中旬才进入最佳观赏期的南京梅花，花期较往年提前了近20天；在一些气候温暖的地方，早樱品种如初美人、寒绯樱、云南早樱等已绽放于枝头，呈现“樱梅共赏”的胜景；在婺源，3、4月才盛放的油菜花，进入2月下旬就已经提前开放，比往年提前了10天以上。驴妈妈在此提醒有赏花计划的游客关注各地的最佳观赏期，不要错过繁花似锦时。

资料来源：http：//www.jnnews.tv/travel/2017-03/20/cms563247article.shtml.

思考：

旅行社如何根据市场需求现状设计旅游产品?

实践训练

【实践1】请去你比较熟悉的旅行社了解旅行社的经营管理运作情况。

【实践2】请设计一份问卷，了解现在人们对于旅行社产品的满意度。

模块三 景 区

【学习目标】

1. 了解景区的概念
2. 掌握景区的分级
3. 熟悉我国景区的分类
4. 掌握景区服务与管理的相关知识

【学习导入】

途牛发布“五一景区热度榜”：主题乐园持续走俏 5A景区受热捧

五一小长假，到底去哪儿玩？4月20日，基于途牛旅游网预订数据，从目前五一门票预订情况来看，长三角地区景区最受游客青睐，上海迪士尼乐园更以绝对优势稳居榜首。广州长隆旅游度假区、横店影视城、天目湖、峨眉山、黄山、天门山、鼓浪屿、故宫、秦始皇兵马俑紧随其后，同样位列五一国内热门景点前十强。

从区域分布来看，华北地区的故宫、老虎滩海洋公园、长白山、避暑山庄、少林寺、大连发现王国主题公园、北京海洋馆、圣亚海洋世界、北京欢乐谷等受到游客偏爱；华南地区的广州长隆旅游度假区、天门山、鼓浪屿、武汉海昌极地海洋世界、东部华侨城、张家界国家森林公园、热带天堂森林公园、蜈支洲岛、深圳世界之窗、漓江深受游客欢迎；华东地区的上海迪士尼乐园、黄山、常州中华恐龙园、横店影视城、天目湖、乌镇、杭州宋城、东方明珠、灵山大佛、千岛湖成为游客出行的热门选择；西部地区的峨眉山、秦始皇兵马俑、九寨沟、都江堰、青城山、金佛山、天生三桥、大唐芙蓉园、西安浐灞国家湿地公园进入榜单。

其中，黄山、峨眉山、广州长隆旅游度假区、常州中华恐龙园、横店影视城、故宫、天门山、鼓浪屿、秦始皇兵马俑、老虎滩海洋公园等均为国家5A级景区，完善的配套服务设施、舒适的景区环境、更加注重人性化和细节化等成为这些景区吸引游客的主要原因。

资料来源：http：//www.haoyidian.com/5055723/20170420A06F2L00.html.

思考：

正如上文所述，景区是我国旅游业发展的重要组成部分，5A级景区更是旅游者关注的热点。同学们，你们对于景区有哪些了解？

一、景区的概念

旅游景区是指以其特有的旅游特色和价值吸引旅游者前来，通过提供相应的旅游设施和服务，满足观光游览、休闲娱乐、度假康体、科考探险、教育和特殊旅游需求，具有专门的旅游经营管理的地域综合体。

二、景区的分级

景区分级的目的主要是根据景区资源吸引力和保护级别进行分级管理，这是国内外景区管理的共性特征。由于景区的类别、所在国家、主管部门等方面的不同，景区的分级可以归纳为二级、三级、四级和五级4种分级体系，具体如下：

（一）二级系统

二级系统是以美国为代表的国外景区分级系统。其分级基础是美国的纵向行政管理“联邦政府—州”二级体系。最典型的例子是美国公园，根据质量高低（或重要性）分为国家公园和州立公园二级，如美国的黄石国家公园和尼亚加拉大瀑布州立公园。

（二）三级系统

三级系统是我国的景区分级系统。其分级基础是我国的纵向行政管理“国家—省—市县”三级管理体系，我国风景名胜区、森林公园、自然保护区等均按照质量高低（或重要性）分为国家级、省、市县三级。

（三）四级系统

根据旅游资源吸引力的大小（或级别），在我国的景区三级系统的基础上，增加资源具有世界吸引力的这一最高级别层次，形成了景区四级系统。

第一级：世界级景区。其旅游资源的吸引力是世界范围的，包括我国境内的世界遗产和联合国人与生物圈自然保护区。这些旅游景区经开发后就形成了世界级景区，如四川的九寨沟、北京的故宫、云南的丽江古城等。

第二级：国家级景区。其旅游资源的吸引力比世界级的低，包括我国的国家级风景名胜区、国家级森林公园、国家级旅游度假区和国家级自然保护区等。

第三级：省级景区。其旅游资源的吸引力比国家级的低，包括我国的省级风景名胜区、省级森林公园和省级自然保护区等。

第四级：市县级景区。其旅游资源的吸引力比省级的低，包括市县级风景名胜区、市县级森林公园和市县级自然保护区等。

（四）五级系统

我国的旅游区（点）质量管理实行的是五级系统，其分级思路主要源于宾馆饭店的分级管理，分级依据是旅游区（点）综合质量的高低。国家质量监督检验检疫总局于2003年2月24日发布了中华人民共和国国家标准《旅游景区质量等级的划分与评定》（GB/T 17775—2003），其中“旅游景区质量等级及标志”有两点规定：其一，旅游景区质量等级别分为五级，从高到低依次为AAAAA、AAAA、AAA、AA、A级旅游景区；其二，旅游景区质量等级的标志、标牌、证书由国家旅游行政主管部门统一规定，具体质量等级评定标准见表4-1。

表4-1　中国旅游景区质量等级评定标准

质量综合评定总分	质量等级
950	5A级旅游区
850	4A级旅游区
750	3A级旅游区
600	2A级旅游区
500	A级旅游区

知识链接

国家5A级旅游景区

5A级为中国旅游景区质量评级的最高等级，代表该景区为中国世界级精品旅游风景区。

2007年5月22日，国家旅游局在其官方网站发布公告，经全国旅游景区质量等级评定委员会委派的评定小组现场验收、全国旅游景区质量等级评定委员会审核批准，决定批准北京市故宫博物院等66家景区为国家5A级旅游景区。截至2017年2月25日，国家旅游局共确定了247家国家5A级旅游景区。

国家旅游局已对3家严重不达标的5A级景区进行摘牌处理，分别是河北省秦皇岛市山海关景区、湖南省长沙市橘子洲景区、重庆市南川区神龙峡景区。2017年2月25日，国家旅游局对云南省丽江市丽江古城景区、黑龙江省牡丹江市镜泊湖景区、辽宁省大连市老虎滩海洋公园·老虎滩极地馆3家5A级旅游景区做出严重警告处理决定。这标志着5A级景区动态化管理已成常态。

三、景区的分类

划分景区的类型是为了确定景区的发展和管理方向。划分依据不同，形成不同的分类系统。以景区的管理部门作为分类依据形成了我国特有的景区管理主体分类系统，具体见表4-2。

表4-2　景区管理主体分类系统

景区主管部门	分类结果	
	分类系统	分级系统
住房和城乡建设部	风景名胜区	国家级风景名胜区
		省级风景名胜区
		市县级风景名胜区
国家林业局	森林公园	国家级森林公园
		省级森林公园
		市县级森林公园
文化和旅游部	旅游度假区	国家级旅游度假区
		省级旅游度假区
		其他旅游度假区
世界遗产委员会	世界遗产	
公司经营	主题公园	

四、旅游景区服务与管理

（一）旅游景区管理队伍素质要求

旅游景区作为形象窗口，管理者素质的高低在一定程度上代表了国家或城市形象。因此，旅游景区的管理者要具备较高的素质，并且经过不断的培训教育以适应现代旅游业的要求。具体要求如下：

1. 职业道德素质

道德是人们在长期生活实践中所形成的行为规范。从事景区服务的员工，首先应具备基本的道德观：有正义感，弃恶扬善，是非分明，不感情用事；识大体，顾大局，不计较小事，深明事理；尊重人，不去伤害别人的自尊心；乐于助人。景区工作人员职业道德的高低直接影响景区的服务质量，关系到景区的生存发展。

2. 敬业精神

敬业精神是对待工作时严肃、认真的工作态度，是对完美工作服务的追求。具备敬业精神的人，是一个对自己、对他人负责的人。如果景区管理人员不敬业、不爱岗、没有责任感，工作肯定做不好，严重的将会影响景区的经济利益和形象。

3. 业务素质和管理技能

景区管理人员应具备职业要求的业务水平和服务技能、适应游客需要和旅游景区发展的业务管理技能以及一定的特殊技能，如文物保护、规划、市场分析等。

4. 文化素质

景区管理人员应具备较强的文化修养、较高的知识层次，特别是对旅游产业及旅游景区有较丰富的知识。

5. 语言素质

语言素质包括外语、普通话和部分方言。景区管理人员应流利地表达自己的思想，与外国旅游者可以交流。

6. 服务意识和服务技能

微笑是通用语言。我国重点旅游景区尚处于卖方市场，管理人员缺乏经营观念、市场意识和危机感，服务意识相对淡薄。我国特殊的旅游管理体制也助长了这种局面的形成。景区是一个综合性服务部门，景区服务具有自身的特殊性与全员性。任何一个部门工作不到位，都会影响整个景区。对员工进行服务意识的培养是上岗前的一项重要工作。

7. 团队精神

团队精神即与他人协作，共同解决问题。每位成员应具备相应的技能、技巧和与他人共同合作、相互信任的能力。紧张的任务有利于团队成员之间的紧密合作，同时带给队员们一种急迫感，促使他们相互协作，发挥集体力量。

（二）旅游景区人力资源开发策略

1. 突出重点，分层次、有针对性地进行教育培训

（1）采取有效手段，重建景区人力资源管理者自身的知识体系。旅游景区的人力资源管理应实现从传统人事管理到现代人力资源管理的转变，这种转变需要一批既懂旅游理论又懂实践的人力资源管理专门人才。人力资源管理者肩负着为旅游景区选才、育才、用才的重任，其自身必须具有较高的素质，才能胜任工作，为此，必须抓好人事干部队伍的建设。首先，应通过各种形式的进修，提高其学历层次，丰富其专业知识，提升其专业技能；其次，应从多方面深入了解旅游景区的实际情

况，以顺利地完成从行政支援人员到策略性筹划及设计者的转变。

（2）加速教育培养进程，切实提高景区从业人员的综合素质。旅游从业人员是旅游业发展的主力军，也是旅游人力资源开发的核心所在，对其教育培训的着力点应放在综合素质的培养上。在景区从业人员中，应严格建立岗前培训、岗位培训、资格认证考核、登记认证考核等制度。开办景区管理人员持证上岗培训班，使持证上岗率达到100％；制定完善的培训计划，明确培训目标，对上岗员工进行岗前严格培训，并结合晋升、奖惩等激励手段，提高员工工作技能与综合素质。培训方式可由景区内部培训向参观学习、脱产进修等转变，以充分挖掘人力资源潜力，使整个景区从业人员结构、人力资源储备进入良性循环状态。

（3）“走出去，请进来”，塑造具有景区特色的高级专门人才。景区应制定吸引高级专门人才的特殊政策和措施，如提高待遇、提供优良的工作环境等；旅游景区与行业行政管理部门和人事管理部门加强合作，派专人到大中城市等人才充足地区招揽人才；选拔优秀员工到国内有关旅游学院或国外著名大学旅游学院脱产学习，培养自己的高级景区专门人才。

2. 调整充实，建立一支高素质的景区人才队伍

（1）景区领导人才队伍建设。领导人才是景区开拓前进的关键因素，因此，要将对旅游景区各级领导干部的培养作为大事来抓，这是旅游景区可持续发展的组织保障。积极参与旅游景区负责人培训班，并作为对领导人才培养的一项长效机制；与高校联合主办旅游高级研讨会、研究生班、MBA 培训班等，建立起一支既有管理理论又有实践经验的职业经理人队伍；参加不同层次的旅游景区协会组织，加强旅游景区管理人员之间的交流与沟通。

（2）景区导游人才队伍建设。导游人员是旅游业的生力军，其素质的高低关系到旅游景区服务质量和景区形象，景区要采取措施，抓好导游队伍建设。结合国家导游考核改革，完善景区导游人员资格考核的管理；采取有效措施，改变多数导游人员取得资格证书后不想再参加等级考试的现象，形成一支政治素质高、业务能力强、职业道德好、结构合理、数量充足的景区导游人才队伍；坚持导游人员年审培训制度，加强导游人员的日常培训和管理，尤其是要强化对导游人员的爱国主义、思想政治素质、职业道德和服务意识的教育，提高其精神文明素质；选送一批基本条件好、综合素质高的导游人员到旅游院校学习，为培养高层次导游人才做准备；常态化、制度化推进景区十佳导游竞赛。

（3）景区营销人才队伍建设。客源是旅游景区发展的生命线，建立一支素质精良、组团能力强的旅游营销人才队伍是旅游景区客源充足和旅游业持续发展的重要保证。引进和培养相结合，充实完善旅游景区营销人才队伍，可在高校委托培养、

定向培养旅游景区营销人才；加强对景区营销人员的业务培训，尤其是要注重其职业道德和营销技能的培训，努力提高营销人员的综合素质。

(4) 景区紧缺人才队伍建设。采取“短平快”的方式，委托有关院校根据用人需求举办短期的紧缺专业人才研修班和其他形式的培训班；选送景区优秀从业人员赴高校学习，做好旅游紧缺人才储备工作。

3. 创新景区用人机制，优化人才环境

景区人才建设要解决好培训、吸引和使用三个关键环节。善于用事业来吸引和凝聚人才；建立使人才的聪明才智得到充分发挥的竞争机制、激励机制；要有全新用人观念，广开渠道，对有开拓创新精神、外语好、业务能力强的管理者要大胆启用；发展旅游人才市场，使市场在人才配置中起到基础性作用，如建立“景区人才库”“导游人才库”等，促进人才双向选择、有序流动、合理配置。

4. 建立景区员工的绩效考核制度

旅游景区应该建立多层次、多维度、多方法整合的绩效考核体系，对景区员工的工作绩效进行系统评价。要在充分考虑景区员工的岗位职责、工作成果、综合素质和发展潜力的基础上，以考核结果来决定分配，以分配来促进景区员工学习积极性和工作积极性的提高，改进工作绩效。以加强激励为出发点，实现景区分配形式的多样化，通过试行经营者年薪制、岗效工资制等，建立景区员工收入能增能减、有效激励的分配制度。

5. 完善对景区员工的激励机制

在旅游景区的管理过程中，对景区员工的主要激励方式包括物质激励、目标激励、尊重激励、参与激励、工作激励、培训和发展机会激励、荣誉和提升激励，以及负激励，如淘汰、罚款、降职和开除等。从物质激励方面来说，必须反对平均主义。改革的办法是根据工作的难度、重要性、业绩大小来决定工资和奖金的分配。目标激励主要是在工作中启发和引导景区员工对更高目标的追求，使其在实现自身奋斗目标的过程中，为景区的发展做出更大的贡献。尊重激励要求景区上下建立开诚布公、互相尊重、关心、协作的工作环境，以此形成景区的凝聚力。参与激励要求创造和提供一切机会让员工参与管理，调动其工作的积极性。工作激励主要是通过丰富景区工作内容，增加工作的挑战性和创造性，按照员工的专长与爱好调整岗位，使其更加热爱本职工作。培训和发展机会激励主要是为了满足景区员工自我实现的需要，并使之与景区的发展目标相融合。荣誉和提升激励是对表现好和才能突出的员工进行表彰，给予其荣誉称号和更高的职位，促使其有更出色的表现与贡献。负激励是正激励的补充，但不能以罚代管，不能不教而诛，要严格掌握惩罚的尺度。

(三) 旅游景区质量管理体系的基本原则

1. 以顾客为焦点原则

以顾客为焦点原则指出：组织依存顾客。组织应当理解顾客当前和未来的需求，满足顾客要求并争取超越顾客期望。依据此原则，景区应建立对市场的快速反应机制，创造竞争优势，提升顾客满意度。因此，景区应做到以下几点：识别并理解顾客的需求和期望；确保景区的质量目标体现顾客的需求与期望；监视、测量顾客满意度并据此采取相应的改进措施。

2. 领导作用原则

领导作用原则指出：领导者确立组织同意的宗旨和方向。组织应当创造并保持使员工能充分参与实现组织目标的内部环境。为达到员工主动理解并自觉去实现景区目标，领导者应做到以下几点：识别并理解所有相关方的需求和期望；清晰描绘景区未来的远景，确定富有挑战性的质量目标；建立适合景区、鼓励进取的景区文化；为员工提供所需的资源与培训。

3. 全员参与原则

全员参与原则指出：各级人员都是组织之本，只有充分参与，才能使他们的才干为组织带来收益。据此，景区应做到以下几点：让每个员工了解自身贡献的重要性及其在景区管理中的角色；建立以员工为本的景区文化；根据员工各自的目标及时评估其业绩。

4. 过程方法原则

过程方法原则指出：将活动和相关资源作为过程进行管理，可以更高效地得到期望的结果。景区应做到以下几点：系统地识别景区所有的过程；明确管理的职责与权限；测量和分析关键过程的能力；识别并管理过程间的相互作用；注重改进过程的资源、方法等因素；建立服务质量管理体系，形成以过程为基础的服务质量管理体系模式。

(四) 旅游景区质量管理体系的 PDCA 模式

PDCA 是英语 Plan（策划）、Do（实施）、Check（检查）、Action（处置）4 个单词首字母的组合。PDCA 模式就是按照策划、实施、检查、处置 4 个阶段的顺序来进行质量管理工作，它由美国管理学家戴明博士提出，因而也称戴明循环。PDCA模式既是一种质量管理办法，又是一种科学的通用工作程序。PDCA 从起点策划，经过实施、检查和处置，回到更高起点的策划。它是一种动态的“闭环”，旨在持续改进，螺旋提升。

持续改进是一种循环活动，不论是对过程还是对服务质量管理体系的持续改进通常都以 PDCA 方式来实现。例如：对于某过程的持续改进，景区首先依据其目标设定该过程的目标、确定该过程；然后实施该过程，并测量该过程的结果；最后将测量结果与设定目标对照以评估该过程，找出差距，采取措施，改进业绩。

模块小结

旅游景区满足了旅游者观光游览、休闲娱乐、度假康体、科考探险、教育等多方面的旅游需求。根据景区资源吸引力和保护级别对景区进行分级管理，景区的分级可以归纳为二级、三级、四级和五级 4 种分级体系。我国旅游景区质量等级别分为五级，从高到低依次为 AAAAA、AAAA、AAA、AA、A 级。为了确定景区的发展和管理方向，一般会对景区进行类型划分。旅游景区服务与管理对旅游景区管理者队伍素质有较高的要求。旅游景区质量管理体系的基本原则包括以顾客为焦点原则、领导作用原则、全员参与原则、过程方法原则等。

同步测试

一、选择题

1. 根据景区质量的高低（或重要性）分为国家公园和州立公园二级的国家是（　　）。

A. 德国　　B. 法国　　C. 美国　　D. 英国

2. 在中国旅游景区质量等级评定标准中，5A 级景区需要达到（　　）分以上。

A. 600　　B. 750　　C. 850　　D. 950

3. 风景名胜区的主管部门是（　　）。

A. 住房和城乡建设部　　B. 国家林业局

C. 文化和旅游部　　D. 世界遗产委员会

4. 占地规模在 101 平方千米～500 平方千米的是（　　）。

A. 小型风景名胜区　　B. 中型风景名胜区

C. 大型风景名胜区　　D. 特大型风景名胜区

5. 景区质量管理体系的基本原则不包括（　　）。

A. 以顾客为焦点原则　　B. 领导作用原则

C. 全员参与原则　　D. 经济效益至上原则

二、思考题

1. 景区质量管理体系的 PDCA 模式的内涵是什么？

2. 山东目前有哪几家5A级景区？

三、案例分析

5A级景区有进有出：3家严重警告　20家晋级

国家旅游局通报，近期全国旅资委对部分5A级旅游景区进行了核实检查。检查发现，大多数5A级旅游景区都能够保持国家标准和评定细则规定的旅游服务软硬件要求，在旅游景区行业中保持良好的品牌形象。但也有少数景区存在管理弱化、服务退化、设施老化、环境恶化等严重问题，有的景区在旅游安全、环境卫生、服务质量、市场秩序、环境保护等方面出现严重隐患或不达标情况。

其中，云南省丽江市丽江古城景区存在的问题主要是：游客投诉率长期居高不下，游客人身财产安全事件频发，屡屡造成社会严重不良影响，古城内原住居民与旅游经营人员矛盾突出，景区产品质量下降，旅游设施品质退化等。黑龙江省牡丹江市镜泊湖景区存在的问题主要是：景区周边黑车拉客现象严重，高等级厕所缺失，旅游厕所数量严重不足，游客服务中心无旅游服务，景区标识标牌陈旧破损，游客投诉多等。辽宁省大连市老虎滩海洋公园·老虎滩极地馆存在的问题主要是：游客服务中心功能严重不足，游客步道质量严重退化，垃圾乱堆乱放、机动车乱停乱放等现象严重，安全提示严重不足，游客投诉多等。

通报指出，近年来，国家旅游局加大了对旅游景区的整治监管力度，会同有关省区市旅游部门，对3家5A级景区进行摘牌，对19家5A级景区予以警告或严重警告，对68家4A级景区进行摘牌，对341家4A级景区进行警告等处理。

资料来源：http：//news. 163. com/17/0226/04/CE63FD9800018AOP. html.

思考：

国家旅游局为什么对5A级景区实行有进有出的制度？

实践训练

【实践1】请去最近的景区（点）调查景区（点）的建设情况及经营管理服务情况。

【实践2】请联系一家景区（点），利用寒暑假时间去该景区（点）实习，实践景区（点）服务与管理的相关知识。

模块四　旅游酒店

【学习目标】

1. 掌握酒店的概念与组织部门构成
2. 了解酒店的分类及等级
3. 掌握经济型酒店的相关知识

【学习导入】

把握旅游酒店新兴业态　实现更大发展

由中国饭店杂志社发起创办，亚太酒店协会、中国饭店业名人俱乐部等机构联合主办的第十七届中国饭店全球论坛于3月21日在广州富力丽思·卡尔顿酒店举行。国家旅游局质量监督管理所所长张海燕出席开幕式。

据测算，2016年中国旅游饭店业接待客人约30亿人次，实现了近万亿元的营业收入，对中国经济社会发展做出重大贡献。与此同时，旅游饭店业的服务质量也面临一定程度的挑战。据12301全国旅游投诉举报平台的统计，2016年与2015年相比，对旅游饭店服务质量的投诉占比有较大幅度的提升。

张海燕表示，在刚刚结束的全国两会上，李克强总理在所做的政府工作报告中明确提出，要完善旅游设施和服务，大力发展乡村休闲全域旅游，这充分表明国家高度重视旅游业发展，体现了对旅游业在国家经济社会发展中发挥独特优势的期望，为旅游业发展提供更大的空间和更多的机遇。

张海燕认为，在共享经济的带动下，旅游跨国界、跨区域、跨行业融合发展的趋势将日益明显，精品化、个性化、定制化、体验化的旅游产品将日渐受到青睐。精品酒店、客栈民宿、公寓租赁等非传统、非标准的住宿将成为引领旅游饭店业发展的新兴业态。

资料来源：http：//news. ifeng. com/a/20170322/50813364 _ 0. shtml.

思考：

中国经济正处于转型升级的关键时期，旅游饭店业处于高速发展、机遇与挑战共存的重要阶段。同学们，你们对于旅游饭店业的认知是什么？它主要有哪些类型？其发展现状如何？

一、酒店的概念

酒店的发展历史悠久，源远流长，有关酒店的理论知识已形成一定的体系，现代化的酒店已经成为“城中之城”“世界中的世界”、宾客的“家外之家”。

酒店（hotel）一词源于法语，原意是指贵族在乡间招待贵宾的别墅。随着社会发展，酒店的内涵与外延都发生了巨大变化。我们把现代酒店概念界定为：酒店是经政府批准的，利用服务设施完善的建筑，除向宾客提供住宿和餐饮服务外，还提供购物、健身、娱乐、邮电、通信、交通等多方面服务的经营性企业。

二、酒店组织部门构成

酒店企业的组织部门通常分为两大类：业务部门和职能部门。酒店的业务部门主要包括前厅部、客房部、餐饮部、康乐部、商品部等；职能部门则主要包括人力资源部、财务部、营销部、采购部、工程部、安全部等。某酒店组织结构见图 4－3。

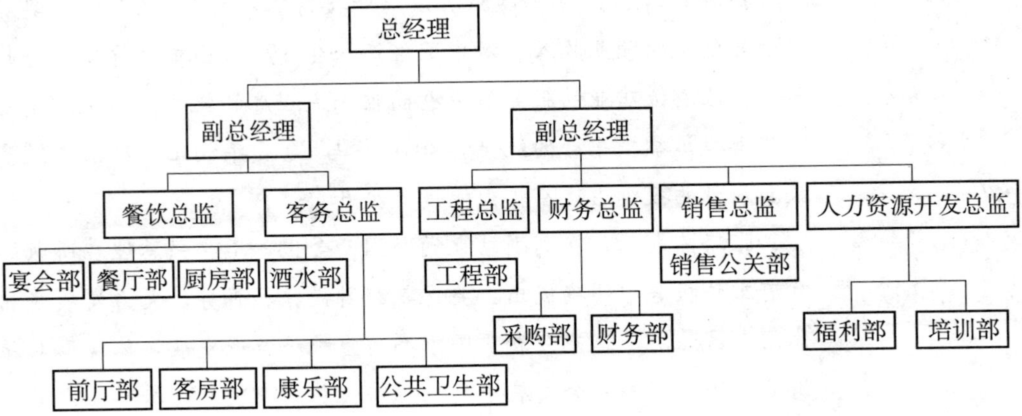

图 4－3　某酒店组织结构图

（一）前厅部

前厅部是整个酒店业务活动的中心，是酒店的首席业务部门。前厅部是酒店业务运转的中心，主要任务是客房预订、前厅接待、信息咨询、委托代办、客人行李运送、转接电话和商务中心服务等，使客人顺利抵、离酒店，并在住店过程中享受高效优质服务。在酒店业务活动过程中，前厅部是酒店和宾客之间的桥梁，是为酒店的经营决策提供依据的参谋部门。前厅部要加强与有关部门的联系与合作，并为酒店经营和各部门传递信息、提供服务，其工作贯穿酒店业务的全过程，从旅客预订和入住酒店到最后离开酒店的整个过程都离不开前厅部的工作。因此，酒店前厅部的工作具有全局性，被称为酒店的神经中枢。

（二）客房部

客房部是酒店的主要业务部门，主要为客人提供安静、舒适、干净、整洁和安全的住房服务。除此以外，客房部还负责酒店客房、楼层以及公共区域内的基础设施的保养和报修。根据酒店客房的产品和服务，酒店客房部的机构设置包括客房服务中心、公共区域卫生、洗衣房以及布草房等主要部门。大多数酒店将其前厅部和客房部合二为一，称为房务部或客务部。

（三）餐饮部

酒店餐饮部是为顾客提供饮食服务的部门，它不仅为住店旅客提供饮食服务，同时也为酒店外的消费者提供餐饮服务。餐饮服务是酒店的主要产品之一，是酒店市场竞争力体现的另一大主体。不同规模的酒店对酒店餐饮部的设置略有不同。一般来说，酒店的餐饮部门包括厨房和餐厅、酒吧等消费场所、原材料采购部三大主体机构。

（四）康乐部

康乐部是客人休闲娱乐的场所，它通过向客人提供正常的康乐活动而获得相应的营业收入。康乐部的机构设置因酒店规模的大小和档次的高低而不同，高星级的酒店为客人提供的休闲娱乐设施也相应高档而丰富，一般包括游泳池、网球场、保龄球馆、健身房、歌舞表演等。为向酒店旅客提供更加多元化、丰富多彩的娱乐活动，康乐部会调配专人进行娱乐活动策划，开展一些别开生面的娱乐活动，以满足客人的娱乐需求。随着酒店行业的不断发展，康乐部在酒店组织中的重要作用也越来越明显，康乐部也逐渐成为酒店营业收入的重要组成部分。

（五）商品部

商品部已逐渐成为酒店组织结构中不可缺少的一部分，当前几乎所有的酒店都设置有商品部。商品部主要向客人提供各种日常生活所需的商品，但一般会以旅游商品为主。由于商品部的设施和装修都很豪华，环境优雅、服务周到，因此，所出售商品的附加价值也较大，导致商品的价格往往高于市场上零售商场同样商品的价格。随着酒店的不断发展，商品部的产品以及经营的业务将会不断地发展扩大，其营业收入也将会在酒店总收入中占据越来越大的比重。

（六）人力资源部

人力资源部又称人事部。人力资源管理是酒店经营管理的重要组成部分，它涵盖酒店人力资源调配管理、人力资源开发利用、员工培训管理、行政人事管理、劳动工资奖金管理和医疗福利管理等方面。在酒店经营管理中，人力资源管理的主要任务是：坚持以人为本的原则，对人力资源进行科学有效的调配、开发和利用；协调酒店内部的人事关系；计划并实施酒店的培训工作；加强预算管理和成本核算，降低人工成本；为酒店员工创造良好的工作环境。其基本任务是为酒店经营管理和业务发展提供人力资源保证，确保酒店经营管理的正常运行和持续发展。人力资源部一般直接接受总经理的领导和指挥，酒店组织工作效率的高低与人力资源部的工作有着直接的关系。

（七）财务部

财务部的主要职责是协助酒店经营者搞好酒店的财务管理和会计核算工作，同时控制酒店的经营管理费用，在保证酒店服务质量的情况下，使酒店获得最佳的经济效益。财务部一般也是直属于酒店总经理指挥和监管，财务部人员的数量通常也由酒店规模的大小来决定。酒店规模越大，对财务人员的需求会越大，专业性也会更强。财务部内部通常设置经理、经理助理、主管会计、会计员和出纳员等职位。

（八）营销部

营销部的主要职责是推广酒店的主要产品和服务，保证酒店在任何季节都能有充足的客源，维护酒店的声誉，策划酒店的形象，扩大酒店的市场知名度，打造酒店的品牌。营销部的规模也与酒店的规模相关，大型酒店的营销部由经理、主管、市场营销的专兼职人员组成。为保证酒店客源，酒店营销部还会不定期地组织专门人员进行市场调研，了解市场行情和游客的需求，从而指导酒店组织提供尽可能满足顾客需求的产品。营销部通过确定营销战略，制定长、中、短期公关与销售计划，开展各种行之有效的促销活动，力争获得较高的市场占有率，完成总经理下达的年、季、月度经济指标。营销部在酒店管理中起着龙头作用，其工作业绩好坏关系着酒店的经济效益和社会效益。

（九）采购部

采购部也是酒店经营运作必不可少的重要部门，其工作主要是努力满足酒店各业务部门的物资需求，保障酒店正常运行中的物资供应不间断。除此以外，酒店采购部的另一重要职能就是尽可能地降低酒店物资采购的成本，节约酒店资本消耗，在保证酒店服务和产品质量的同时，尽可能多地增加酒店的经济效益。

（十）工程部

工程部是保证酒店设备设施正常运行的职能部门。主要任务是负责组织酒店的各项基建工作；酒店所属各建筑物、构筑物、道路及各类管线的维修和养护；负责酒店机电设备的日常管理工作；对酒店的设施设备进行综合管理，做到设备设施装配合理、择优选购、正确使用，或指导其他部门正确使用，精心维护、科学检修并适时更新，保持设备完好，不断挖掘酒店的技术装备潜力，充分发挥设备效能。工程部对保证酒店服务质量、为顾客提供舒适环境、提高酒店的经济效益、保持酒店硬件档次和维护企业形象起着重要的作用。节能降耗也是工程部的重要工作之一，工程部必须在保证酒店舒适度的前提下，努力做好节能降耗工作，为提高酒店经济效益打下基础。

（十一）安全部

安全部也称保安部，是负责酒店日常安全保卫和消防工作的职能部门，其主要任务是：对全体员工进行安全法制教育，提高安全意识；健全安全防范管理体制，强化酒店内部治安管理，维护治安秩序；做好预防犯罪和其他一切可能发生的事故；协助公安机关查处治安案件、破坏事故，侦破一般刑事案件；配合消防机关进行防火检查，做到“预防为主，防消结合”。安全部起着维护酒店、宾客、员工的生命和财产安全，为酒店经营活动创造良好治安秩序和安全环境的重要作用。酒店安全工作具有多样性、时间性、服务性和政策性的特点，必须执行“谁主管，谁负责”的原则，实行层级管理、分片管理，“事事有人管，处处有人管”，做到“群防群治”。

以上部门是依据一般酒店正常运作的需要来设立的，在实际组织结构设计中各酒店应充分考虑自身的情况进行调整，名称可有所不同，部门多少可灵活处理。

三、酒店的分类

（一）根据酒店市场及客人特点划分

1. 商务型酒店

商务型酒店一般位于城市的中心或商业区，以接待从事商业贸易活动的客人为主，也接待旅游客人及由于各种原因短暂逗留的其他客人。商务型酒店适应性广，在酒店业中占有较大的比例，并根据细分市场的需求，分为多种等级。由于商务客人一般文化层次、消费水平较高，商务酒店的设施设备相对豪华。特征之一是具备商务功能，即提供多功能服务（如办公、上网等）。

2. 长住型酒店

长住型酒店又称公寓型酒店。此类酒店一般采用公寓式建筑的造型，适合住宿期较长、在当地短期工作或休假的客人或家庭居住。长住型酒店的设施及管理较其他类型的酒店简单，酒店一般只提供住宿服务，并根据客人的需要提供餐饮及其他辅助性服务。从发展趋势看，长住型酒店一是向豪华型发展，服务设施和服务项目日趋完备，如我国不少大城市中出现的高档酒店式公寓；二是分单元向客人出售产权，成为提供酒店服务的共管式公寓，不少酒店还实行定时分享制，与其他地方的相同类型设施的所有者交换使用。

3. 度假型酒店

度假型酒店一般以接待游乐、度假的宾客为主，地理位置多在海滨、山区、温泉、海岛、森林等旅游风景区。度假型酒店对区域内环境设计要求较高，娱乐设施配套要求较为齐全，并设有各种娱乐、体育项目，如滑雪、骑马、狩猎、垂钓、划船、潜水、冲浪、高尔夫球、网球等，以吸引游客。此外，度假型酒店应在自然环境、装潢设计、建筑风格、酒店服务功能及人员服务技能等方面凸显个性。度假型酒店一般具有较强的季节性特征，易受淡旺季节的影响，因此酒店应采取较为灵活的经营方式，如实行淡季、旺季价，拉大价格差距。不少度假型酒店增设了会议设施，以吸引各种会议客人。近年来，不少旅游胜地也出现了分时度假型酒店。

4. 会议型酒店

会议型酒店主要接待各种会议团体，通常设在大都市和政治、文化中心，或交通方便的游览胜地。酒店设置多种规格的会议厅或大的多功能厅，具备各种规格的会议设备并提供高效率的接待服务。

5. 汽车旅馆

汽车旅馆的英文是motel，是motor和hotel的缩称，一般建于公路干线上，设施、设备较为简单，规模较小，以接待驾车旅行者为主，是欧美国家常见的一种酒店类型，起源于美国。1952年凯蒙·威尔逊在孟菲斯建起了第一家有120单元房间的现代汽车旅馆——假日汽车旅馆，成为汽车酒店业规范发展的开端。经过几十年的发展，汽车旅馆大致可以分成过路型汽车旅馆、终点站型汽车旅馆、度假型汽车旅馆、野营地汽车旅馆四种。随着私人汽车拥有量的增加、公路交通网的不断完善，我国的汽车旅馆时代即将到来。

（二）根据酒店计价方式划分

根据酒店计价方式的不同，大致可分为以下五类酒店：

（1）欧式计价酒店。欧式计价酒店的客房价格仅包括房费，不含食品、饮料等其他费用。目前，世界各地绝大多数的酒店均属于此类。我国大多数酒店也采用此类计价方式。

（2）美式计价酒店。美式计价酒店的客房价格包括房费及一日三餐的费用。大多在度假型酒店中采用这种计价方式。

(3) 修正美式计价酒店。修正美式计价酒店的客房价包括房费、早餐及一顿正餐的费用，以方便宾客有较大的自由安排白天活动。

(4) 欧陆式计价酒店。欧陆式计价酒店的房价包括房费及一份简单的欧陆式早餐及咖啡、面包、果汁。此类酒店一般不设餐厅。

(5) 百慕大计价酒店。百慕大计价酒店的房价包括房费和美式早餐的费用。

(三) 根据酒店规模划分

大型酒店：客房在600间以上的酒店；

中型酒店：客房在300～600间的酒店；

小型酒店：客房在300间以下的酒店。

四、酒店等级

酒店等级是指一家酒店的豪华程度、设施设备、服务范围和服务水平等方面所反映出的级别与水准。不少国家和地区通常根据酒店的位置、环境、设施和服务等情况，按照一定的标准和要求对酒店进行分级，并用某种标志表示出来，在酒店显著的地方公之于众。

(一) 酒店分级的目的

1. 保护顾客的利益

酒店等级标志本身是对酒店设施与服务质量的一种鉴定与保证。对酒店进行分级，可使顾客在预订或使用之前，对酒店有一定的了解，并根据自己的要求和消费能力进行选择。对酒店进行定级可以有效指导顾客选择酒店，为其提供物有所值的服务，保障他们的利益。

2. 便于行业的管理和监督

酒店企业的服务水平和管理水平对消费者及所在国家和地区的形象与利益均有重要的影响。许多国家的政府机构或其他行业组织都将颁布和实施酒店等级制度作为行业管理与行业规范的一种手段。利用酒店的定级，对酒店的经营和管理进行监督，使酒店将公众利益和自身利益结合在一起。

3. 有利于促进酒店业的发展

从经营的角度看，酒店等级也是一种促销手段，有利于明确酒店的市场定位，并针对目标市场更好地展示酒店的产品和形象。同时，有利于同行平等、公平地竞争，可促进不同等级的酒店不断完善设施和服务质量，提高管理水平，维护酒店的信誉。对接待国际旅游者的酒店来说，也便于进行国际比较，促进酒店业的不断发展。

（二）酒店分级的方法

目前，分级制度在世界酒店业应用已较为广泛，在欧洲更是如此。但是不同的国家和地区采用的分级制度各不相同，用于表示级别的标志与名称也不一样。据不完全统计，世界上有80多种酒店分级制度。目前，国际上采用的酒店等级制度与表示方法大致有以下几种：

1. 星级表示法

星级表示法是根据一定的标准将酒店分成的等级用星号（★）来表示。比较流行的是五星级，星号越多，等级越高。星级表示法在世界上尤其是欧洲采用得最为广泛。我国酒店的等级划分也采用此种分级方法。

2. 字母表示法

许多国家将酒店的等级用英文字母表示，即A、B、C、D、E五级，A为最高级，E为最低级。有的国家的酒店等级虽是五级，却用A、B、C、D四个字母表示，最高级用A1或特别豪华级来表示。

3. 数字表示法

一般而言，用数字表示酒店的等级时，最高级用豪华表示，继豪华之后由高到低依次为1、2、3、4。数字越大，档次越低。

（三）酒店等级的评定

酒店等级的评定一般由国家政府或权威机构做出，但不同国家评定酒店的机构不完全一样。国外比较多的是由国家政府部门和酒店企业或旅游业协会共同评定。也有一些地方由几个国家的酒店协会联合制定统一的标准，共同评定。我国酒店等级的评定主要由国家主管旅游业的职能部门和中国酒店协会根据各自所管理和监督的范围进行评定。

定级单位必须按照等级划分的有关要求和标准来评定等级，有一套完备的申请、调查、复查与抽查程序。定级单位也有权根据规定对已定级酒店进行降级或除名处理。酒店有权自动要求进行升级的评定或取消已定的级别。

五、我国旅游酒店的星级评定

2010年10月，国家质量监督检验检疫总局、国家标准化管理委员会发布公告，批准《旅游饭店星级的划分与评定》（GB/T 14308—2010）国家标准，自2011年1月1日起实施。新版标准重点强调了星级饭店的必备项目、核心产品、绿色环保、应急管理、软件可衡量和特色经营6个方面的要求，对于引导和规范我国酒店业的发展具有重要作用。

（一）划分依据

标准规定，用星号的数量和颜色表示酒店的等级。星级分为五个等级，即一星级、二星级、三星级、四星级、五星级（含白金五星级）。最低为一星级，最高为白金五星级。星号越多，表示旅游酒店的档次和等级越高。2007 年 8 月，北京中国大酒店、上海波特曼丽嘉酒店和广州花园酒店被正式授予“白金五星级酒店”称号。作为星级的补充，开业不足一年的酒店可以申请预备星级，其等级与星级相同。

星级评定的目的是促使我国的酒店既有中国特色，又符合国际标准，保护旅游经营者和消费者的利益。其依据是酒店的建筑装饰、设施设备及管理、服务水平，具体评定方法按颁布的设施设备的维修保养评定标准、清洁卫生质量、服务质量等项标准执行。星级划分条件和检查评分细则相结合，全面考核、综合平衡，其中检查评分细则由文化和旅游部制定并组织实施。酒店星级的取得表明该酒店所有建筑物、设施设备及服务项目均处于同一水准。

（二）适用范围

我国各种经济性质的旅游酒店在正式开业一年后都可以参加星级评定，正式开业不足一年的可以申请预备星级。政府鼓励酒店参加星级评定，但尊重酒店意愿，采用自愿报名形式。

六、经济型酒店

（一）定义及分类

学术界对经济型酒店没有形成一个公认的定义，国外对经济型酒店的划分主要以价格为标准。根据经济型酒店的特点和我国的实际情况，经济型酒店是以大众旅行者和中小商务者为主要服务对象，以客房为唯一或核心产品，价格低廉、服务标准、环境舒适、硬件上乘、性价比高的现代酒店业态。

经济型酒店的分类有两个角度。一是从供给角度讲，主要涉及酒店设施、功能、物品、服务项目的配置规模、数量和档次等感官形态因素，以及投资总额和单项指标平均额等财务指标；二是从需求和市场角度讲，主要涉及进入酒店的消费者的经济支付水平和消费满意度的主观评价，酒店的客房价是最重要的衡量指标。对于特定地点、时期、供求环境、经营模式的经济型酒店，供给角度的分类衡量标准与需求和市场角度的分类衡量标准是完全一致的。如果特定地点、时期、供求环境、经营模式中的条件不是同时成立，供给角度的分类衡量标准与需求和市场角度的分类衡量标准会出现局部的不完全一致。

例如：在北京支付 250 元房价入住的酒店可以基本划为经济型酒店，而在石家庄同样档次的酒店的房价只需 150 元，或者支付 250 元可以入住档次更高的酒店。所以，经济型酒店是一个特定、动态、均衡的相对概念，绝不是简单、绝对、不变的概念。按照更为严格定义的解释，经济型酒店只提供小型餐厅等一些基本配套设施，但客房并不比星级酒店的标准配置差。中国经济型酒店标准间的价格一般在100元～300元/天。

（二）特征

经济型酒店作为一种新兴业态，是经济发展和社会生活的产物，它完全区别于面对社会上流阶层的全服务酒店，是服务大众阶层、满足普通民众的旅行住宿的产品设施。其基本特征如下：

（1）产品的有限性。经济型酒店紧扣酒店的核心价值——住宿，以客房产品为灵魂，减除了其他非必需服务，从而大幅度削减了成本。一般来说，经济型酒店只提供客房和早餐，一些有限服务酒店还提供简单的餐饮、健身和会议设施。

（2）产品和服务的优质性。与一般的社会旅馆不同，经济型酒店非常强调客房设施的舒适性和服务的标准化。清洁卫生、舒适方便的特点是社会旅馆所不具备的。

（3）价格适中。相对于高档酒店动辄上千元的房价，经济型酒店的价格一般在人民币300元以下，一些青年旅舍和汽车旅馆只收取几十元至100元左右。

（4）目标市场是一般商务人士、工薪阶层、普通自费旅游者和学生群体等。而高档酒店往往以高级商务客人、高收入阶层、公费旅客为主要目标市场。

（5）从经济型酒店的外在表现来看，经济型酒店一般采取连锁经营的方式，通过连锁经营达到规模经济，提高品牌价值。这种经营方式也是经济型酒店区别于其他星级酒店和社会旅馆的明显特征。

（三）发展历史

经济型酒店是相对于传统的全服务酒店而存在的一种酒店业态。经济型酒店在全球的发展经历了四个阶段：萌芽与发展初期、蓬勃发展时期、品牌调整时期、重新发展时期。

1. 萌芽与发展初期

20世纪30年代末到50年代末是经济型酒店的萌芽与发展初期，这一阶段的主要特点是汽车旅馆的出现与发展。20世纪30年代，随着美国大众消费的兴起以及公路网络的发展，汽车旅馆开始出现，为普通民众的出游提供廉价的住宿服务。

第二次世界大战后，美国经济的繁荣带动了大众旅游发展，引发了对中低档住宿设施的大量需求；城际高速公路网络的建成则促进了汽车旅馆的风行。1952年成立的假日汽车旅馆在吸收了过去汽车旅馆发展经验的基础上改善了服务质量，并且第一次尝试采取标准化方式复制产品和服务，在短短的十年间沿着美国的公路网络迅速发展。

2. 蓬勃发展时期

从20世纪60年代初到80年代末，经济型酒店进入蓬勃发展时期。酒店数量迅速增加，而且产品形态呈现丰富的层次性，开始朝着多元化方向发展。连锁经营开始取代传统的分散经营模式，单体酒店开拓出快速发展的扩张途径，一些发展得比较成熟的经济型酒店开始并购整合单体酒店。同时，经济型酒店迈开了国际化发展之路。这种扩张同时刺激了本土经济型酒店的兴起，尤其是欧洲的经济型酒店开始快速发展。到80年代末期经济型酒店已经成为欧美发达国家的成熟酒店业态。

3. 品牌调整时期

从20世纪80年代末到90年代末，经济型酒店行业开始进行品牌调整。经过长期的快速发展，经济型酒店进入市场成熟时期，高速增长和大规模扩张的动力逐渐减弱。大型酒店集团的多元化战略和投资政策促使酒店集团更加倾向于通过资本运作来购买和整合原有行业内品牌，而不是自主创新品牌。市场竞争淘汰了一些管理力量薄弱、资金运营不顺畅的品牌，一些大而强的品牌得益于资本实力和管理实力变得愈发强大。竞争的加剧迫使企业转向服务质量管理和品牌建设。品牌建设、质量管理、市场细分、产品多元化等企业内部管理得到前所未有的重视。

4. 重新发展时期

进入21世纪，经济型酒店步入又一轮快速发展时期。这主要表现在经济型酒店在发展中国家的市场开拓和本土品牌的发展上。在中国、东南亚等地区，经济型酒店的扩张非常迅速。世界著名的经济型酒店品牌陆续进入，如雅高集团的宜必思、温德姆集团的速8、洲际集团的假日快捷等都纷纷瞄准亚洲市场。同时，一些亚洲本土的经济型酒店品牌也开始发展，如中国的锦江之星、如家快捷、7天等。

知识链接

如家酒店集团

如家酒店集团创立于2002年，2006年10月在美国纳斯达克上市（股票代码：HMIN）。作为中国酒店业海外上市第一股，如家始终以顾客满意为基础，以成为“大众住宿业的卓越领导者”为愿景，向全世界展示着中华民族宾至如归的“家”文化服务理念和民族品牌形象。如家酒店集团旗下现有五个酒店品牌：和颐酒店、如家精选酒店、如家酒店、莫泰酒店和云上四季酒店。经济型连锁酒店品牌——如家快捷酒店，提供标准化、干净、温馨、舒适、贴心的酒店住宿产品，为海内外八方来客提供安心、便捷的旅行住宿服务，传递适度生活的简约生活理念。

(四) 中国经济型酒店的发展现状

中国经济型酒店的发展始于1996年，上海锦江集团旗下的锦江之星是中国第一个经济型酒店品牌。进入21世纪，各种经济型酒店品牌如雨后春笋破土而出，发展现状如下：

首先，中国经济型酒店行业成长迅速，出现了一些影响颇广的民族自创品牌。具有全国影响力的包括：锦江集团于1996年创建的锦江之星、首都旅游国际酒店集团与携程旅行服务公司于2002年共同投资组建的如家酒店连锁。此外，还有一些地区品牌的经济型酒店，如上海的莫泰168、华南地区的7天、北京的欣燕都等。这些品牌呈现蓬勃的发展趋势，在短短的几年时间里得到迅速的扩张，一些地区品牌正在积极向着全国品牌的方向努力。

其次，中国经济型酒店市场需求旺盛，几个大型城市和几块区域成为热点。北京、上海、广州、成都等大型城市的经济型酒店需求非常突出，市场条件比较成熟。而长江三角洲、珠江三角洲、京津地区较高的经济发展总体水平也决定了经济型酒店的需求水平。所以经济型酒店在中国的发展呈现点面结合的局面。

再次，经济型酒店吸引了各种来源的资本的大量涌入。由于经济型酒店的投资比较低，而投资回报率明显高于一般的酒店；同时，中国目前的投资环境比较好，资金供给充足，很多闲散资金一直在努力寻找适合的投资项目，这种结合了物业与酒店的优质项目格外吸引资本的涌入。另外，中国房地产的升值空间也导致了投资者对经济型酒店地产的升值预期，所以，来自社会各个行业的资金纷纷看好这类项目进行投资。

最后，经济型酒店市场外来品牌与民族品牌的竞争日益加剧。许多国外成熟的经济型酒店品牌看好中国的市场潜力高调进入，其成熟的管理经验、雄厚的资金实力和人才储备、享誉世界的品牌、发达的营销网络、严格的质量控制都是无法比拟的优势，对本土民族品牌形成了强大的压力。以江苏省为例，英国的国际青年旅馆在南京、无锡、苏州、扬州都有连锁店，美国速8连锁在无锡、苏州也有连锁店。

模块小结

本模块主要讲解了旅游饭店业态。酒店是经政府批准的，利用服务设施完善的建筑，除向宾客提供住宿和餐饮服务外，还提供购物、健身、娱乐、邮电、通信、交通等多方面服务的经营性企业。酒店企业的组织部门通常分为两大类：业务部门和职能部门。不同的酒店根据自身经营的需要对组织部门的设计会略有不同，但一般来说，酒店的业务部门主要包括前厅部、客房部、餐饮部、康乐部、商品部等，职能部门则主要包括人力资源部、财务部、营销部、采购部、工程部、安全部等。经济型酒店作为一种新兴业态，是经济发展和社会生活的产物，是服务大众阶层、满足普通民众的旅行住宿的产品设施。

同步测试

一、选择题

1. 酒店的业务部门不包括下列哪个部门？（　　）

A. 前厅部　　B. 客房部　　C. 餐饮部　　D. 人力资源部

2. 酒店中负责推广主要产品和服务、维护酒店的声誉、策划酒店形象、扩大酒店市场知名度的部门是（　　）。

A. 康乐部　　B. 财务部　　C. 营销部　　D. 安全部

3. 下列哪个是经济型酒店品牌？（　　）

A. 万豪　　B. 香格里拉　　C. 洲际　　D. 如家

4. 根据酒店市场及客人特点进行的分类是（　　）。

A. 商务型酒店　　B. 五星级酒店　　C. 欧式计价酒店　　D. 大型酒店

二、思考题

1. 酒店的主要组织部门有哪些？

2. 我国旅游酒店的星级评定标准是什么？

三、案例分析

如家酒店进军自驾游和自由行住宿市场

2016年11月22日，如家酒店集团宣布推出休闲度假品牌——如家小镇，正式进军自驾游和自由行的旅行住宿市场。与此同时，如家同步公布了如家小镇的定制客房产品——如家魔盒。据介绍，如家小镇是如家以住宿业为入口，延伸周边配套产品而推出的休闲度假目的地。如家小镇覆盖住宿、餐饮、游乐、农贸、便利店、泊车、电动车租赁等综合服务，通过吃、住、行、游、购、娱旅游六要素的融合发展延长了乡村旅游产业链。如家魔盒客房将选址于某一旅游目的地附近或沿途，由乡村酒店、民宿、客栈或模块化的移动客房构成的度假型住宿产品。在经营模式上，如家小镇将采取标准化和特色化两种策略。标准化产品包含住宿以及厨艺、健身、烧烤、轰趴等基本娱乐活动。特色化产品则还会包括生日、聚会、团建或者奇幻森林、CS、专业餐饮、亲子课堂等专属定制活动。目前，经济型酒店的发展遭遇瓶颈，各大经济型酒店品牌纷纷寻求转型。据驴妈妈发布的报告显示，经济型酒店/客栈是周边游游客最主要的住宿选择。有业内人士指出，相较于高端酒店，在三、四线城市下沉的经济型酒店在拓展周边游市场上更具优势。目前，民宿正日益受到市场关注，经济型酒店向周边游扩张，显然要与民宿抢夺市场。

资料来源：http：//www.ebrun.com/20161122/203167.shtml.

思考：

作为经济型酒店的知名品牌代表，如家酒店为什么进军自驾游和自由行住宿市场？

实践训练

【实践 1】结合自己入住酒店的经历总结一下所入住酒店的特点。

【实践 2】利用寒暑假时间在某个酒店实习或者兼职，对酒店的工作岗位进行认知实践。

模块五 其他旅游相关产业

【学习目标】

1. 掌握旅游购物的概念及作用
2. 掌握旅游交通的相关知识
3. 掌握旅游娱乐的相关知识
4. 加深对旅游相关业态的认识

【学习导入】

中国游客在日本旅游消费呈现新趋势

中国游客是赴日旅游和购物的主力军，中国成为赴日旅游的第一大客源地，游客数量超过 500 万人，占总数的 1/4，人均消费额约为 1.6 万元人民币，比其他国家游客平均支出高 43%。近日，笔者考察了日本的旅游业，特别是对中国游客在日本的消费行为进行了分析。通过与 2016 年同期对日本旅游市场的考察比较，发现中国游客在日本的旅游消费呈现出一些新特点、新趋势。

(1)“扫货”“爆买”有所降温。前些年中国游客在日本的各种商场和名牌商店里无节制地购物，简直到了疯狂的程度，直接诞生了一个网络流行词“爆买”。“爆买”成了赴日中国游客的代名词。2017 年这种“扫货”“爆买”现象有所降温。在大型商场和电器店，以及一些药妆店、机场免税店，购物者人数有明显的减少。不少接待中国游客的店家讲，前两年简直像在过节，但现在已恢复了常态。出现“爆买”降温情况的原因：一是由于日元升值使日本产品的性价比优势有所降低，二是中国提高了境外消费税，三是对代购行为的有效制止。

(2) 消费更加理性。前些年中国游客在日本市场上疯狂“扫货”，疯狂“爆买”的种类很多，从马桶盖、电饭锅到照相机、手表，从高档服装、化妆品到眼药水、计步器、指甲刀，甚至大米……如今，中国游客购物目的性更强，不再无原则、无目的地

“爆买”。中国游客购物也不再只求购高级品，现在更追求“日本制造”产品。但是有一个现象，虽然消费总额有一定下降，但赴日旅游的中国游客人数并未下降，而是继续保持增长，这说明中国游客的消费更加理性。

(3) 网上支付成为新宠。前些年中国游客出国前，都要到银行或外汇机构换取大量的外币现金，而现在这种现象已经比较少了。2016 年，中国游客用银联卡刷卡消费的占比为 2/3，越来越多的中国游客开始网上支付。面对中国游客的出境游热潮，2015 年 11 月，微信发布跨境支付解决方案，其核心是实现了“人民币支付，外币结算”。随着腾讯在日本全面启动结算服务，中国消费者在日本的结算手段增加了新的选项。日本店铺也乐意使用微信支付来迎合中国游客的购物行为。

(4) 消费环境改善。潮水般涌入的中国游客给日本店铺带来的巨大商机，也让日本商家动了不少脑筋。在日本的商场集中区都大规模设置中文标识，街边中文横幅随处可见，在很多店铺都配备双语导购。这些年轻的导购员一般都是留学生或研修生。那些日本店员，包括宾馆前台服务员，也大多懂汉语。在一些商场和免税店、饭店、居酒屋中都设有 Wi-Fi，配备中文说明书、地图、导购图。为了迎合中国游客，大量粥店、饺子馆开张，所以中国游客购物犹如在国内，并不像到欧美国家那样。

(5) 观光类消费、文化类消费比重不断增加。前些年中国赴日旅行的游客志不在山水，而在购物。如今，中国游客的旅游目的更加多元化，游客的消费重心从单纯的购物转变为享受异域自然风光、生态环境和历史文化，休闲、观光、度假成为旅游的重要目的。中国游客中好多不是首次赴日旅游，有的两次、三次游甚至是多次游，这些游客的关注点就必然从购物转为休闲，更加注重目的地旅游的生活体验，随之而来的观光类消费、文化类消费增多，游览山水名胜、文物古迹，体验古今文化、民俗风情等的精神消费比重提高，包括赴日体检也成为国内新一轮的消费浪潮。

资料来源：http://news.nen.com.cn/system/2017/04/21/019809199.shtml.

思考：

旅游购物是我国很多出境旅游者进行的一项旅游活动，日本作为我国的一大旅游目的地国家，我国旅游者在日本的旅游购物消费更趋向于理性的原因是什么？

一、旅游购物

（一）旅游购物的概念

旅游购物是指旅游者在旅游活动中购买各种实物商品的经济文化行为，它不仅包括专门的旅游购物行为，还应包括旅游中一切与购物相关的行为总和。但不包括任何一类游客出于商业目的而进行的购物活动，即为了转卖而进行的购物行为。

（二）旅游购物的特点

1. 旅游购物是感性消费过程

经济发展使人们的消费经历了生存消费、理性消费和感性消费三个阶段。生存消费和理性消费属于纯物质消费，而感性消费介于物质消费和精神消费之间。旅游购物是一种追求较高消费层次满足的过程，可以说旅游商品在其实用性的基础上包含精神的内涵。旅游者更注重抽象、无形的精神或感性需要，且很少认真或难以辨别不同产品或企业之间的实质性差异。例如：多年以来，入境游客最感兴趣的中国旅游商品一直是丝绸、茶叶和旅游纪念品的现象就是感性消费的表现。

2. 旅游购物更多追求的是心理满足

虽然旅游购物的物质性是旅游购物存在的基础，但在物质特别丰富、物流条件特别发达的情况下，异地购物所追求的物质性因素弱化。在旅游过程中，对旅游者购物的最大影响因素是旅游商品的个性、形象、文化、内涵和感情表现。可以说，旅游购物是物质基础上的精神消费。只有当旅游者购买到具有较高文化品位的旅游商品时，才能引起旅游者的心理满足。因此，旅游购物已经突破了一般购买商品的意义。除了少数为旅游做前期准备的居住地购物外，大部分旅游购物场所处于旅游目的地或旅游途中。旅游购物的数量与旅游目的地的旅游商品供给状况、经济发展水平和人文环境等因素密切相关。

3. 旅游购物的目的具有多样性

旅游者旅游购物时可能在同一种旅游商品上有自用、馈赠亲友、收藏等多种目的，这就要求旅游商品同时具有实用性、文化特色、独特性等特性。旅游者旅游购物目的的多样性对旅游商品质量提出了更高的要求。

4. 旅游购物具有信息不对称特征

与普通消费品不同，一般消费品主要体现的是使用价值，而旅游商品除了实用性之外，更主要的是体现它的文化特色。地方性、民族性等决定了一般旅游者对商品的了解程度低。特别是对于收藏及艺术价值较直观的使用价值来讲，其真实价值更加难以估计。由于旅游者来自异国他乡，导致旅游商品市场交易中信息不对称程度比一般消费品交易更大，因此，旅游商品的产品结构、制作繁易程度与其价格之间不存在完整的对等关系。这就容易导致旅游商品市场中的欺诈现象的频繁出现。

5. 旅游购物具有波动性

旅游购物属于非基本旅游消费，消费弹性大。从狭义来看，旅游购物支出可有可无，可大可小，波动性大。旅游购物的多少取决于旅游商品市场供应是否与旅游者的购物需求相一致。若旅游商品市场供应不能满足旅游者的购物需求，旅游者也许会减少或放弃购物；若旅游商品市场供应品种丰富且有特色，旅游者可能增加购物量。因此，旅游商品市场的发达程度和购物环境，对于旅游购物消费的增长具有决定性作用。

（三）旅游购物的作用

1. 满足旅游者的购物需求

购物是人们日常生活中的基本需求，是旅游者在旅游活动中的高层次需求。与娱乐一样，相对于其他几项基本需求，购物属于非必要性旅游需求。但是，由于旅游购物需求能够满足旅游者带走旅游目的地旅游资源的物化形式，因此对旅游者具有极大的吸引力。旅游购物是旅游活动的重要组成部分，而且由于旅游购物品具有“贮存”旅游记忆的功能，能够影响旅游者的旅游体验感受，从而影响人们对于整体旅游产品质量的评价。

2. 提高旅游业的经济效益

旅游购物是旅游六大要素中需求弹性最大的一个，旅游购物中的交通、饮食、住宿、游览和娱乐的消费都具有一定的消费上限，而旅游购物中可开发的消费潜力相对而言是无限的。因此，旅游收入中饮食、住宿、游览、交通方面的收入具有相对的稳定性，而旅游购物在旅游需求中的弹性较大。只要进行符合市场需求的开发和推广，就能给旅游业带来巨大的经济效益。而且旅游者旅游消费越多，旅游购物费用的增长比例越大；旅游开发层次越深入，旅游商品销售收入在旅游收入中所占的比例也越大。

3. 促进传统手工艺的保护

在开发旅游购物的过程中，必然涉及对传统手工艺的挖掘、整理，从而设计、生产出具有区域或民族特色的旅游购物品。这些传统手工艺往往具有长久的历史、深厚的民族文化底蕴和独特的艺术风格，但因无法适应现代工业化的社会生活需求而濒临失传。但是由于人们的旅游需求中，对于异质文化、异域文化的好奇和渴望是一个重要动机，因此旅游地的传统手工艺制品对于来自异域文化的旅游者具有极大的吸引力。通过发展旅游购物，既满足了旅游者对传统手艺制品的需求，又促进了传统手工艺的传承与创新。

4. 增加旅游地就业机会

发展旅游购物可从多个角度增加旅游地的就业机会，尤其是旅游地的手工艺行业的就业机会。因为旅游者对凸显手工艺特色的旅游纪念品的大量需求可使旅游地产生对熟练手工艺人的大量需求。另外，旅游购物商店也会吸纳当地社会的大量劳动力，与旅游购物相关的行业也会间接受益，从而创造更多的就业机会。而且由于这些就业机会不需要从业者具有较高的受教育水平或专业技术知识，门槛较低，能够满足旅游地大多数人的就业需求。

5. 宣传旅游地形象

旅游购物品大多具有地域特色，携带着旅游地的形象信息，展现着旅游地的文化内涵，如有的是当地特产、有的是当地特色手工艺品，因此可反映该地的民族风格、艺术特色、手工艺水平和特点等。旅游者将旅游纪念品携带回居住地，或消费或使用或馈赠，这些有形物品就会将其携带的旅游地信息展示、传达给所有接触到这些旅游纪念品的人们，促进更多的人了解旅游地，从而使旅游地的形象得到宣传。

二、旅游交通

（一）旅游交通的概念

旅游交通是指旅游者为了实现旅游活动，借助某种交通工具实现从一个地点到另一个地点之间的空间转移过程。它既包括旅游者的常住地和旅游目的地之间的往返过程，也包括旅游目的地之间、同一旅游目的地内各旅游景点之间的移动过程。

（二）旅游交通的特性

旅游与交通的关系密不可分，交通为旅游的发展提供了必要的条件，旅游对交通的发展也起到了相当大的促进作用。现代旅游的快速发展在很大程度上是依赖现代交通的结果。旅游交通在整个国民经济交通运输业中既有其特殊性，又具有独立性。

1. 层次性

旅游交通层次分明，从其接送游客的空间尺度及人们的旅游过程来看，可以分为三个层次。第一层次：外部交通，指从旅游客源地到目的地所依托的中心城市之间的交通方式和等级，其空间尺度跨国或跨省，交通方式主要有航空、铁路和高速公路。如外国人或外省人要来大理旅游所选择的航空、铁路或高速公路等方式。第二层次：涉及中小尺度的空间，指从旅游中心城市到旅游景点（区）之间的交通方式和等级，交通方式主要有铁路、公路和水路交通。如旅游者要从大理到南诏风情岛旅游，选择了水路，借助游轮这个旅游交通工具，从而实现了游览目的。第三层次：景区（点）的内部交通，主要有徒步或特种旅游交通，如索道、游船、畜力（骑马、骑骆驼）、滑竿等。旅游者游览苍山时，既可以选择徒步，又可以选择乘坐索道等不同方式。而游览宾川鸡足山时，在某些路段旅游者可以选择骑马等。

2. 游览性

旅游交通的线路设计和交通设施上必须充分体现游览性，这也是旅游交通区别于普通交通最明显的特征。第一，在旅游交通线路的设计上，尽量做到使游客“旅短游长、旅速游慢”，使一次旅游能达尽量多的旅游景点。第二，在旅游交通设施上提供安全、舒适的设施设备，以便游客在乘坐旅游交通工具时观赏沿途风光，从而增加游客满意度，增加旅游产品的附加值。第三，旅游交通工具的特色与新颖会对旅游者构成极大的吸引力。

3. 舒适性

旅游交通较一般的交通更注重提高人们乘坐的舒适性，特别体现在一些国际旅游专列和巨型远洋邮船的豪华设施设备上。

4. 季节性

旅游活动受季节、天气及人们闲暇时间的影响，表现出很强的季节性，如淡旺季。旅游交通也反映了季节性，如节假日旅游交通的客源量会出现较大的波动。因此，采取季节差价是保持旅游交通客运量相对稳定的措施之一。

5. 替代性

由于旅游者经济、审美、时间等各种原因，旅游交通具有替代性。包括各种交通工具之间存在替代性（飞机、火车、汽车、轮船），同一交通工具不同档次之间存在替代性（飞机的头等舱、经济舱，火车的软卧、硬卧、硬座，轮船的一等舱、二等舱、三等舱等）。

（三）旅游交通的作用

1. 旅游交通是旅游区兴起和发展的前提条件

旅游构成有六大要素，即吃、住、行、玩、娱、购，而旅游中的“行”这一要素是进行旅游活动的重要因素。旅游者能不能进入和道路的质量、交通工具的水平和档次是限制旅游市场开发的主要原因。这就对道路建设和运输工具的不断完善与提高提出了要求，旅游交通是旅游者实现旅游活动的必要条件。

2. 旅游交通是区域旅游线路发展的命脉

旅游地的发展状况与旅游交通有着密切的联系，旅游交通的发展在一定程度上会制约旅游地的发展，它们的关系是相互依存的。即使旅游地的旅游资源再丰富，如果其地理位置偏远、交通闭塞，也很难对旅游者形成吸引力，旅游经济收入也就无从谈起。

3. 旅游交通是旅游线路质量的重要评价指标

旅游线路质量的好坏在很大程度上取决于旅游交通质量的好坏。近年来，大理的旅游定位逐渐从观光型向休闲型、享乐型的趋势发展，因而，旅游线路的设计更注重旅游交通质量。

4. 旅游交通能成为旅游线路的游览项目

新型的现代化交通工具和最能突出表现地方特色与民族风格的交通工具，可以使旅游交通成为旅游线路上的游览项目，甚至在一定程度上成为旅游者的旅游目的之所在。例如：游览丽江→拉市海茶马古道，可以选择游览穿越原始森林→水源头→七仙湖骑马线路。这条线路依托底蕴深厚的马帮茶马古道文化和优美的自然风光，逐渐成为旅游者倾向的旅游线路。

（四）主要旅游交通方式

1. 航空运输

航空运输最主要的交通工具是飞机，第二次世界大战后飞机逐渐成为世界上远程旅游中最为重要的交通工具。在发达国家已经成为人们出行的最主要交通工具。

航空旅游交通具有快捷、省时、舒适、安全、适合中远程旅游等优点，同时也存在成本高、能耗大、污染环境、票价高、受天气状况影响大、点到点旅行和不适合短途旅游等缺点。航空旅游交通的发展与机场建设关系密切。一个大型民用机场至少需要 3 000 米长的跑道以及良好的用地条件。同时，机场建设还涉及经济距离问题，国际上一般认为机场的经济距离为 400 千米～500 千米。

2. 铁路运输

铁路运输的交通工具主要是火车，火车在第二次世界大战结束以前一直是旅客运输的主要形式，但是战后世界上乘坐火车旅游的人越来越少。由于高速公路的修建和航空运输的发展，铁路运输受到极大冲击。但在我国火车仍然是公众出行的主要方式，我国目前在大力发展高速铁路，其技术水平已经达到世界领先水平。

铁路旅游交通具有运载量大、长途运输成本低、远距离持续行驶能力较强、受季节和气候的影响小、环境污染小、费用低、较安全、舒适性强等，但同时存在速度慢、长时间旅行容易使人疲劳、路轨铺设受地形条件影响大、造价高、修建工期长等缺点。

3. 公路运输

公路交通是现代旅游中最重要和最普遍的短距离旅行方式。优点是：灵活性较大，能深入旅游点内部，实现“门到门”运送；对自然条件的适应性强；能随时随地停留，可任意选择旅游点，使旅游活动从点扩大到面；公路建设投资少、占地少、施工期短、见效快等。缺点是：载运量小；可变成本高，运费较高；活动范围不能太大，不适合长线旅游；速度较慢；受气候变化影响较大；安全性能差、事故率较高；容易产生噪音、废气，易污染环境；车内空间有限，游客不能活动、容易疲劳等。

为了改变传统公路旅游交通速度慢的问题，目前全世界都在大力倡导修建高速公路，极大地提高了公路旅游交通的速度。另外，为了方便旅游者出游，出现了游憩汽车，相当于可移动的家庭旅馆，将旅游中的住与行结合起来，其经营成本较低、费用便宜，富有独立性、灵活性，短程旅游速度快、方便，旅游汽车环境舒适、空调及音像等设备完善，利用汽车组织包价旅游可克服行李和转车等问题。

4. 水路运输

水路旅游交通包括内河航运、沿海航运和远洋航运。水路交通具有运量大、能耗少、线路投资少、运输成本低等优点，但也存在速度较慢、准时性差、灵活性差、受河道和海路吃水深度等多种自然因素影响大等缺点。

现代水路旅游交通朝两个方向发展：一是提高速度，如气垫船；二是充分利用轮船体积大的特点，将船上的设施向完备、豪华的方向发展，成为专为旅游服务的游轮。

5. 市内交通工具

地铁或轻轨：是大城市内的主要交通工具，具有运量大、速度快、不受地面气候影响、不受其他车辆和行人的干扰、准时、安全、舒适、不排放废气等优点。

公共汽车：具有价格低廉、运行路线和班次多、运量大等优点。

出租汽车：具有随叫随停、灵活方便等优点。

6. 辅助性交通工具

辅助性交通工具是专门用于旅游区内或特殊旅游活动中的交通方式。它不仅可以帮助旅游者实现空间位移，而且可以让使用者获得娱乐和享受。因此，在现代旅游中，这种旅游交通工具越来越被人们重视。具体包括：

机械动力交通工具类：缆车、机动船、摩托车、机动三轮车等。

自然力交通工具类：帆船、冰帆等。

畜力交通工具类：各类坐骑、畜力车、爬犁等。

人力交通工具类：自行车、人力三轮车、木筏、竹排、皮划艇、乌篷船、雪橇、轿子、滑竿、羊皮筏子等。

三、旅游娱乐

(一) 旅游娱乐的概念

旅游娱乐是指旅游者在旅游活动中所观赏和参与的文娱活动，它是构成旅游活动的六大基本要素之一。游、娱是旅游者的目的性需求，而食、宿、行、购则是为达到目的所必备的日常生活性需求。旅游者的需求是变化的，享乐正在变成旅游动机的主流。旅游娱乐活动属于精神产品，横跨文学、艺术、娱乐、音乐、体育诸领域。

旅游娱乐与娱乐消遣型旅游是有区别的。娱乐消遣型旅游是指以娱乐消遣为主要动机的旅游活动，是一次独立的旅游活动；而旅游娱乐指的只是一次旅游活动中的一种旅游行为，其旅游活动并不一定以娱乐为主要动机，也可能是其他类型旅游活动过程中穿插一种文娱活动项目。两者共同之处是都注重旅游活动的娱乐性和参与性。

(二) 旅游娱乐的特点

随着高科技在旅游娱乐业中的大量运用，旅游娱乐不仅达到了寓教于乐的目的，更带来了巨大的综合性经济效益。以美国为例，美国居民每年休闲娱乐消费高达千亿美元。

目前，旅游娱乐业的总体发展趋势是主题化，树立鲜明的主题、深入挖掘主题、创造独特主题是各国旅游娱乐企业共同追求的目标。其中，深入挖掘主题，即挖掘民族文化，并在此基础上，努力形成新的旅游吸引物。例如：我国冬季的东北地区，除了以滑冰雪、泡温泉吸引各地游客外，看二人转、瞧扭秧歌、吃农家菜、放烟花爆竹，欢欢喜喜过一个具有浓郁关东风情的大年，也是旅游亮点之一。

总体来说，旅游娱乐活动的对象是旅游者，与大众化群众性文化娱乐活动相比，具有以下几个特征：更强调具有民族特色和地方特色，使旅游者耳目一新；强调欢快、热闹、幽默，为大多数人喜闻乐见；强调参与性；时间不宜过长；强调对不同旅游者安排不同娱乐节目；强调旅游娱乐活动项目常变常新；强调高雅文化与民俗文化的结合，在满足大多数人要求的同时，反映时代特征；强调寓教于乐，使游人在观赏、休憩、娱乐的同时，了解旅游目的地的历史文化、风土人情和科技知识，受到社会文明的熏陶等。

(三) 旅游娱乐的类型

1. 专门性娱乐场所

专门性娱乐场所是指设置在城市或旅游区内的以提供娱乐活动为主的场所。例如：长春的和平大剧院、刘老根大舞台等，这些专门性娱乐场所不仅为旅游者提供服务，而且为当地居民服务。

2. 辅助性娱乐设施或活动

（1）旅游饭店中的娱乐设施。我国的涉外饭店通常都设置了一些可供游客使用的娱乐设施，尤其是三星级以上的旅游饭店一般都有比较完善的娱乐旅游服务设施，如歌舞厅、健身房、桑拿房、美容美发中心、保龄球馆、桌球馆、壁球馆、游泳池、网球场等，极大充实了国内外游客在旅游途中的娱乐活动内容。

（2）旅游景区的娱乐设施及活动。一些俱乐部、度假区或度假村等作为专门的娱乐旅游活动场所，在娱乐旅游项目的设置上具有独特优势，它们或依山临水、或地处乡间林边，有的还拥有海滨、湖滨甚至温泉等自然旅游资源，除了具有常规娱乐旅游产品所需的设备和设施外，还可进行野营、疗养、海水浴、沙滩浴、冲浪、潜水等专项特色娱乐活动项目。

在深圳世界之窗、民俗文化村、珠海圆明新园等主题公园的专场演出活动也属于旅游娱乐。深圳世界之窗的“创世纪”、民俗文化村的“绿宝石”、圆明新园的“华夏明珠”等演出活动运用了大制作、大场面、大色块的现代广场表演理念，采用专业的演员水准和通俗的表现手法，深受游客喜爱。

（四）旅游娱乐的作用

1. 在旅游收入中占比较小，但增长潜力大

旅游娱乐在旅游业中创汇、创收占比并不大，但利润可观，发展前景广阔。旅游业是综合性很强的产业，它通过为旅游者提供食、住、行、游、娱、购等综合服务而取得经济收入。在这些综合性服务中，食、住、行具有相对的稳定性，其经济收入有限，而旅游娱乐在旅游需求中的弹性较大，因此其经济收入具有相对的无限性。随着人们生活水平和生活质量的提高，人们对精神性消费的需求增加，因此，旅游娱乐的发展前景十分广阔。

2. 丰富了旅游产品内容，增强了吸引力

旅游娱乐活动已渗透旅游业的各个组成部分中，其特有的文化内涵与参与性强烈地吸引着旅游者，提高了旅游活动的质量。由于走马观花的观光型旅游正在失去魅力，更多的旅游者希望深入了解旅游地社会、文化现象，更加注重参与性和心理经历。旅游娱乐融艺术性、娱乐性和参与性为一体，是一个国家或地区民族文化、艺术传统的生动反映。它不仅在专业娱乐场所出现，更多的旅游业经营者将旅游文娱引入旅游景区景点、旅游饭店，甚至各种旅游商品交易会和展示会上，为旅游活动及其促销工作增添更多的文化娱乐色彩，满足了旅游者生理、心理及精神需要。

模块小结

本模块主要讲解了旅游购物、旅游交通、旅游娱乐业等其他旅游相关产业。旅游购物是指旅游者在旅游活动中购买各种实物商品的经济文化行为，它不仅包括专门的旅游购物行为，还应包括旅游中一切与购物相关的行为总和。旅游与交通的关系密不可分，交通为旅游的发展提供了必要的条件，旅游对交通的发展也起到了相当大的促进作用。现代旅游的快速发展在很大程度上是依赖现代交通的结果。旅游娱乐是指旅游者在旅游活动中所观赏和参与的文娱活动，它是构成旅游活动的六大基本要素之一。游、娱是旅游者的目的性需求，而食、宿、行、购则是为达到目的所必备的日常生活性质的需求。旅游娱乐活动属于精神产品，横跨文学、艺术、娱乐、音乐、体育诸领域。

同步测试

一、选择题

1. 以下哪一项不是旅游购物的特点？（　　）

A. 旅游购物是感性消费过程

B. 旅游购物更多追求的是心理满足

C. 旅游购物是强制性的

D. 旅游购物具有波动性

2. 以下哪一点不是旅游交通的特性？（　　）

A. 层次性　　B. 游览性　　C. 舒适性　　D. 不可替代性

3. 对于旅游交通的游览性的表述不正确的是（　　）。

A. 在旅游交通线路的设计上，尽量做到使游客“旅短游长、旅速游慢”

B. 旅游交通工具的选择一定要经济实惠

C. 旅游交通工具的特色与新颖会对旅游者构成极大的吸引力

D. 旅游交通设施设备增加游客的满意度，增加旅游产品的附加值

4. 旅游娱乐活动与大众化群众性文化娱乐活动相比具有突出特征，下列哪项不是？（　　）

A. 更强调具有民族特色和地方特色，使旅游者耳目一新

B. 强调欢快、热闹、幽默，为大多数人喜闻乐见

C. 旅游者参与旅游娱乐活动的费用更高

D. 强调寓教于乐，使游人在观赏、休憩、娱乐的同时，了解旅游目的地的历史文化等

二、思考题

1. 为什么旅游者在境外的旅游购物消费额往往大于在国内的旅游购物消费额？
2. 旅游交通在旅游发展中的作用是什么？
3. 你了解到的我国比较有代表性的旅游娱乐项目有哪些？

三、案例分析

万达主题娱乐强势登陆第十三届海峡旅游博览会

2017 年 5 月 12 日至 5 月 14 日，万达主题娱乐携旗下七大项目，盛大亮相 2017 年海峡旅游博览会。经过十二届的培育发展，海峡旅游博览会已成为立足两岸四地、辐射东南亚及“海上丝绸之路”沿线国家和地区的重要品牌展会。万达主题娱乐此次参展必将拓展并加深与国际休闲旅游品牌的交流、合作。

万达主题娱乐的展台不仅融合 VR 体验，还别具匠心地以七色花为灵感，以最饱满的色泽诠释每一个文旅项目的与众不同。武汉中央文化区的灯笼红、哈尔滨万达城的冰雪蓝、万达西双版纳国际度假区的琉璃金、合肥万达城的华夏橘、万达长白山国际度假区的雪山白、南宁万达茂的邕城绿、南昌万达城的青花瓷蓝，每一个万达主题娱乐的文旅项目都有专属的颜色，生动、直观地传递万达主题娱乐品牌特色：一城一色、一城一景。

身着各地特色服饰的舞者现场展示了魅力非凡的民族文化舞蹈，向来宾传递万达文旅项目的地方特色。毗邻武汉中央文化区展位的 VR 体验区吸引了众多来宾争相体验，他们戴上 VR 眼镜现场感受过山车的畅快淋漓，并提前领略“北国风光，千里冰封，万里雪飘”的壮丽美景以及滑雪的风驰电掣，大呼过瘾。

在众多文旅项目中，深耕当地文化、凝聚国际精粹的万达城汇集了丰富的独创性业态，包括融合购物中心和主题乐园于一体的新一代综合体“万达茂”，拥有自主知识产权和创新设备的新一代大型室外主题乐园，国际一流品质和服务体验的星级酒店群，荟萃科技、文化与绝技的演艺秀，以及为消费者打造高品质居住体验的住宅项目等。简而言之，万达城是一座为游客提供高品质文旅商业服务和新奇欢乐游乐体验的城中城。

资料来源：http：//news. ifeng. com/a/20170515/51095586 _ 0. shtml.

思考：

万达集团旅游文化娱乐产业的发展思路与定位是什么？

实践训练

【实践 1】请去所在城市的旅游购物点进行实地调研，了解其商品特点与销售情况。

【实践 2】请去所在旅游城市开展旅游娱乐项目的景区进行实地调研，了解旅游娱乐项目的开展情况及旅游者对其评价情况。

单元五
旅游从业人员

【单元导读】

旅游业是劳动密集型产业，旅游业的综合性为旅游从业者提供了更多的、更具活力和创造力的岗位，而高素质的旅游从业者也为旅游业的发展提供了人才支撑和智力支持。本单元介绍了旅游业的主要就业岗位及相关证书，从道德素质、文化修养和服务技能三个方面阐述了旅游从业人员应具备的职业素质，为旅游从业人员胜任相关就业岗位、提高综合职业能力奠定了基础。

模块一　旅游从业岗位及相关证书

【学习目标】

1. 了解主要的旅游从业岗位及岗位要求
2. 掌握导游人员的概念和分类
3. 掌握导游资格证和导游证的区别

【学习导入】

旅游业蓬勃发展

随着我国经济的快速发展，旅游业作为第三产业中的龙头产业表现出蓬勃发展的态势，旅游企业如雨后春笋般大量涌现。进入21世纪，旅游业更是成为我国近年来发展最快、吸纳就业人数最多的行业之一。据旅游管理部门预计，2020年我国旅游就业总量将达到5 000万人，旅游业就业对社会就业的贡献率超过10%。

旅游业就业概念分为三个层次：一是旅游核心产业就业人数，目前我国旅游统计中公布的直接就业人数包括旅游住宿、旅行社、景区、旅游车船公司等其他旅游企事业单位的就业人员。二是旅游特征产业就业人数，包括直接为游客服务、与旅游密切相关的餐饮、娱乐、铁路、航空、公路、水路、公共设施服务等13个部门中的旅游就业人数。三是旅游经济就业人数，这个概念最为宽泛，是通过旅游经济活动所拉动的直接、间接的就业人数。

随着各类新型旅游业态迅速崛起，以及以携程、艺龙等第三方旅游电子商务平台为代表的旅游电子商务的广泛普及，旅游从业人员的就业领域也在逐渐扩展。“旅游＋”释放出的“洪荒之力”正成为“大众创业、万众创新”国家政策的助推器。

资料来源：http：//www. hbrc. com/rczx/news-982753. html.

思考：

旅游业主要的就业岗位有哪些？

旅游业是劳动密集型产业，是吸纳就业人数最多、岗位数量最多的服务性产业之一。目前，我国旅游从业人员主要的从业岗位包括旅行社相关岗位、酒店服务与管理岗位、景区服务与管理岗位等。

一、导游人员

导游职业是旅游行业最具代表性也是最重要的职业之一，是与游客直接接触的代表性岗位，导游的服务质量直接影响游客的旅游体验。鉴于导游工作的重要性，我国对导游工作人员的从业资格有严格的限制，旅游从业人员从事导游工作必须取得导游资格证和导游证。

（一）导游人员的概念和分类

根据1999年国家旅游局颁布的《导游人员管理条例》的规定，导游人员是指取得导游证，接受旅行社委派，为游客提供向导、讲解及其他服务的人员。

根据不同的划分标准，我国导游人员可以分为不同类型。

（1）按照业务范围划分，可分为海外领队、全程陪同导游人员（简称全陪）、地方陪同导游人员（简称地陪）、景区导游人员（讲解员）。

（2）按照职业性质划分，可分为专职导游人员、兼职导游人员、自由职业导游人员。

（3）按照使用语言划分，可分为中文导游人员、外语导游人员。

（4）按照技术等级划分，可分为初级导游人员、中级导游人员、高级导游人员。

（二）导游人员的作用

职业化导游人员的出现，使得旅游服务更趋向于便捷化、人性化、品质化。导游人员是旅游活动的指挥员、旅游活动的服务员、参观游览的讲解员、旅游商品的推销员、旅行社的活招牌、地区形象与国家名片。

1. 旅游活动的指挥员

旅游团从开始旅行到旅行结束，一直是在导游的带领下进行的，旅游日程的安排、游览都是在导游组织下实施的，旅游产品的销售也是在导游的运筹下完成的。

2. 旅游活动的服务员

旅游者初到异地必然会产生不知所措的茫然感，他们需要有熟悉当地情况的人为其引路、指点、陪伴，需要协助解决住宿、旅行日程和日常生活中出现的种种问题。有了导游对整个行程的悉心安排，办理各种烦琐的手续，安排好旅游过程中的食、住、行、游、购、娱等各项活动，才能使旅游者在旅游过程中不疲于奔命，可以尽情享受旅游的快乐。

3. 参观游览的讲解员

导游人员讲解时可以将美学欣赏、历史典故、各种知识等传递给游客，帮助游客认识一个国家（地区）和民族的历史文化、传统风俗、生活方式和现代文明，进而了解当地民众的精神面貌、价值观念和道德水准，使游客对游览地的社会文化和精神风貌有切身体验，获得在旅游目的地的难忘经历和美好回忆。

4. 旅游商品的推销员

导游人员是旅游商品的推销员，推销各地的旅游商品和土特产；导游人员也是旅游招徕商的调研员，没有人比其更了解游客的需求变化。导游人员积极宣传地方特产及富有特色的旅游项目，不仅能够促进当地经济的发展，也让游客在旅游观景之余买到当地的旅游商品，看到当地精彩的文娱节目，使旅游活动锦上添花。

5. 旅行社的活招牌

导游人员的服务质量体现了旅行社的接待水平。导游人员服务质量高，游客就会对旅行社给予认可；反之，则会质疑旅行社的业务水平和经营能力。因此，导游人员的服务质量直接影响旅行社的社会声誉。

6. 地区形象与国家名片

游客来到异国他乡最先从导游人员那里了解当地的风土人情，好客、热情的导游人员是旅游地形象的直观反映。导游人员的文明礼貌与职业素养体现着一个地区、一个国家、一个民族的精神风貌。

（三）导游人员资格证书和导游证

导游人员资格证书（简称导游资格证）与导游证是两种既有联系又有区别的证书。导游资格证是取得导游证的必要前提。也就是说，要取得导游证，必须首先取得导游资格证。但是，取得导游资格证并不意味着必然取得导游证。导游资格证与导游证的区别如下：

（1）性质和作用不同。导游资格证仅表明持证人具备从事导游职业的资格，但并不能实际从事导游职业；而导游证则表明持证人可以实际从事导游职业。前者是从业的资格，后者是从业的许可。

（2）颁证机构不同。导游资格证是由国务院旅游行政管理部门或国务院旅游行政管理部门委托的省、自治区、直辖市人民政府旅游部门颁发；导游证则是由省、自治区、直辖市人民政府旅游部门颁发。

（3）领取程序不同。导游资格证是参加导游人员资格考试并合格后，向旅游行政管理部门领取；而导游证则必须是取得导游资格证，并与旅行社订立劳动合同或者在导游服务公司登记后，方可向省、自治区、直辖市人民政府旅游部门领取。

二、旅游计调

旅游计调简称计调，即计划调度之义，在旅行社业又称为计调人员（简称计调员），在从事国际旅游业务中的旅行社中通常称之为 OP（Operator），意为“操作者”。旅游计调是在旅行社内部专职为旅游团（散客）安排接待计划，统计与之相关的信息并承担与接待相关的旅游服务采购和有关业务调度的一种职位类别。旅行社开辟一条线路、带一个团能否盈利、盈利多少，全靠计调人员掌控和核算，因而计调人员也被称为旅行社的中枢。旅游计调人员的素质和业务水平直接决定了旅行社的经营管理水平，也决定了旅行社的利润和服务质量。

（一）计调业务的分类

按照业务范围划分，计调人员分为组团类计调、接待类计调、专项类计调三种。

1. 组团类计调

按游客出行目的可以划分为中国公民国内游计调、中国公民出境游计调。如国内中长旅游线计调、短线计调；欧洲地区计调、美加地区计调、东南亚地区计调等。

2. 接待类计调

接待类计调包括国内地接计调和国际入境接待计调。如旅游地接待计调、中转联程接待计调等。

3. 专项类计调

专项类计调包括商务会展计调、老年游计调、机票加酒店类计调、签证类计调等。

（二）旅游计调的基本职责

1. 组团型旅游计调

（1）了解各条线路的价格、成本、特点以及各条线路的变化和趋势；了解各条线路和各地接社的反馈信息；了解客户情况，在自己所在的区域市场建立熟悉的人际关系，多渠道地了解客户信息。

（2）组团型计调人员必须持有以客户为中心、满足客户需要的理念，成为客户的朋友。

（3）每天定期查阅传真和信息，落实核算报价、行程、标准、所含内容，在签订合同前通知地接社做好准备。

（4）规范确认文件，在确认件中必须明确团队到达时间、行程安排、入住酒店的标准、景点情况、餐饮标准、车辆标准、导游要求、可能产生的自费情况。

（5）熟悉导游情况，了解每个导游的年龄、学历、性格、特点、责任心，并了解社内导游的安排情况，以便针对客户情况选择最合适的导游带团。

2. 地接型旅游计调

（1）熟悉接待所用车辆情况，要清楚了解车龄、车型、车况、驾驶员特点、车属公司情况、经营者特点、经营状况、事故的处理能力等。不同行程和线路车辆所需要的油费、过路费及管理费各不相同，计调人员需要掌握基本信息。

（2）熟悉接待所用酒店情况，要清楚了解酒店位置、星级、硬件标准、软件管理水平、同级的竞争情况、经营者的特点以及经营状况，计调人员应具备沟通和讨价还价的能力，并且掌握酒店各季节的价格及变化情况。

（3）熟悉地接范围内所有的景区、景点的门票、折扣情况、自费景点、索道的价格，尤其要关注不同客源地客人对该景点的评价。

（4）知晓本社导游的管理方法，熟悉本社每一位导游的年龄、体型、学历、性格、特点、责任心、突发事故的处理能力、适合的团型，并了解社内导游的安排情况，以便做出最合适的安排。

（5）熟悉本社的竞争环境，尽可能多地了解竞争对手的特点、报价、操作方式、优势和劣势，以便合理抢团。

（6）熟悉和本社相关线路或者合作、连动线路的特点，上站或下站的操作情况、合作社特点、竞争情况、通常报价内容、浮动状况等。

（7）熟悉所有客源情况，客源地的旅行社状况、特点、竞争情况以及信用程度。

3. 专项型旅游计调

（1）熟悉所负责的专线航班、航空公司以及航空公司的营销及相关工作人员。

（2）熟悉所负责线路的酒店、车辆、景区情况和对应接待导游的情况。

（3）了解市场情况，熟悉每个区域市场的组团情况，组团社的能力、信誉、负责人，计调人员的能力和要求，资金信用情况，以及长期合作团队的数量、质量。

（4）了解公司的财务状况，包括垫支和资金回笼。

拓展阅读

组团型旅行社计调工作流程案例

某天，北京某旅行社接到了某公司负责人张某的电话，张某所在公司要为41位员工组织一次为期三天的旅游，住宿和就餐要求较高，请该旅行社进行组织和安排。

该旅行社计调李丽根据张某提供的基本情况做了简单分析。

由于游览时间只有三天，只有承德汽车三日游、五台山/平遥古城/常家庄园/乔家大院双汽三日游、焦作云台山双卧四日或卧去动回三日游这几条线路可选。李丽认为客人档次较高，基本属于享受休闲型，对接待水平要求相对较高。

接着李丽分别联系了这几个地方的驻京批发商，同时联系了郑州和北戴河几个地接社的计调，请对方发过来报价。李丽将几家地接社的线路、报价和服务内容进行了比较，将报价加上自己的利润做了修改。如果是整体报价，周边三日游一般每人加80元的报价即可；如果是分解报价，即吃、住、用车、餐、门票是分别报价的，就应将利润分摊至各项分别报价给张某。有时对于一些大公司，需要向客人明示接待底价，然后按总营业额的10%～15%收取服务费。李丽通过该旅行社的销售人员将方案（包括各线路报价、包含的服务项目、自费项目）发给张某定夺。

由于当时正处旅游旺季，火车票非常紧张，李丽立刻联系该旅行社票务员落实旅游团列车票。

出团前一天，李丽将旅游团基本情况和游览行程等相关事项向全陪导游交代清楚，并重点提示了一些需要注意的事宜。

由于事先安排妥当，整个游览过程非常顺利，客人对各个方面都很满意。

游程结束后，导游回来报账，李丽去财务那里报了账并把相关的成本发票给了财务。然后将这个团相关的材料整理成一个完整的档案放进档案柜。

至此，这个团的所有操作基本结束。

（三）旅游计调师资格证

旅游计调师资格证是计调的资格证，也是计调上岗的通行证。旅游计调师职业共设三个等级，分别为：助理旅游计调师（初级）、旅游计调师（中级）、高级旅游计调师。

知识链接

各等级旅游计调师申报条件

1. 助理旅游计调师（具备以下条件之一者）

（1）取得高中学历或者具有同等学力，连续从事旅游及相关职业工作2年以上，经助理旅游计调师正规培训达到规定标准学时，并取得结业证书。

（2）具有大专学历或同等学力，连续从事旅游及相关职业工作1年以上，经助理旅游计调师正规培训达到规定标准学时，并取得结业证书。

（3）具有旅游管理专业大专或相关专业大专学历或同等学力，经助理旅游计调师正规培训达到规定标准学时，并取得结业证书。

2. 旅游计调师（具备以下条件之一者）

（1）取得助理旅游计调师职业资格证书后，连续从事本职业工作2年以上，经旅游计调师正规培训达到规定标准学时，并取得结业证书。

（2）具有大专学历或同等学力，连续从事旅游及相关职业工作3年以上，经旅游计调师正规培训达到规定标准学时，并取得结业证书。

（3）具有旅游管理专业本科或相关专业本科学历或同等学力，经旅游计调师正规培训达到规定标准学时，并取得结业证书。

3. 高级旅游计调师（具备以下条件之一者）

（1）取得旅游计调师职业资格证书后，连续从事本职业工作3年以上，经高级旅游计调师正规培训达到规定标准学时，并取得结业证书。

（2）具有本专业或相关专业学士学位或同等学力，连续从事本职业工作5年以上，并担任旅游计调经理工作2年以上，负责过4项以上大中型旅游活动工作，并取得相应的工作成果（含研究成果、奖励成果、规划策划成果、论文著作等），经高级旅游计调师正规培训达到规定标准学时，并取得结业证书。

（3）具有本专业或相关专业硕士学位或同等学力，连续从事本职业工作3年以上，并担任旅游计调及相关领导工作1年以上，负责过2项以上大中型旅游活动工作，并取得相应的工作成果（含研究成果、奖励成果、规划策划成果、论文著作等），经高级旅游计调师正规培训达到规定标准学时，并取得结业证书。

资料来源：米学俭：《旅游计调师操作标准教程》，北京，旅游教育出版社，2010。

三、旅游咨询师

随着旅游咨询市场的兴起和不断发展，旅游咨询师逐渐成为一个新兴而又非常重要的职业。旅游咨询师是为旅游企业、旅游团队或个人提供旅游咨询及相关服务的专业人员，是专业化、复合型的现代旅游中、高级管理人才。旅游咨询师既是高端客人的旅行顾问（为客户提供旅行解决方案，帮助预订旅行线路、游客维权、旅游健康、旅游理财咨询，开发维护高端客户等），又是旅游企业的经营管理顾问（为企业经营管理提供人力资源、市场营销、财务管理、旅游策划规划等方面的解决方案）。

（一）旅游咨询师的作用

旅游咨询师的“咨询”是广义上的服务概念，其工作内容涵盖旅游企业、旅游者、旅游渠道商的管理、营销等诸多领域，包括旅游企业的经营设计、景区的市场推广、游客个性化服务等，具体来讲包括：

（1）为游客的安全出游做出评价。为游客进行健康分析，提供出游过程中安全以及健康问题预案。

（2）达成游客出游满意。根据游客偏好设计旅游线路，根据游客消费预算设计消费项目，根据游客的个性需求设计食住行游购娱安排。

（3）做好游客维权顾问。提前告知游客旅游时的责权，注意各类证据的收集，维护游客权益，旅游咨询师主要为游客提供售后服务保障。

（4）当好旅游企业管理顾问。为旅游景区、旅行社、旅游饭店等旅游企业出谋划策。

（二）旅游咨询师职业资格

旅游咨询师职业资格包括助理旅游咨询师（国家职业资格四级）、旅游咨询师（国家职业资格三级）和高级旅游咨询师（国家职业资格二级，暂无培训）三个级别。

四、酒店服务和管理相关岗位

现代酒店已经成为住宿、餐饮、商务、会议、餐饮、康体及娱乐于一体的服务场所，酒店能够提供的岗位数量和种类较多，各个酒店在部门、职位、职责的设置上既有共通之处，也有各自的特点。总体来看，酒店服务与管理岗位大致有以下层级：

（一）基层服务岗位

基层服务岗位主要包括前厅服务员、客房服务员、餐饮服务员、PA（保洁）、安保员、商务中心（票务等）、大堂吧员、客服中心接线员等。

基层服务岗位属于直接对客服务岗位，也是最能体现酒店服务质量的岗位。每个岗位对服务人员的素质、个人形象、礼仪、礼貌、语言交际能力、服务技能都有相应要求，从业人员要根据岗位责任制的规定，明确自己的职责范围、服务程序、服务质量标准和应具备的服务技能及相关知识。

（二）督导层

督导层由各部门主管（领班）人员组成。他们主要负责安排日常工作，监督本班、本组服务员的服务工作和服务质量，同时可能兼任基层服务人员。领班或部门主管需要掌握较高的服务技能和服务技巧，具备领导本班服务员的权威。督导层人员是服务现场的组织者和指挥者，要对各部门主管负责。

（三）部门经营管理层

部门经营管理层由酒店中层管理人员担任，如各部门经理、经理助理、行政总厨、厨师长等。部门经营管理层主要负责本部门人员的工作分工、领导、指挥和监督，以及制定本部门工作计划、确定本部门的经营方针和服务标准。作为一名部门经理或总监，不仅要有组织管理能力、经营能力、培训能力，熟练掌握部门的服务标准、服务程序，同时要具有实际工作经验并具有一定的服务技能。

（四）决策层

决策层由酒店高层管理人员组成，如总经理、副总经理、总经理助理等。酒店决策层员工的主要职责是对酒店的经营管理活动进行决策和宏观控制，对酒店重要发展战略和产业经营目标进行研究并组织实施。酒店决策层岗位要求员工掌握比较全面的技能，如决策技能、组织技能、技术技能、沟通技能、激励技能等。

五、景区服务与管理相关岗位

国内各旅游景区下设部门的划分标准不一、名称各异，主要包括办公室、人教处、规划保护处、法规处、接待处、财务处、宣传处、票务处等部门，主要行使日常管理职责。总体来看，旅游景区主要岗位归纳如下：

（1）经营管理人员。景区经营管理人员位居景区组织机构顶端，是对整个景区的发展负有全面责任的管理人员，其主要职责是实施战略管理，包括制定景区发展的总体目标、掌握景区组织的大政方针并评价景区经营的整体绩效。

（2）接待服务人员。主要包括提供售票、检票、咨询和投诉受理等服务的人员，也包括景区讲解员。

（3）商业人员。包括餐饮、住宿、游乐场所、交通设施、商品购物等的服务人员，属于辅助系统。

（4）公关营销人员。以宣传、推广、促销景区形象和产品为主要职责，要求具备良好的沟通能力、市场洞察能力和社会活动能力。

（5）旅游规划人员。景区内旅游项目、相关旅游产品的开发人员。

（6）安全人员。包括景区保安人员、医疗救护人员、紧急救生人员等，主要职责是保障游客与所有景区工作人员的生命财产安全。

（7）保洁人员。负责景区环境、卫生的工作人员。

除了以上几个岗位外，旅游行业的相关岗位还包括旅游运输相关岗位、旅游电子商务相关岗位、旅游策划相关岗位以及会展策划与管理相关岗位等。

六、岗位就业指导

旅游行业是提供就业岗位最多的行业，旅游管理专业毕业生面向的就业领域也比较广阔。为了实现就业理想和职业的可持续发展，旅游管理专业毕业生应该强化专业认知，树立正确的就业观，提升就业核心竞争力，开展自我职业生涯规划。

（一）强化专业认知

首先，要了解旅游行业。旅游管理专业学生应掌握我国旅游业相关的基本法规和旅游政策，熟悉我国与世界其他国家的旅游资源，明确专业素质要求和行业、岗位需求，把握旅游市场的发展现状和前景，明确专业就业前景。

其次，要培养对专业的热爱。旅游产业是最具发展力的产业之一，旅游管理专业也成为最具前沿性、创新性和社会最热门的专业之一。对于旅游管理专业学生来说，选择、学习、从事旅游管理专业、旅游行业不仅能够接触到旅游学相关知识，而且能够增强创新能力、人际沟通能力和处理各种问题的能力，进而提升大学生的综合素质。学生们在校期间可以组织专业拓展活动，如职业规划大赛、专业技能大赛、专业知识竞赛、导游之星竞赛等，在相关活动的组织、策划、公关、创新中提升能力，培养对本专业的热爱。

（二）树立正确的就业观

（1）增强对旅游服务工作的认同感。旅游业的员工作为社会成员，既是生产者，又是消费者。当以生产者身份为客人提供服务时，要处处为客人提供方便，让客人满意；当以消费者身份去饭店时，同样会受到“上帝”般的礼遇。人与人之间只有相互提供帮助和服务，才能促进社会的进步与发展。所以，旅游服务工作是一项高尚的事业。

（2）做好就业的心理和身体准备。首先，要在心理上能够承受各种落差。旅游行业对从业者的服务态度和实践操作技能要求较高，但旅游行业从业门槛较低，学历高低虽然影响从业者的就业层级，但并不是职业发展的决定因素。很多高学历就业者走向岗位后经常受到一些低学历管理者的领导，对于很多新从业者来说，他们需要一段时间去调试自己的不平衡心理。旅游管理专业学生要认识到，首份工作都需要从基层做起，以学习和锻炼作为首要目的，要脚踏实地、善于学习、虚心请教，不要以自己是专业人士自居，要摒弃攀比和功利思想。

其次，要做好承担艰苦工作的准备。旅游企业一线工作任务比较重，工作人员必须有良好的身体素质才能承受工作压力。大学生们要注意练就良好的身体素质，以更好的状态去投入工作。

（三）提升就业核心竞争力

大学生就业的核心竞争力是专业能力。旅游管理专业学生应充分发挥主观能动性，焕发学习专业知识、提高专业技能的激情，既要掌握旅游服务的一般性技能，也要掌握更高层次的、富有创新意识的专业技能，如营销组织能力、旅游线路设计能力等。旅游管理专业学生要善于运用和把握实际工作机会，在实际的工作场景中培养对客沟通能力、业务操作技能、应变技能等专业能力。

（四）开展自我职业生涯规划

首先，要进行自我定位，明确求职方向。自我职业生涯规划的第一步就是要认识自己，要了解自己的特长、性格、兴趣、学习能力、技能掌握能力，不能仅考虑自己的职业兴趣即“我想做什么”，还要考虑自己的职业能力即“我适合做什么”，更要考虑社会的就业需求即“现阶段社会能够让我做什么”。将主观愿望与客观实际结合起来，理性地分析个人条件和社会因素。对自己进行客观审视，不仅是为了发挥自身现有优势实现就业，更是为了在这个过程中弥补不足，为将来择业打好基础。

其次，要明确职业目标和实现途径。确立职业目标是进行职业生涯规划的关键，在大学期间应围绕职业目标有所侧重地学习。例如：选择导游作为自己的职业目标，就应该在专业课程学习、实习实训中以导游的职业任职需求来要求自己。

模块小结

我国旅游从业人员主要面向旅行社、酒店、旅游景区等相关企业就业。通过本模块的学习，能够让大家了解导游人员资格证书和导游证的区别与联系；旅游计调和旅游咨询师的职业岗位要求、工作职责、职业资格申报条件；旅行社、酒店、旅游景区等旅游企业提供的岗位及职责要求。

同步测试

一、选择题

1. 我国导游人员可以分为海外领队、全陪导游人员、地陪导游人员和景点景区导游人员，其划分依据是（　　）。

A. 职业性质　B. 业务范围　C. 工作地点　D. 游客构成

2. 导游人员从事导游工作的前提是必须具备（　　）。

A. 导游资格证　　B. 导游证

C. 导游资格证和导游证　　D. 旅行社劳动合同

3. 旅游计调的岗位职责不包括（　　）。

A. 旅游线路设计　　B. 确定报价

C. 景区（点）向导和讲解　　D. 旅游咨询服务

二、思考题

1. 酒店服务与管理相关岗位有哪些？

2. 景区服务与管理相关岗位有哪些？

三、案例分析

【案例 1】

某高校外语系学生李某先后两次报名参加导游资格考试，均未合格。他急于从事导游工作，遂多次与某国际旅行社联系，希望能给予其带团实习机会。次年 7 月，正值旅游旺季，该国际社导游人手不够，遂聘用李某充任导游人员，被旅游行政管理部门查获，以其未通过导游资格考试、擅自进行导游活动为由给予罚款处罚。李某对处罚不服，认为自己并非擅自从事导游活动，而是受旅行社聘用从事导游工作的，旅游行政管理部门的处罚不当，遂向上一级旅游行政管理部门申请复议。

思考：

李某的看法是否成立？为什么？旅行社能否聘用李某从事导游工作？为什么？

【案例 2】

刘勇是某院校旅游管理专业的学生，即将毕业的他面临择业问题。开始他想做一名导游，因为导游职业与他的专业更贴近。但是他从报纸上看到，导游职业是一个青春职业，与年龄有很大关系，35 岁以后晋升空间就很小了，收入也不太稳定。于是他想去酒店应聘，首先想到的是进入销售部门，因为他觉得销售岗位有更多的升迁机会。但是求职没有成功，他重归导游行业。由于工作上的几次失误，他被领导责备了几句，因此对自己的选择产生了怀疑，又再次离开导游队伍。接下来，他找了很多工作，做了很多选择，但都没有成功，变得非常失望、焦虑，他觉得自己不被社会所接受。毕业时，为了逃避就业压力，他决定考研，成为高校中的考研一族。

思考：

刘勇在就业上存在什么样的问题和困惑？你认为他应该如何解决这些问题？

实践训练

【实践 1】请你走访当地某旅游企业，了解其岗位设置和岗位要求。

【实践 2】请你对希望从事的职业进行设想，并尝试写一份职业规划书。

模块二　旅游从业人员的素质要求

【学习目标】

1. 了解旅游从业人员的道德素质要求
2. 了解旅游从业人员的文化素质要求
3. 了解旅游从业人员的服务技能要求

【学习导入】

提高旅游从业人员素质

1994年，世界旅游组织为世界旅游日提出的主题口号是“高质量的服务、高质量的员工、高质量的旅游”，这意味着整个世界范围内服务意识的强化和升华，也意味着高速、持续发展的旅游业更加需要高素质的旅游从业人员。

旅游业是我国的战略性支柱产业，旅游从业人员数量逐年增加。为了走出一条适合国情、日益兴旺发达的中国式旅游道路，必须着力提高全体旅游从业人员的素质。只有提高旅游从业人员的素质，才能为我国旅游业的发展提供强大精神和智力支持，提高旅游服务质量，提升游客在整个旅游活动中美的感受。

思考：

你认为旅游从业人员应该具备什么样的职业素质?

旅游业被视为一个国家、一个地区的窗口行业，旅游者通过所接触的旅游从业者最直观地感知国家和地区的旅游形象。因此，具备较高的道德素质、拥有良好的文化修养、掌握必要的服务技能是旅游从业人员基本的素质要求，是国家、地区旅游业良性发展的有力保障。

一、具备较高的道德素质

中国是一个文明古国，在古代就出现了反映旅游活动中人与人之间关系的道德意识、道德情感和道德规范，如“在家靠父母，出门靠朋友”“与朋友交好，言而有信”“有朋自远方来，不亦乐乎”“海内存知己，天涯若比邻”“主随客便、宾至如归”等，同时讲究招呼周到、主动推销、操作利索、生财有道等商业规则。当然，由于受到当时社会经济条件的限制，旅游服务并没有形成独立的行业，因而这些道德意识和规范也都从属于商业道德的范畴。随着现代旅游业的迅速发展，日益增多的旅游者已经不满足于一般的服务，对服务态度、服务质量的要求越来越高，这就要求从业人员具备较高的道德素质。旅游从业人员的道德要求体现在以下几个方面：

（一）热爱祖国，热爱旅游业

热爱祖国是作为一名合格的旅游从业人员的首要条件。旅游从业人员所从事的工作是国家整体事业的一部分，国家培育了旅游人才，为旅游人才从业创造了良好的环境和条件。在国内外旅游者的心目中，旅游从业人员是国家形象的代表，旅游者是通过旅游从业人员的思想品德、言行举止来观察、了解中国的。只有热爱祖国的人，才能在对外交往中展现出自豪的民族感情，真正做到不卑不亢、自尊自强。

热爱本职工作是一切职业道德最基本的道德原则。旅游业既是经济事业，也是外事工作的一部分；既能够为国家建设积累资金、赚取外汇，又能扩大我国的国际影响力。旅游从业人员应以从事本职工作为荣，以做好本职工作为自己最大的快乐，将顾客满意、企业认可、奉献社会作为职业幸福感的源泉，在敬业、乐业中实现自己的人生理想。

（二）遵纪守法，抵制行业不正之风

旅游行业的政策法规、职业纪律是旅游职业活动的出发点和归宿，是确定旅游从业人员职业责任和职业规范的重要依据。旅游从业人员一定要自觉遵守相关的法律法规和规章制度，以遵纪守法为荣，以违法乱纪为耻。自觉抵制行业不正之风，不利用工作之便贪图小便宜，谋取私利，不向客人索要小费，不暗示客人赠送礼物，不利用工作之便偷窃客人财物等。

（三）热情友好，宾客至上

热情友好，宾客至上是旅游职业道德的核心，也是社会主义旅游道德的基本原则之一。

首先，树立服务意识。服务质量是旅游行业的生命线，是旅游企业的立身之本。旅游从业人员通过服务为社会创造价值。美国现代酒店之父斯塔特勒有一句名言：“人生即服务。”他说：“酒店出售的东西只有一个，那就是服务。卖劣质服务的酒店就是劣质酒店，卖好服务的酒店就是好酒店。”旅游从业人员一定要树立服务意识，做到微笑服务、文明服务，让游客感受到当地人民的热情、友好，感受到服务之美，

感知到国家、地区的美好形象。

拓展阅读

希尔顿的成功之道

从一家扩展到 70 多家，从 5 000 美元发展到数 10 亿美元，名声显赫的美国希尔顿酒店一直稳居世界酒店业领先地位。当有人探询其成功的秘诀时，希尔顿微笑着说："经营微笑。"

20 世纪 30 年代美国经济处于萧条状态，工厂倒闭，工人失业，全美 80%的酒店停业。希尔顿酒店也是一年接一年的亏损，一度达到欠债 50 万美元的境地。面对此情此景，希尔顿召集留下的部分管理人员研究对策。

面对五花八门的方案，希尔顿却提出"经营微笑"的独特思路。希尔顿告诉管理人员和员工，酒店只有一流的设备而没有一流的微笑，客人会认为我们提供的服务是欠缺的、不完美的。生活中缺少了微笑，犹如花园没有阳光。希尔顿向员工呼吁："目前，我们正值酒店亏损时期，为了将来能有云开雾散的一天，请各位千万别把愁云挂在脸上。请记住，希尔顿酒店的全体员工不是在经营酒店，而是在诚心、精心经营微笑，笑里藏着美金，笑里孕育着日出和鲜花。"

在微笑经营的具体措施上，希尔顿制定了一套完整的步骤和规则。例如：根据只有发自内心的微笑才是诚恳的和可亲的这一心理印象，首先培养员工热爱酒店，将客人当亲人的思想感情；其次，将微笑与态度和蔼、语言温馨、举止规范礼貌等素质纳入量化考核，实行奖惩制度，将微笑这个"软件"提高到比任何"硬件"都重要的位置。

资料来源：曹勇：《旅游帝国希尔顿的成功之道——微笑无敌》，载《环球市场》，2004 (5)。

其次，树立宾客至上意识。宾客是旅游行业的服务对象，没有了宾客就谈不上服务，更谈不上企业的生存、发展。因此，旅游从业人员一定要牢固树立宾客意识，一切以宾客为中心，一切为宾客着想，一切服务以使宾客满意为宗旨，切实履行每一位旅游从业人员应尽的职业责任和道德义务。

（四）诚实守信，信誉第一

诚实守信是旅游行业经营原则的具体体现，是树立良好企业信誉的基础，是创造品牌的灵魂，是旅游从业人员应有的思想品质和行为准则，是高尚情操在职业活动中的重要体现。

诚实守信就是要真心实意，表里如一，不弄虚作假，不欺骗和刁难游客；要信守承诺，言行一致，做到"言必行，行必果"。一般而言，现代旅游企业通过包团、预订等方式开展经营活动。旅游企业要取信于人，重要的一条是信守合同。在旅游活动中，尽管有一些不确定的因素，但要尽最大的努力，按时保质保量地履行合同，以诚实守信为荣，以见利忘义为耻。

拓展阅读

以诚信赢得游客的旅行社

2013 年 5 月上旬，上海市某旅行社作为组团社接待了一个 34 人的法国客人团赴贵州旅游，全陪是有丰富带团经验的小李。按计划，到肇兴的第二天早上，旅游团应乘车去位于山顶的唐安苗寨参观，这是大家此行十分期盼的景点之一。但是在晚餐前，旅游团却得到通知：由于连日下雨，去唐安苗寨的山路被泥石流堵住，近日内无法通车。全团客人感觉自己的热情被浇了一桶凉水，担心和失落可想而知。小李与地陪向当地老乡打听，是否还有其他通往唐安苗寨的公路可行。经过他们的一番调查，当地村民给他们指出了另外一条路。经司机看后，认为旅游车可以通过，只是要往返多走 80 千米的山路，而超出 80 千米产生的额外费用需要与地接社、汽车公司、组团社以及客人协商解决。为了确保客人能够按计划游览，又避免客人因承担额外费用而不满，小李立即给组团社去电话说明情况。经社领导研究决定，这笔额外费用由组团社全额承担。最后全团客人如愿以偿地到达了唐安苗寨。在被壮观美景和当地风土人情所震撼的同时，所有的客人也被该组团社“服务至上，诚信第一”的经营理念所感动。

（五）不卑不亢，一视同仁

不卑不亢要求旅游从业人员在旅游接待与服务工作中，尤其是涉外活动中，既不可妄自尊大，也不可奴颜媚骨、卑躬屈节，为了追求经济利益而置国家尊严与个人人格于不顾。要坚持自己的信念，谦虚谨慎。

一视同仁是指旅游从业人员在职业活动中对客人不分厚薄、同等对待。旅游行业的服务对象尽管来自不同区域，具有不同的社会地位、经济状况，但在服务者的眼中，客人地位应是平等的，对客人不能厚此薄彼，要做到“六个一样”和“六个照顾”。

“六个一样”：(1) 高低一样，即对高消费客人和低消费客人一样看待，不能重“高”轻“低”。(2) 内外一样，即对国内客人和境外客人一样看待。(3) 华洋一样，即对华人客人（包括华侨、外籍华人和港、澳、台客人）和外国客人一样看待。(4) 东西一样，即对东方国家（指第三世界的发展中国家）和西方国家（指发达国家）客人一样看待，不能重“西”轻“东”。(5) 黑白一样，即对黑种人客人和白种人客人一样看待，不能重“白”轻“黑”。(6) 新老一样，即对新来的（第一次来本地旅游者）客人和老客人（回头客）一样看待。

“六个照顾”：照顾先来的客人；照顾外宾和华侨、外籍华人和港、澳、台客人；照顾贵宾和高消费客人；照顾黑种人和少数民族客人；照顾常住客人和老客人；照顾妇女、儿童和老弱病残客人。

二、拥有良好的文化修养

旅游的本质是一种追求文化的活动。随着时代的发展，现代旅游活动更加趋向于对文化、知识的追求，人们出游除了消遣，还想通过旅游活动增长见识、增加阅历、收获教益，这就要求服务者首先是一个具备较高文化层次，拥有与旅游业相适应的知识结构的“文化人”。

（一）广博的文化知识

旅游从业者，尤其是导游人员，要以知识为服务的基石。一方面，因为旅游业涉及的知识领域非常广阔，既包括政治、经济、文化等一般领域的知识，也包括旅游美学、旅游心理学、古典建筑、园林等专业领域知识；另一方面，游客来自不同的地区，有不同的爱好、风俗特点、饮食习惯、宗教信仰等，旅游从业人员如果没有广博的知识积淀，就难以应对游客提出的各种问题，也就无法使游客满意。

（二）较好的语言修养

语言是人类沟通信息、交流感情、促进相互了解的重要手段，是人们进行交际活动的重要工具。旅游服务质量的好坏在很大程度上取决于服务者掌握和运用语言的能力。服务人员良好的语言修养、文明有礼的语言表达、文雅亲切的语言表述，都可以使游客获得美的感受，留下经久难忘的印象。

旅游从业人员要不断提高自己的文学修养，锻炼自己的语言表达能力，在讲好普通话的基础上能够熟悉地运用一门甚至多门外语；丰富语言的思想性、科学性、知识性和趣味性，把握好语音、语调和语速；有较好的语言运用能力，包括口头表达能力、文字表达能力和语言转换能力。

（三）良好的礼仪修养

1. 仪容仪表礼仪

仪容仪表是人的外在表现，虽然我们都懂得“不以貌取人”的道理，但在服务过程中，旅游从业人员的容貌和外表确实影响游客的感觉、情绪和印象。完善仪容仪表礼仪，要求旅游从业人员的面部妆容、衣着饰品要合乎时间和场合要求，合乎自身特点，合乎职业要求。

知识链接

首因效应

首因效应由美国心理学家洛钦斯首先提出的，又称首次效应、优先效应或第一印象效应，指交往双方形成的第一次印象对今后交往关系的影响，即“先入为主”带来的效果。

第一印象是在短时间内以片面的资料为依据形成的印象。心理学研究发现，与一个人初次会面，45秒钟内就能产生第一印象。它主要是通过对方的性别、年龄、长相、表情、姿态、身材、衣着打扮等方面的印象来判断对方的内在素养和个性特征。

虽然这些第一印象并非总是正确的，但却是最鲜明、最牢固的，并且决定着以后双方交往的进程。如果一个人在初次见面时给人留下良好的印象，那么人们就愿意和他接近，彼此也能较快地相互了解，并会影响人们对他以后一系列行为和表现的解释。反之，对于一个初次见面就引起对方反感的人，即使由于各种原因难以避免与之接触，人们也会对之很冷淡，在极端的情况下，甚至会在心理上和实际行为中与之产生对抗状态。

2. 仪态礼仪

仪态是指人的姿势、举止和动作。不同国家、不同民族，以及不同的社会历史背景，对不同阶层、不同特殊群体的仪态都有不同标准或不同要求。以豪华酒店和细致服务闻名世界的丽思·卡尔顿酒店集团有一句格言“我们是为绅士和淑女服务的绅士和淑女”，旅游从业人员要体现出绅士和淑女般的良好形象，表情、坐姿、站姿、行姿、蹲姿都要优雅亲切、大方得体、规范自然。

3. 人际交往礼仪

美国著名成人教育家戴尔·卡耐基经过大量的研究发现，“一个人事业上的成功，只有20%是由于他的专业技术，另外的80%要靠人际关系、处世技巧。”人际交往礼仪亦指社会交往礼仪，是人与人之间的接触方式，也是一个人在心理和行为上的体现。旅游从业者与四海宾朋、八方游客交往，掌握一些中外社交礼仪并正确运用，不仅方便工作，而且能获得旅游者的好感。如果应用妥当，它所起到的效果甚至可以超过一个人的个人技能。旅游从业人员的人际交往礼仪包括以下两个方面：

（1）日常交往礼仪。日常交往礼仪包括信守时间，按时赴约，不轻易浪费别人的时间；注意公共礼仪，讲究公德，善解人意，言行举止不妨碍或影响他人；尊重客人隐私，不打探客人个人情况；女士优先，尊重女士、帮助女士、照顾女士等。

（2）特殊交往礼仪。旅游从业人员要熟知中、西餐赴宴规范礼仪，接待不同国家和宗教游客的礼仪。

三、掌握必要的服务技能

旅游服务技能是旅游服务质量的决定性因素之一，是旅游从业人员的看家本领，是旅游企业的核心竞争力，也是旅游业持续发展的不竭动力。

（一）掌握职业技能

旅游活动包括食、住、行、游、购、娱六大要素，旅游行业也涉及餐饮、住宿、交通、景点、商品、娱乐等行业，旅游企业包括旅行社、旅游饭店、旅游交通运输企业、旅游景区（景点）规划管理企业、旅游商店等。旅游各个行业和企业之间既相互联系又相对独立，每个部门、岗位和工种都有不同的特征，对员工的知识、技能要求也不同。每个从业人员既要掌握好本职工作所需的技能要求，也要了解与本职工作相关的其他岗位技能。

（二）拥有应变能力

游客来自不同的国家、地区，有不同的特点和需求，旅游从业人员要做到优质服务，必须具备应变能力，能够研究客人需求，提供个性化和针对性的服务。

旅游从业人员要提升应变能力，一方面要扩展自己的知识体系，包括旅游常识和专业领域的知识，从容面对各阶层、各学历水平的游客，游刃有余地与游客交流；另一方面要注意实践经验的积累，掌握处理意外事故的知识、技巧，在事故发生时保持冷静，选择最佳处理方案，妥善解决问题。

（三）拥有创新能力

创新能力表现为改进技能，提出新方法、新观点的能力。旅游业日新月异的变化、行业的激烈竞争，对每一位旅游从业人员提出了新的、更高的要求。面对未来，旅游从业人员要有远大的职业理想，改掉因循守旧的经营管理和接待方式，创新服务理念、创新服务方式、创新产品、创新企业文化等，让自己成为行业骨干、行家里手。

模块小结

旅游业是直接与人打交道的行业，对旅游从业人员的素质要求较高。旅游从业人员应具备的素质包括道德素质、文化修养和服务技能三个方面。旅游从业人员的道德素质要求包括：热爱祖国，热爱旅游业；遵纪守法，抵制行业不正之风；

热情友好，宾客至上；诚实守信，信誉第一；不卑不亢，一视同仁。旅游从业人员文化修养的要求体现在广博的文化知识、较好的语言修养和良好的礼仪修养三方面。在服务技能上，旅游从业人员应掌握职业技能，拥有应变能力，拥有创新能力。

同步测试

一、选择题

1. 作为一名合格的旅游从业人员的首要条件是（　　）。

A. 热爱祖国　　B. 热爱旅游业　　C. 遵纪守法　　D. 诚实守信

2. 一切职业道德最基本的道德原则是（　　）。

A. 热爱祖国　　B. 热爱本职工作　　C. 遵纪守法　　D. 诚实守信

3. 旅游职业道德的核心是（　　）。

A. 热爱祖国　　B. 热爱本职工作

C. 遵纪守法　　D. 热情友好，宾客至上

4. 某景点一名导游人员见一群客人来临，十分殷勤地问对方是否需要导游讲解，见对方无意聘用自己，便称客人是阿富汗难民，该导游的行为严重违背了（　　）的职业道德规范。

A. 热情友好，宾客至上　　B. 诚实守信，信誉第一

C. 一视同仁，不卑不亢　　D. 热爱旅游业

5. 某些导游员为了迎合游客，经常讲一些低级趣味的“段子”，这种行为违背了（　　）的职业道德规范。

A. 热爱旅游业　　B. 诚实守信　　C. 不卑不亢　　D. 宾客至上

二、思考题

1. 旅游从业人员的文化修养体现在哪些方面？

2. 旅游从业人员应具备哪些必要的服务技能？

三、案例分析

旅游业的策划奇才刘世杰

1993年刘世杰调任黔南州旅游局局长时，黔南州旅游几乎是一片空白，而如今的黔南州旅游发展前景一片大好。

刘世杰认为黔南州旅游业之所以长期滞后，最主要是策划宣传和市场培育上的滞后。刘世杰与新华社记者做了一个令旅游界人士叹为观止的策划，使黔南州的知名度达到了前所未有的高度。他将“一首古歌预言了今天的瓮福磷矿、闻歌起舞的

风流草、上冷下热的冷热洞、岩石生蛋、独山上空的空中怪车、荔波瑶族人与印第安人相似的图腾柱”汇集为“黔南六大谜”，向世人公开悬赏破译。“黔南六大谜”推出后，400余家媒体纷纷刊载和播出。“黔南六大谜”所带来的震撼和轰动效应，使这一策划成为当年中国旅游界最具创意的策划之一。据著名专家于光远估计，如以货币单位计算，仅这一策划的价值就在10亿元以上，使这里的人们世代得利。

知名度上去了，还必须有好的旅游项目。刘世杰广泛收集黔南州的历史、地理、经济、文化等各方面的资料，开发“人无我有、人有我优”的特色旅游项目，相继推出“上刀山，下火海”“水春河漂流”“狩猎旅游”“黔南少数民族茶艺演技”等一批旅游新项目。

为了旅游事业，刘世杰几乎是在孤军作战，靠着勇往直前的信念和战胜困难的精神，他筹措了几百万元的资金，采购了几千种物品，运送了上万吨的物资。为了节省资金，他时常自己把物资背上去。在旅游落后的地区，人们不懂得什么叫“旅游”，他多方奔走游说，调动各单位办旅游的积极性，使全社会参与到旅游业的发展中。

资料来源：http：//www.zwbk.org/MyLemmaShow.aspx？lid=258480.

思考：

请根据案例分析，旅游策划奇才刘世杰体现了什么样的职业素质？

实践训练

【实践1】请以小组为单位，到附近酒店、旅行社、景区采访优秀员工，总结归纳旅游从业人员应具备什么样的职业素质。

【实践2】请写一份报告，阐述自己在大学期间将如何提升职业素养。

单元六
旅游组织与行业管理

【单元导读】

世界经济的一体化会促进旅游业的国际化，带来旅游经济的全球化。如何加强对旅游业的领导和管理，促进旅游业的可持续健康发展？旅游组织应运而生。

本单元首先分析了旅游组织存在的必要性，概述了其相关职能和职责。根据旅游组织的分类，按模块分别对旅游行政组织和旅游行业组织进行详细阐述，重点介绍了我国旅游行政组织、旅游行业组织及其职能和职责，并对与我国关系密切的国际性旅游组织做了详细介绍。

通过学习，使学习者对旅游组织有全面的认识，熟悉与我国关系密切的国际性旅游组织及其职能和职责，了解我国旅游行政组织、旅游行业组织。

模块一　旅游行政组织

【学习目标】

1. 了解旅游组织的概念及分类
2. 熟悉旅游行政组织及其职能
3. 熟悉我国的旅游行政组织及其职能

【学习导入】

联合国世界旅游组织第105次执行委员会会议在马德里举行

2017年5月10—13日，联合国世界旅游组织（UNWTO）第105次执委会会议在西班牙首都马德里举行。该组织33个执委会成员国均派出高级别代表团出席，26个非执委会成员国、23个附属成员及世界旅游业理事会（WTTC）等国际组织代表也作为观察员与会。包括18位部长及33位大使在内的330多位代表出席了本次会议。国家旅游局副局长杜江率领中国代表团参会。

本次会议因选举产生下任（2018—2022年度）UNWTO秘书长的唯一候选人而广受关注。经各执委会成员国代表选举，格鲁吉亚驻西班牙大使祖拉布·保罗利卡什维利成为下届秘书长唯一候选人，将被提交2017年9月在成都举行的UNWTO第22次大会通过。

杜江代表中方在会上做了发言，介绍了2016年中国旅游业最新成就和UNWTO第22届全体大会中方筹备情况，并向各成员国代表发出了参会邀请。

资料来源：http：//www.cnta.gov.cn/xxfb/jdxwnew2/201705/t20170512_825309.shtml.

思考：

联合国世界旅游组织是一个什么样的组织？为什么会吸引如此多的国家旅游部门负责人参加？

在经济全球化的大背景下，很多产业加速走向国际化，旅游业也不例外。随着旅游活动的规模逐渐扩大，旅游业在经济发展中的作用越来越明显，越来越重要。纵观全球，旅游和旅游业已引起世界各国政府及旅游目的地的特殊关注。为了加强对旅游业的领导和管理，促进旅游业的健康发展，第二次世界大战以后，几乎所有的国家和地区都建立了全国性的旅游管理机构和旅游管理组织。除此之外，与旅游业相关的各种行业组织也陆续组建，它们对旅游业的健康、可持续发展起着相当重要的积极作用。

一、旅游组织的概念及分类

（一）旅游组织的概念

旅游业被称为21世纪的“朝阳产业”，有“绿色产业”“低碳产业”之美誉，也是我国第三产业中最具活力、发展势头最强劲的行业。正是得益于旅游业能带来经济、社会、环境、生态等方面效益，很多地方政府都将其作为支柱产业，给予政策支持。然而，任何事物都有两面性，旅游也不例外，发展过程中也会产生负面效应，如对本土文化的冲击、对旅游资源的过度开发、大量游客涌入带来的环境压力等。如何促进旅游业健康、可持续发展，以及最大限度地降低其负面影响，就需要有专门的组织对其规范管理、正确引导以及质量控制等。

旅游组织是指为了加强对旅游业的正确引导和规范管理，促进其健康、可持续发展而组建起来的专门机构。一般而言，一个国家的最高旅游行政管理机构都代表这个国家的旅游组织。

拓展阅读

国家旅游局督促部分在线企业下架“不合理低价游”产品

2016年，国家旅游局在全国范围针对“不合理低价游”产品进行专项整治，并对各地进行督查，一大批“不合理低价游”产品被责令下架。

为构建健康、和谐的旅游市场环境，树立行业标杆形象，向广大游客提供优质旅游产品，国家旅游局鼓励旅游企业主动承诺诚信经营并向社会公布。企业违背承诺的违法违规经营行为将受到更为严厉的处罚。

资料来源：http：//www.xinhuanet.com/politics/2016-10/27/c_1119799559.htm.

（二）旅游组织的分类

一般来说，旅游组织大多按区域和职能来划分。

1. 按区域分类

(1) 世界性旅游组织。有狭义和广义之分。广义的世界性旅游组织是指其工作或服务范围全部或部分地涉及世界或多个国家旅游事务的国际性组织。狭义的世界性旅游组织是指由多个国家的政府、组织、企业和个人成员所组成的专门为世界或多个国家的旅游业正常运转而服务和工作的国际性组织。

与一般旅游组织相比，世界性旅游组织具有较高的权威性，负责研究规划、组织协调、统筹全球性的旅游及其相关事务，并组织开展全球性的旅游活动、拟定相关旅游政策等。

(2) 世界区域性旅游组织。世界各大洲或经济往来比较多的大区域也成立了一些旅游组织，以符合地区间的利益需求，如亚洲旅游协会、东亚旅游协会、欧洲旅游委员会、泛美旅游大会、美洲饭店及汽车旅馆协会、加勒比地区旅游组织等。

(3) 全国性旅游组织。是指在全国范围内从事旅游事务及处理与旅游相关的所有事务的政府组织和行业组织。以中国为例，文化和旅游部是全国旅游行业行政管理组织；中国旅游协会、中国旅游饭店业协会、中国旅行社协会等则是全国性的旅游行业组织。

(4) 国内地方旅游组织。是指一个国家内各省、市、区设立的旅游局及为加强行业管理、交流而成立的行业组织，如山东省济宁市旅游饭店协会。

2. 按职能分类

按照职能性质来划分，旅游组织可分为旅游行政组织、旅游行业组织以及政府间旅游组织。本单元将重点讲述旅游行政组织和旅游行业组织。

政府间旅游组织是指国家与国家之间签订条约，出于共同利益考虑，促进和发展双（多）方旅游事业，增进互相了解、和平和繁荣而组建的国际旅游组织。政府间旅游组织的成员均是签约的各国政府。

二、旅游行政组织的概念及职能

（一）旅游行政组织的概念

旅游行政组织是指由各级政府依据法律规定，按照一定程序设置的履行本地区旅游宏观调控、监督与检查、制定与修改行业技术标准、指导旅游资源开发与利用、统筹旅游业整体促销、加强旅游服务管理、维护旅游者权利等行业管理职能的专门旅游组织机构。世界各国均设有旅游局、旅游部、旅游委员会、观光局、观光公社、交通运输和旅游部、旅游促进局和旅游发展局等，这些都属于旅游行政组织的范畴。

旅游行政组织是由政府认可并成立的组织，其根据各组成要素之间的相互联系方式或互动关系模式，对旅游进行组织、领导、控制、协调和监督等一系列活动，行使旅游管理职能，实现对旅游发展进行宏观管理和调控的目的。

（二）旅游行政组织的职能

旅游行政组织行使旅游管理职能，以实现对旅游的宏观管理和调控。具体职能因其形式与地位会有所不同，但总体而言，一般具有以下方面的职能：

（1）主要负责旅游业的宏观调控，进行行业立法，拟订旅游业发展政策、规划和标准，对旅游政策、法律法规、规章执行情况进行监督和检查。

（2）制定国内旅游、入境旅游和出境旅游的市场开发战略并组织实施，组织整体旅游形象的宣传和推广活动。

（3）组织辖区内旅游资源的普查、规划、开发和相关保护工作。

（4）监测旅游经济运行，负责旅游统计及行业信息发布。

（5）承担规范旅游市场秩序、监督管理服务质量、维护旅游消费者和经营者合法权益的责任。

（6）规范旅游企业和从业人员的经营和服务行为，组织拟订辖区旅游区、旅游设施、旅游服务、旅游产品等方面的标准并组织实施。

（7）制定并组织实施旅游人才规划，指导和管理旅游教育和培训工作，制定、贯彻与实施旅游从业人员的职业资格制度和等级制度。

（8）负责旅游安全的综合协调和监督管理，指导应急救援工作。

（9）推动旅游国际交流与合作，承担与国际旅游组织合作的相关事务。

（10）承办党委（政府）交予的其他事项。

拓展阅读

中国（临沂）红色旅游发展大会在蒙阴举办

中国（临沂）红色旅游发展大会在中国军工文化园——山东蒙阴岱崮地貌旅游区召开。近年来，临沂市大力弘扬沂蒙精神，围绕孟良崮战役、沂蒙六姐妹、沂蒙红嫂等红色文化，坚持党性教育与红色旅游融合发展，建成了10多家红色旅游景区，走出了一条具有沂蒙特色的红色旅游发展路子。

资料来源：http：//linyi. sdchina. com/show/4110339. html.

三、我国旅游行政组织

1985年1月，国务院批转国家旅游局《关于当前旅游体制改革几个问题的报告》，提出了旅游管理体制实行“政企分开、统一领导、分级管理、分散经营、统一对外”的原则，并明确指出“国家旅游局作为国务院的职能部门，要面向全行业，统管全国旅游事业。各省、自治区、直辖市可根据国际、国内旅游发展的需要设置旅游局，经管本地的旅游工作，要善于用行政的、经济的和法律的手段，加强对旅游事业的管理。”

经过30多年的发展，我国旅游行政组织结构越来越完善，职能越来越清晰，有效促进了旅游业的整体发展。整体而言，我国的旅游行政组织主要由文化和旅游部及各省、直辖市、自治区及地方旅游行政机构组成，负责管理全国旅游业的发展。

（一）文化和旅游部

文化和旅游部是国务院直属的主管旅游业的旅游行政管理机构，在国际上代表我国的旅游组织，在国内则主管我国的旅游业。

1. 文化和旅游部职能

（1）统筹协调旅游业发展，制定发展政策、规划和标准，起草相关法律法规草案和规章并监督实施，指导地方旅游工作。

（2）制定国内旅游、入境旅游和出境旅游的市场开发战略并组织实施，组织国家旅游整体形象的对外宣传和重大推广活动。指导我国驻外旅游办事机构的工作。

（3）组织旅游资源的普查、规划、开发和相关保护工作。指导重点旅游区域、旅游目的地和旅游线路的规划开发，引导休闲度假。监测旅游经济运行，负责旅游统计及行业信息发布。协调和指导假日旅游和红色旅游工作。

（4）承担规范旅游市场秩序、监督管理服务质量、维护旅游消费者和经营者合法权益的责任。规范旅游企业和从业人员的经营和服务行为。组织拟订旅游区、旅游设施、旅游服务、旅游产品等方面的标准并组织实施。负责旅游安全的综合协调和监督管理，指导应急救援工作。指导旅游行业精神文明建设和诚信体系建设，指导行业组织的业务工作。

（5）推动旅游国际交流与合作，承担与国际旅游组织合作的相关事务。制定出境旅游和边境旅游政策并组织实施。依法审批外国在我国境内设立的旅游机构，审查外商投资旅行社市场准入资格，依法审批经营国际旅游业务的旅行社，审批出境旅游、边境旅游。承担特种旅游的相关工作。

（6）会同有关部门制定赴港澳台旅游政策并组织实施，指导对港澳台旅游市场推广工作。按规定承担内地居民赴港澳台旅游的有关事务，依法审批港澳台在内地设立的旅游机构，审查港澳台投资旅行社市场准入资格。

（7）制定并组织实施旅游人才规划，指导旅游培训工作。会同有关部门制定旅游从业人员的职业资格标准和等级标准并指导实施。

（8）承办国务院交办的其他事项。

2. 文化和旅游部下设机构职责

随着我国旅游事业的发展和进步，文化和旅游部的机构与职能也随之做调整。目前，基本确立了适应市场经济要求的中国旅游业管理体制，下设十个职能司（室）和机关党委，各司（室）各行其责。十个职能司（室）分别为：办公室、综合协调司、政策法规司、旅游促进与国际合作司、规划财务司、全国红色旅游工作协调小组办公室、监督管理司、港澳台旅游事务司、人事司、离退休干部办公室。

（1）办公室。负责全局政务协调和重要事项督办；负责文电、会务、机要、档案等机关日常运转工作；承担信息、安全、保密、信访、政务公开工作；管理机关后勤行政工作（具体委托机关服务中心承担）。

（2）综合协调司。协调旅游公共服务体系建设相关工作；研究拟订旅游消费政策；引导休闲度假；协调和指导假日旅游工作；承担旅游安全综合协调和监督管理工作；指导旅游应急、救援和保险工作；承担旅游新闻宣传工作；推进旅游信息化建设。

（3）政策法规司。承担相关法律法规草案的起草工作，拟订规章并监督实施；研究旅游经济运行中的重大问题，承担旅游体制改革的有关工作；承担机关有关规范性文件的合法性审核工作；承担旅游统计和国际旅游支出统计工作。

（4）旅游促进与国际合作司。承担国内、国际旅游市场开发工作，组织开展重点旅游区域、目的地和线路的宣传推广工作；承担对外合作交流事务，推进中国公民出境旅游目的地的有序开放；承担外国在我国境内设立旅游机构的审批事宜；指导驻外旅游办事机构的业务工作。

（5）规划财务司。拟订旅游发展规划并组织实施；承担旅游资源的普查、规划、开发和保护工作；协调旅游产业、旅游各要素和涉旅产业的发展；承担推动旅游新业态发展和区域旅游合作有关工作；指导重点旅游区域、旅游目的地和旅游线路的规划开发；引导旅游业社会投资；承担机关财务、国有资产管理和内部审计工作。

（6）全国红色旅游工作协调小组办公室。负责红色旅游宣传促销、线路组织、管理服务、人员培训等工作。承担全国红色旅游工作协调小组办公室日常工作。

（7）监督管理司。监督管理旅游服务质量和市场秩序，指导旅游精神文明建设和诚信体系建设；承担旅游标准的有关工作，拟订各类旅游景区景点、度假区及旅游住宿、旅行社、车船的旅游设施和服务标准并组织实施；指导旅游行业组织的业务工作。

（8）港澳台旅游事务司。拟订赴港澳台旅游政策并组织实施；开展对港澳台旅游市场推广工作；按规定承担赴港澳台旅游的有关事务；依法审批港澳台在内地设立的旅游机构；指导驻港澳台旅游办事机构的业务工作。

（9）人事司。承担机关和直属单位的人事管理、机构编制工作；指导旅游培训工作；拟订旅游从业人员的职业资格标准、等级标准并指导实施；承担旅游人才援藏工作。

（10）离退休干部办公室。负责机关离退休干部工作，指导直属单位的离退休干部工作。

（11）机关党委。负责部机关及在京直属单位党的建设工作，承担部机关并指导在京直属单位党员的教育、管理和发展工作等。

如表 6－1 所示，文化和旅游部还下设六大直属单位，主管五大社团。为推进国际旅游事务合作和旅游业长久发展，文化和旅游部还设立了驻外办事机构。

表 6－1　　文化和旅游部直属单位、主管社团、驻外机构一览表

直属单位	机关服务中心、信息中心、旅游质量监督管理所、中国旅游报社、中国旅游出版社、中国旅游研究院
主管社团	中国旅游协会、中国旅行社协会、中国旅游饭店业协会、中国旅游车船协会、中国旅游景区协会
驻外机构	中国驻法兰克福、巴黎、洛杉矶、纽约、多伦多、伦敦、马德里、新加坡、悉尼、东京、大阪、苏黎世、加德满都、莫斯科、首尔、罗马、布达佩斯、新德里旅游办事处；海峡两岸旅游交流协会台北、高雄办事处

（二）省、自治区、直辖市旅游局

我国各个省、自治区、直辖市也都设有旅游局或者旅游发展委员会，主管其所在省（区、市）的旅游行政工作，组织上属于地方政府部门编制，业务上受地方政府与文化和旅游部的双重领导。各省（区、市）旅游局的职能根据辖区旅游业发展整体状况会略有不同，但总体而言相差无几。本书以旅游强省浙江省为例，介绍省（区、市）旅游局（旅游发展委员会）的机构设置及相关职能和职责。

浙江省旅游局是主管全省旅游的省政府直属机构，主要职能和机构设置如下：

1. 主要职能

负责本省旅游业发展的规划、开发、宏观管理和调控以及宣传与促销等工作。

2. 主要职责

统筹协调全省旅游业的发展，组织拟订全省旅游业发展的政策、规划和地方标准草案并组织实施；承担旅游业发展的地方性法规、规章草案的具体起草工作并监督实施；负责旅游经济强省建设的综合协调和推进工作；负责监测全省旅游经济运行；负责全省旅游统计及行业信息发布；负责旅游安全的综合协调和监督管理，指导旅游应急救援工作；制定并组织实施全省旅游人才规划；负责全省旅游行业岗位资格考试认证工作；指导全省旅游教育培训；会同有关部门实施旅游从业人员的职业资格标准和职业等级标准；指导旅游院校做好旅游人才的培养工作；组织全省旅游资源的普查、规划、开发和保护工作；指导全省重点旅游区域、旅游目的地和旅游线路的规划开发；引导休闲度假；指导假日旅游、红色旅游发展；负责编制全省旅游发展计划；指导旅游业引入社会投资和利用外资工作；配合做好旅游业各类专项资金的管理工作；负责全省国内旅游、入境旅游和出境旅游市场开发，负责全省旅游整体形象的宣传推广；组织制定旅游行业管理标准、规范并组织实施；指导全省旅游行业的精神文明和诚信体系建设；监督管理旅游市场秩序和服务质量，维护旅游消费者和经营者合法权益；规范旅游企业、从业人员的经营和服务行为；组织拟订旅游区、旅游设施、旅游服务、旅游商品等方面的标准草案并组织实施；承办省政府交办的其他事项。

3. 机构设置

（1）办公室。负责局机关文电、文稿、会务、机要、档案管理等机关日常运转工作；承担信息、宣传、保密、信访、督查和负责起草重要文件；负责局机关财务、后勤服务和固定资产管理工作；承担省旅游工作领导小组办公室日常工作；参与制定局机关年度因公出国（境）人员安排方案。

（2）人事教育处。承担局机关、直属单位机构编制、人事管理工作；指导全省旅游教育培训工作；负责全省导游员的资格考试工作；会同有关部门实施全省旅游从业人员的职业资格标准和职业等级标准工作；指导旅游院校做好旅游人才的培养工作；负责局机关离退休人员的管理服务工作。

（3）规划发展处。组织实施全省旅游资源的普查、规划、开发和相关保护工作；负责编制省级旅游发展规划并指导下级单位旅游规划的编制工作；承担旅游规划设计机构资质的推荐、认定工作；引导休闲度假旅游发展，指导国家级旅游度假区建设和评定工作，会同省级相关部门做好省级旅游度假区设立的审核工作；指导全省重点旅游区域、旅游目的地和旅游线路的规划开发，指导国家全域旅游示范区建设和评定工作；指导国家A级旅游景区建设和评定工作；指导旅游项目、基础设施和公共服务设施开发建设工作；做好旅游业各类专项资金分配、审核和监管工作；指导特色小镇旅游规划和创建A级景区工作；负责引导和推动全省海洋旅游发展工作；负责旅游对外援助、旅游扶贫工作。

（4）产业促进处。推动旅游与相关产业行业的融合发展；参与引导和培育旅游休闲新业态发展；指导假日旅游，负责假日旅游协调有关工作；会同有关部门开展生态旅游示范区评定工作；推进乡村旅游，会同做好全省农家乐经营户（点）的星级评定工作；承担省红色旅游工作协调小组办公室的日常工作；负责旅游商品创新和管理工作；组织实施省级特色小镇、旅游风情小镇、“慢生活”休闲旅游示范基地的创建培育工作。

（5）政策法规处。组织贯彻国家有关旅游的法规政策；负责监测全省旅游经济运行；负责全省旅游统计及行业信息发布；起草全省有关旅游行政管理的地方性法规、规章草案和政策；承办行政执法听证事宜和行政复议工作；指导假日旅游发展；会同做好全省农家乐经营户（点）的星级评定工作。

（6）市场开发处。负责全省国内旅游、入境旅游和出境旅游的市场开发；负责全省旅游整体形象的宣传推广工作；负责研究旅游市场动态，提供市场信息服务，推进对外旅游合作与交流工作；指导全省主要旅游产品的开发和推广工作；组织参与国内外各种旅游博览会、交易大会和大型促销活动；按规定承担赴港澳台旅游的有关事务工作。

（7）行业管理处。制定旅游行业管理标准、规范并组织实施；指导全省旅游行业的精神文明和诚信体系建设；承担旅行社设立的审批、日常监管和品质等级评定工作；承担国内旅游和出入境旅游的综合业务管理工作；对各类饭店管理公司进行业务指导及承担饭店星级的评定工作；监督管理旅游市场秩序和服务质量，维护旅游消费者和经营者合法权益；指导旅游行业组织的业务工作。

（8）机关党委。负责局机关和直属单位的党群工作。

知识链接

“一带一路”沿线国家成为中国人出境游第一大目的地

“一带一路”沿线国家从中国迎来的不仅仅是企业和土木工程，还有众多中国游客和庞大的消费。“一带一路”沿线国家将成为中国游客的第一大境外旅游目的地。

据携程旅游统计，在“一带一路”倡议所覆盖的60余个国家中，已有超过20个国家对中国实现了免签和落地签，还有近10个国家出台了有条件免签、电子签证等优惠政策。

（三）省级以下的地方旅游行政机构

为统筹负责行政区域范围内的旅游管理工作，绝大多数市（县、区）也成立了相应旅游行政组织，多以旅游局、文旅局、旅商局等命名。在未设立专门旅游行政组织的市（县、区），其旅游方面事务则在上级政府旅游行政部门的指导与统筹下，由当地政府配合承担与实施。

模块小结

本模块主要讲解了旅游组织及其类型、旅游行政组织、我国旅游行政组织及其职能职责。通过本模块的学习与拓展阅读，学生可以了解旅游组织的概念、类型、旅游行政组织以及我国旅游行政组织体制。

同步测试

一、选择题

1. 旅游组织按区域划分，不包括（　　）。

A. 旅游行政组织　　B. 世界性旅游组织

C. 世界区域性旅游组织　　D. 全国性旅游组织

2. 以下哪一项不是旅游行政组织的职能？（　　）

A. 行业立法　　B. 旅游统计及行业信息发布

C. 维护旅游消费者合法权益　　D. 查处商业贿赂、走私贩私等经济违法行为

3. 承担旅游资源的普查、规划、开发和保护工作是文化和旅游部哪个职能司的职责？（　　）

A. 港澳台旅游事务司　　B. 人事司

C. 规划财务司　　D. 监督管理司

4. 在国际上代表我国的旅游组织，在国内则主管我国旅游业的是哪个旅游组织？（　　）

A. 文化和旅游部　　B. 中国旅游协会

C. 中国旅游报刊协会　　D. 中国旅行社协会

5. 省、自治区、直辖市旅游局在业务上受（　　）领导。

A. 文化和旅游部　　B. 地方政府

C. 中国旅游协会　　D. 世界旅游组织

二、思考题

1. 旅游组织在旅游业发展中的积极作用是什么？

2. 请结合所在城市旅游业发展状况，阐述所在城市旅游局的职能和职责。

三、案例分析

福建省旅游局参加越南国家旅游总局系列推广活动

2017 年 5 月 15 日，福建省旅游局苏庆赐副局长参加了在福州万达威斯汀酒店举办的越南旅游推介会。会前，双方就越南与福建旅游合作前景进行了愉快的交流。越南国家旅游总局吴怀终副总局长介绍说，日前越南国家主席陈大光访问福建期间，见证了越南广宁省和福建省缔结友好省的签字仪式，双方交流更加密切，人员往来更为频繁，这必将为双方旅游市场带来重要契机。2016 年越南接待了近 1 000 万人

次的外国游客，其中中国游客270万人次，占据重要的市场份额。越南国家旅游总局十分重视中国的游客市场，此次来华将举办四场推介会，包括福州、合肥、南京、南宁四个城市。这四个城市在人口结构、经济实力上都极具旅游市场潜力。福州开通了直飞胡志明市的旅游包机，将给两地旅游带来新的高潮。对此，苏庆赐副局长对越方的憧憬表示赞同，十分欢迎越南同行的来访和推介。福建正围绕着“一带一路”倡议，通过“海上丝绸之路”千丝万缕的联系，与东南亚各国开展广泛的交流与合作。中国和越南都是人口大国，两国一衣带水，文化、饮食习惯都很接近，福建期待与越南增进双方游客市场的互动，共同促进旅游市场的繁荣。

在推介会上，吴怀终副总局长对参加会议的中方旅行社、酒店代表表示热烈欢迎。越南的旅游资源十分丰富，尤其是海洋旅游资源，下龙湾、岘港、芽庄对国际游客都极具吸引力。苏庆赐副局长在发言中向越南客人来访表示热情的问候，围绕“8T1M”元素介绍了福建旅游资源的独特优势，生态环境清新、人文底蕴深厚、茶叶品种多样、温泉资源丰富，构成了一幅清新福建的迷人画卷。这场推介会既是一次越南旅游在福建的全面展示，也是促进两地旅游业增进友谊、加强合作的新契机。衷心希望双方进一步加强对接、深化交流，联手在打造“海上丝绸之路”旅游品牌等方面持续互动、加强合作，共同谱写两地旅游合作的新篇章。

资料来源：http：//www.huaxia.com/ly/lyzx/2017/05/5325347.html.

思考：

结合案例，谈谈福建省旅游局借助越南旅游推介会给福建旅游带来哪些改变。

实践训练

【实践1】以小组为单位，探讨“一带一路”倡议给我国旅游业带来的机遇。

【实践2】利用互联网查询相关资料，了解所在城市旅游局近五年制定了哪些政策来促进旅游业的发展。

模块二　旅游行业组织

【学习目标】

1. 了解旅游行业组织及其主要职能
2. 熟悉我国的旅游行业组织及其业务范围
3. 熟悉与我国关系密切的国际性旅游组织

【学习导入】

中国旅游协会召开六届二次理事会开启思维服务模式　全力打造协会品牌

2017年4月10日，中国旅游协会六届二次理事会暨旅游产业转型升级发展论坛在河北廊坊召开。中国旅游协会会长单位、副会长单位、理事单位、会员单位及其他旅游企业代表300余人参加了会议。

国家旅游局副局长王晓峰在致辞中指出，一年来，在新一届协会领导班子的带领下，在广大会员的大力支持下，中国旅游协会抓住改革机遇，积极面对挑战，探索脱钩改革后的发展新思路、新方法、新举措，创新体制机制和服务模式，建立了完善的治理结构和制度框架，为协会可持续发展夯实了基础、积累了经验。这次理事会专门开辟了论坛，邀请专家学者、行业精英，结合科技发展和经济形势、旅游休闲、养老康疗等热点话题开展讲座，以时代的视角解读我国旅游业转型发展，以跨界思维探索“旅游＋”，是中国旅游协会服务行业、服务会员的一次生动实践。国家旅游局将一如既往地支持中国旅游协会的改革建设，鼓励更多的企业共享我国旅游业发展的黄金机遇，努力扶持一批世界一流的中国旅游企业、中国旅游品牌和旅游目的地。

会上，中国旅游协会会长段强做中国旅游协会2016年度工作报告，副会长王德刚做中国旅游协会2016年度财务报告。工作报告指出，2017年是中国旅游协会完成脱钩后的第一年，也是协会改革创新的关键之年，基本目标是要通过扎实、高效和富有创意的工作，不断扩大影响力，全力打造协会品牌。中国旅游协会将在持续深化协会的行业影响力和社会影响力上下大力气，把工作做实做透，通过提升市场宣传推广水平来持续扩大协会影响力，强化协会秘书处的建设，为实现战略目标和工作任务提供良好保障。

资料来源：http：//news. sina. com. cn/o/2017-04-11/doc-ifyeayzu7561836. shtml.

思考：

中国旅游协会是如何创新思维模式的？协会的使命是什么？

一、旅游行业组织的概念和职能

（一）旅游行业组织的概念

旅游行业组织是旅游行业内部的、非官方的、由民间设置的、主要从事旅游行业之间沟通与协调工作的一种组织，是由有关的社团组织在平等自愿的基础上成立的各种行业协会。旅游行业组织是对旅游行政组织的有力补充，在旅游业管理发展中，同样扮演着重要角色。

按照地域，可分为全球性旅游行业组织、世界区域性旅游行业组织、全国性旅游行业组织和国内区域性行业组织等；按照发起人与成员身份，可分为官方（行政性）、半官方以及民间性旅游行业组织；按照运作模式，可分为营利性和非营利性旅游行业组织；按照核心业务，可分为政治经济性、科学学术性、业务行业性等旅游行业组织等（具体见表 6－2）。

表 6－2　旅游行业组织分类汇总表

划分标准	类型	举例
地域	全球性旅游行业组织	联合国世界旅游组织（UNWTO）
	世界区域性旅游行业组织	东盟旅游协会（ATA）
	全国性旅游行业组织	中国旅游协会（CTA）
	国内区域性旅游行业组织	山东省旅游行业协会
发起人与成员身份	官方旅游行业组织	联合国世界旅游组织（UNWTO）
	半官方旅游行业组织	中国旅行社协会（CATS）
	民间性旅游行业组织	国际旅游科学院
运作模式	营利性旅游行业组织	世界旅行与旅游理事会（WTTC）
	非营利性旅游行业组织	中国旅游报刊协会
核心业务	政治经济性旅游行业组织	欧洲旅游委员会（ETC）
	科学学术性旅游行业组织	国际旅游科学专家协会（IASEI）
	业务行业性旅游行业组织	国际饭店业协会（IHA）

(二) 旅游行业组织的职能

与旅游行政组织不同，旅游行业组织不具有行政权力，在旅游市场上是一个权威性的社团组织，因此其职能不具有行政指令性和法规性，其权威性也不是依靠行政权力赋予，而是主要由组织自身完善程度和凝聚力决定的。其职能主要体现在以下几个方面：

(1) 作为本行业代表，与政府机构或其他行业组织商谈有关事宜；

(2) 组织行业内的交流活动，交换行业信息，定期发布行业发展的有关统计分析资料；

(3) 建立行业标准和规范，并以此为依据进行必要的仲裁和调解；

(4) 禁止行业内不正当竞争，对行业内相关业务事务和问题进行协调解决；

(5) 开展旅游联合推销和区域内、外市场开拓活动；

(6) 定期组织并进行专业研讨会，为行业成员开展培训和专业咨询业务；

(7) 对行业的经营管理和发展问题进行调查研究，维护旅游消费者权益。

二、我国的旅游行业组织

我国的旅游行业组织是由有关社团组织和企事业单位在平等自愿的基础上组织成立的，并接受文化和旅游部的具体指导。就其组织性质而言，既是非官方组织，又是非营利性机构，且具有独立的社团法人资格。按照地域范围，可划分为全国性旅游行业组织和地方性旅游行业组织。我国的旅游行业组织的职能概括起来主要有：

(1) 遵照国家法律和有关政策，代表和维护全行业的利益和会员合法权益；

(2) 加强行业间的协调沟通，发挥行业自律作用，制定行业公约，督促会员共同遵守，维护市场秩序；

(3) 开展旅游市场调查研究，为政府决策和行业发展建言献策，向会员提供本行业的相关信息、资料和咨询服务；

(4) 根据行业发展需要，组织业务培训、技术交流、活动展览以及安全检查等工作；

(5) 研究市场有关问题，探索解决方法，推动和督促会员单位提高服务质量与管理水平；

(6) 承办政府主管部门交办的其他工作。

(一) 全国性旅游行业组织

1. 中国旅游协会

中国旅游协会（China Tourism Association，CTA）具有独立的社团法人资格，是由中国旅游行业的有关社团组织和企事业单位在平等自愿基础上组成的全国综合性旅游行业协会，它是1986年1月30日经国务院批准正式宣布成立的第一个旅游全行业组织，1999年3月24日经民政部核准重新登记。协会会址设在北京，接受文化和旅游部的领导、民政部的业务指导和监督管理。会员分布和活动地域为全国。

（1）协会宗旨：中国旅游协会遵照国家的宪法、法律、法规和有关政策，代表和维护全行业的共同利益和会员的合法权益，为会员服务、为行业服务、为政府服务，在政府和会员之间发挥桥梁纽带作用，促进我国旅游业的持续、快速、健康发展。

（2）业务范围：参与制定相关立法、政府规划、公共政策、行业标准和行业数据统计等事务，参与制定、修订行业标准和行业指南，承担行业资质认证、行业人才培养、共性技术平台建设、第三方咨询评估等工作；向业务主管部门反映会员的愿望和要求，向会员宣传政府的有关政策、法律、法规并协助贯彻执行；收集国内外与本行业有关的基础资料，开展行业规划、投资开发、市场动态等方面的调研，为政府决策和旅游行业的发展提供建议或咨询；利用互联网等现代科技手段，建立旅游经济信息技术平台，进行有关国内外的市场信息、先进管理方式、应用技术以及统计数据的采集、分析和交流工作；接受政府部门转移的相关职能和委托的购买服务，参与有利于行业发展的公共服务；开展会员企业信用评价，加强会员企业信用信息共享和应用，组织有关业务技能培训和人才培养；建立健全行业自律机制、健全行业自律规约、制定行业职业道德准则、规范行业发展秩序、维护旅游行业公平竞争的市场环境；组织技术交流，举办展览、抽样调查、安全检查，以及对旅游专业协会进行业务指导；加强与行业内外的有关组织、社团的联系、合作与沟通，促进互利互惠的利益平衡；开展对外交流与合作、开拓国际市场；编辑出版有关资料、刊物，传播旅游信息和研究成果；承办业务主管部门委托的其他工作。

（3）协会机构：会员代表大会是本团体的最高权力机构，每四年召开一次。理事会是会员代表大会的执行机构，由大会选举产生，每届任期四年，每年召开一次会议。理事会闭会期间，由常务理事会行使其职权。常务理事会由理事会选举产生，每年召开两次会议，常务理事会由会长、副会长、常务理事和秘书长组成。常务理事会设办公室作为办事机构，负责日常具体工作。根据工作需要，中国旅游协会还设立了温泉旅游、休闲度假、旅游教育、休闲农业与乡村旅游、妇女旅游、民航旅游、旅游商品与装备、民宿客栈及精品酒店、旅游城市9个分支机构。

2. 中国旅行社协会

中国旅行社协会（China Association of Travel Services，CATS）成立于1997年10月，是由中国境内的旅行社、各地区性旅行社协会等单位按照平等自愿的原则结成的全国旅行社行业的专业性协会，业经国家民政部门登记注册的全国性社团组织，具有独立的社团法人资格。协会会址设在北京，接受文化和旅游部的领导、民政部的监督管理和中国旅游协会的业务指导。

（1）协会宗旨：遵守国家的宪法、法律、法规和有关政策，遵守社会道德风尚，代表和维护旅行社行业的共同利益和会员的合法权益，努力为会员服务，为行业服务，在政府和会员之间发挥桥梁和纽带作用，为中国旅行社行业的健康发展做出积极贡献。

（2）业务范围：宣传贯彻国家旅游业的发展方针和旅行社行业的政策法规；总结交流旅行社的工作经验，开展与旅行社行业相关的调研，为旅行社行业的发展提出积极并切实可行的建议；向主管单位及有关单位反映会员的愿望和要求，为会员提供法律咨询服务，保护会员共同利益，维护会员合法权益；制定行规会约，发挥行业自律作用，督促会员单位提高经营管理水平和接待服务质量，维护旅游行业的市场经营秩序；加强会员之间的交流与合作，组织开展各项培训、学习、研讨、交流和考察等活动；加强与行业内外的有关组织、社团的联系、协调与合作；开展与海外旅行社协会及相关行业组织之间的交流与合作；编印会刊和信息资料，为会员提供信息服务；承担业务主管单位委托的其他工作。

（3）组织机构：协会的最高权力机构是会员代表大会，每四年举行一次。协会设立理事会和常务理事会。理事会对会员代表大会负责，是会员代表大会的执行机构，在会员代表大会闭会期间领导协会开展日常工作；常务理事会对理事会负责，在理事会闭会期间，行使其职权。协会实行团体会员制及对会员实行年度注册公告制度，凡在中国境内依法设立、守法经营、无不良信誉的旅行社及与旅行社经营业务密切相关的单位和各地区性旅行社协会或其他同类协会承认和拥护协会章程，均可申请加入协会。《旅行社之友》为协会会刊。

拓展阅读

中国旅行社协会举办“中国旅业对话”活动

中国旅行社协会主办的“中国旅业对话”系列沙龙于2016年10月21日在北京举办了第一期。本期活动主题定为“消费者理性回归，旅行社品牌建设之道”。

凤凰旅游总裁谢立新表示，整个旅行社行业都存在一个很大的问题，就是品牌的经营都不能算好。“一个好的品牌，就意味着你可以增加更多的利润，可以卖出更好的价钱，可以做出更好的服务。希望消费者能够尊重服务，因为服务是有价值的。”

关于旅行社品牌运营及建设，众信旅游董事长冯滨、百程旅行网首席执行官曾松、国旅总社副总裁胡志敏、中青旅副总裁李京等做了发言，均做了建设性建议。

资料来源：http：//cats.org.cn/xinwen/gongzuo/27418.

3. 中国旅游饭店业协会

中国旅游饭店业协会（China Tourist Hotels Association，CTHA），原名中国旅游饭店协会，成立于1986年2月25日，是经民政部登记注册的非营利性社会组织，具有独立法人资格，是中国境内的饭店和地方饭店协会、饭店管理公司、饭店用品供应厂商等相关单位，按照平等自愿的原则结成的全国性行业协会，接受文化和旅游部的领导、民政部的监督管理和中国旅游协会的业务指导，并于1994年正式加入国际饭店与餐馆协会（IH&RA），并进入其董事会成为五位常务董事之一。

（1）协会宗旨：遵守国家法律法规，遵守社会道德风尚，代表中国旅游饭店业的共同利益，维护会员的合法权益，倡导诚信经营，引导行业自律，规范市场秩序。在主管单位的指导下，为会员服务，为行业服务，在政府与企业之间发挥桥梁纽带作用，为促进中国旅游饭店业的健康发展做出积极贡献。

（2）业务范围：宣传、贯彻国家有关旅游业的发展方针和旅游饭店行业的政策、法规，向业务主管单位反映会员的愿望和要求；组织会员订立行规行约并监督遵守，维护旅游行业的市场秩序；进行调查研究，总结、交流工作经验，收集国内外饭店业的信息，向政府有关部门提供会员单位经营管理的成功经验；组织开展饭店的培训、研讨、考察及有关产品展览等工作；开展认证等工作；开展与海外饭店餐馆协会等相关行业组织之间的交流与合作；编辑会刊和信息资料，为会员单位提供信息服务；承办业务主管单位委托的其他工作。

（3）组织机构：协会的最高权力机构是会员大会，由会员单位的法定代表人组成，每届4年。协会设立理事会和常务理事会，理事会是会员大会的执行机构，在会员大会闭会期间开展日常工作。常务理事会由理事会选举产生，常务理事会由会长1人，副会长、常务理事若干人和秘书长1人组成，在理事会闭会期间，行使其职权。

协会会员中聚集了全国饭店业中知名度高、影响力大、服务规范、信誉良好的星级饭店，国际著名饭店集团在内地管理的饭店基本上都是协会会员。

4. 中国旅游车船协会

中国旅游车船协会（China Tourism Automobile And Cruise Association，CTACA）成立于1988年1月，是由中国境内的旅游汽车、游船企业和旅游客车及配件生产企业、汽车租赁、汽车救援等单位，在平等、自愿的基础上组成的全国性行业专业协会，是非营利性社会组织，具有独立的社团法人资格。会址设在北京，现有会员200余家。协会接受文化和旅游部的领导、民政部的监督管理和中国旅游协会的业务指导。

（1）协会宗旨：遵守国家的宪法、法律、法规和有关政策，遵守社会道德风尚，广泛团结联系旅游车船业界人士，代表并维护会员的共同利益和合法权益，努力为会员、为政府、为行业服务，在政府和会员之间发挥桥梁和纽带作用，为把我国建设成为世界旅游强国、促进国民经济和社会发展做出积极贡献。

（2）业务范围：宣传贯彻国家有关旅游业发展的方针政策，向主管单位反映会员的愿望和要求；总结交流旅游车船企业的工作经验，收集国内外本行业信息，深入进行调查研究，向主管单位提供决策依据和积极建议；组织会员订立行规行约并监督遵守，维护旅游市场秩序，协助主管单位加强对旅游市场的监督管理；为会员提供咨询服务，加强会员之间的交流与合作，组织开展培训、研讨、考察和新经验、新技术及科研成果的推广等活动，沟通会员间的横向联合，促进行业间的业务联网；指导下设的专业委员会开展业务活动；加强与行业内外的相关组织、社团的联系与合作；开展与国际旅游联盟（AIT）组织等海外相关行业组织之间的交流与合作；编印会刊和信息资料，为会员提供信息服务；承办业务主管单位委托的其他工作。

（3）组织机构：协会的最高权力机构是会员大会，每四年召开一次；理事会是会员大会的执行机构，在闭会期间领导本会开展日常工作，每年召开一次会议；常务理事会由理事会选举产生，对理事会负责，每年召开一次会议；秘书长在常务理事会的领导下主持本会日常工作。凡在中国境内经注册批准、依法经营、无不良信誉的旅游汽车、游船企业、旅游客车、配件生产企业、汽车租赁、汽车救援等企业以及与旅游车船行业相关的单位，均可申请入会。协会的会刊是《中国旅游车船》。

5. 中国旅游报刊协会

中国旅游报刊协会（China Association of Tourism Journals，CATJ）成立于1993年8月，是由全国与旅游信息传播相关的报纸、期刊、大众传媒单位及相关单位的报刊，按平等自愿原则组成的全国性行业专业协会。协会是非营利性社会团体，具有独立的社团法人资格，会址设在北京，接受文化和旅游部以及民政部的管理与监督，接受中国旅游协会的业务指导。

（1）协会宗旨：遵守中华人民共和国的宪法和法律，遵守国家有关旅游和新闻法规，遵守社会道德风尚。代表和维护会员的共同利益和合法权益，努力为会员服务，为政府服务，为行业服务，在政府部门和会员之间发挥桥梁和纽带作用，团结全国各类传播旅游信息的报刊和大众媒体，为促进旅游业持续、快速、健康发展做出积极贡献。

（2）业务范围：维护旅游信息传播工作者的合法权益，向会员宣传政府的有关法律、法规和政策，向政府部门反映旅游信息传播工作者的意愿和要求；收集与旅游信息有关的基础资料并展开调研、提出发展建议、协助推动旅游信息传播工作发展；加强旅游报刊与传媒之间的联系，开展信息交流、学术研讨、业务培训等活动，提高旅游信息服务的质量；组织旅游信息传播工作者的学习、实地考察和现场采访，报道我国旅游业发展成就，宣传先进典型，促进精神文明建设，纠正行业不正之风；协调会员关系、编辑信息资料、出版会刊、建立网站；提高大众传媒传播旅游信息的积极性；加强与有关组织和社团的联系与合作，开展同海外相关行业组织之间的交流与合作；承办主管单位委托的其他工作等。

(3) 组织机构：最高权力机构是会员大会，每四年召开一次。理事会是会员大会的执行机构，在闭会期间领导协会开展日常工作，每年召开一次会议。常务理事会由理事会选举产生，对理事会负责，每年召开一次会议。秘书长在常务理事会的领导下主持协会日常工作。协会实行团体会员制，凡在中国境内经注册批准、无不良信誉的从事与旅游信息传播直接有关的企事业单位、在旅游信息传播领域内有一定影响的相关单位或区域性的同类协会和旅游企事业的内部报刊，承认和拥护本会章程，都可申请加入协会，目前已有会员单位200余家。协会的会刊是《中国旅游报刊协会通讯》。

（二）地方性旅游行业组织

除了上述全国层次的旅游行业组织外，我国各省（区、市）也都为适应市场经济发展要求，促进辖区内旅游业发展，多数都组建了地方性旅游行业组织，如北京市旅游行业协会、山东省旅游行业协会等。地方性旅游行业组织的成员多来自与本行业密切相关的企业、旅游教育机构及科研院所等。协会在性质上也都属于非营利性的社会组织或民间团体，在开展工作上一般都挂靠于当地旅游局并接受当地旅游行政组织的指导。

三、国际性旅游组织

国际性旅游组织有狭义与广义之分。狭义的国际旅游组织是指其成员来自多个国家并为多国利益工作和服务的全面性国际旅游组织（如WTTC）。广义的国际旅游组织则还包括那些其工作部分涉及国际旅游事务的国际组织，以及专门涉及某一旅游行业的国际性旅游同业组织。本书仅就狭义的国际旅游组织展开叙述。

拓展阅读

北京等城市19日共同发起成立世界旅游城市联合会

北京、柏林、洛杉矶、迪拜、莫斯科、渥太华等37个国内外著名旅游城市19日共同发起成立世界旅游城市联合会。联合会总部将永久设在北京，这也是首个总部落户中国的国际性旅游组织。

世界旅游城市联合会以“旅游让城市生活更美好”为主旨，主要机构包括会员大会、理事会、秘书处。联合会每五年进行一次换届选举。2012 年 6 月，联合会首次举办世界旅游城市联合会北京香山旅游峰会，其间举行联合会第一次会员大会，产生首届理事会，同时举办博览会等多项活动。

(一) 世界旅游组织

世界旅游组织（World Tourism Organization，WTO）是联合国的政府间国际旅游组织，是旅游领域的领导性国际组织。国际官方旅行组织联盟（世界旅游组织的前身）于 1970 年在墨西哥城召开特别代表大会，通过了将要成立的世界旅游组织章程。1975 年世界旅游组织正式成立，成为全球性的政府间国际旅游组织，1976 年将总部迁往马德里。中国于 1983 年正式加入该组织，成为该组织的第 106 个正式会员。2003 年 10 月 17 日在北京召开的第 15 次全体大会上，世界旅游组织正式宣布成为联合国专门机构。

1. 组织宗旨

促进和发展旅游事业，使之有利于经济发展，有利于国际间相互了解、和平与繁荣，不分种族、性别、语言或宗教信仰、尊重人权和人的基本自由，并强调在贯彻这一宗旨时要特别注意发展中国家在旅游事业方面的利益。

2. 组织机构

世界旅游组织的组织机构包括全体大会、执行委员会、秘书处及地区委员会。其中全体大会为最高权力机构，每两年召开一次，审议该组织的重大问题。执行委员会每年至少召开两次会议。执行委员会下设五个委员会：计划和协调技术委员会、预算和财政委员会、环境保护委员会、简化手续委员会以及旅游安全委员会。秘书处负责日常工作，秘书长由执委会推荐、大会选举产生，任期四年，可连任两次。地区委员会是非常设机构，负责协调、组织本地区的研讨会、工作项目和地区性活动，每年召开一次会议，共设有非洲、美洲、东亚和太平洋、南亚、欧洲和中东六个地区委员会。

3. 成员和经费来源

世界旅游组织成员分为正式成员（主权国家政府旅游部门）、联席成员（无外交实权的领地）和附属成员（直接从事旅游业或与旅游业有关的组织、企业和机构）。联席会员和附属成员对世界旅游组织事务无决策权。据世界旅游组织官方网站公布，其成员包括 157 个国家、6 个准成员和 500 多个附属会员（代表私营部门、教育机构、旅游协会和当地旅游部门）。世界旅游组织用于行政和完成工作规划的经费预算开支主要靠成员缴纳的会费以及根据财政条例所得的其他款项。

4. 业务范围

收集和分析旅游数据，定期向成员国提供统计资料、研究报告；制定国际性旅游公约、宣言、规则、范本；研究全球旅游政策；促进旅游适度发展，以保护环境；支持旅游设施建设，以提高服务质量；消除或缩小阻碍国际旅游发展的障碍；促进自由贸易的积极性，以刺激旅游的发展；为培养旅游业高质量的专业人才提供教育和培训的师资、教材和其他便利条件。世界旅游组织的主要出版刊物有《联合国世界旅游组织消息》《旅游发展报告（政策与趋势）》《旅游统计年鉴》《旅游统计手册》和《旅游及旅游动态》。

5. 世界旅游日

世界旅游日（World Tourism Day）是由世界旅游组织确定的旅游工作者和旅游者的节日。1979 年 9 月，世界旅游组织第三次代表大会正式将 9 月 27 日定为世界旅游日，并自 1980 年起，每年都推出一个世界旅游日主题宣传口号，各国旅游组织根据主题和要求开展一系列庆祝活动（见表 6 - 3）。

表 6 - 3　　世界旅游日主题（2007—2016 年）

年份	主　题
2007 年	旅游为妇女敞开大门
2008 年	旅游：应对气候变化挑战
2009 年	庆祝多样性
2010 年	旅游与生物多样性
2011 年	旅游：连接不同文化的纽带
2012 年	旅游业与可持续能源：为可持续发展提供动力
2013 年	促进旅游业在保护水资源上的作用
2014 年	快乐旅游，公益惠民
2015 年	十亿名游客，十亿个机会
2016 年	丝绸之路旅游年

（二）太平洋亚洲旅游协会

太平洋亚洲旅游协会（Pacific Asia Travel Association，PATA）是具有广泛代表性和影响力的国际旅游组织，由最初成立于 1951 年的太平洋地区旅游协会于 1986 年更名而来，是一个民间性、行业性、地区性的、非政府间的国际旅游组织，其成员既有国家旅游组织，也有各种旅游协会和旅游企业。

太平洋亚洲旅游协会的总部设在美国旧金山，设有两个分部。一个设在菲律宾马尼拉（负责处理东亚地区的事务），一个设在澳大利亚悉尼（负责主管南太平洋地区的事务）。我国于 1993 年加入该协会，在我国，人们习惯性简称其为亚太旅游协会。

1. 协会宗旨

发展、促进和便利世界其他地区的游客前来亚太地区各国旅游以及本地区各国居民在本地区内开展国际旅游。

2. 业务范围

拟订措施，宣传和促进会员国旅游业可持续健康发展；定期召开国际会议，交流经验，加强会员国之间旅游业务联系；在组织广告、制定计划、市场推广和完善旅游企业及服务行业管理方面，对会员给予实际援助；开展旅游统计和研究工作，分析、研究市场行情，向会员国提供发展数据及咨询；促进合作，简化旅游手续，发展本地区国家间的业务和文化联系。

3. 组织机构

该协会每年召开一次全体会员大会，讨论和修订协会的工作和长期计划。协会设有4个常务委员会，即管理工作常委会、市场营销常委会、开发工作常委会和调研工作常委会。协会的管理机构为理事会，由49～51名成员组成，其职能是在两届年会之间开展协会工作。理事会下设3个委员会：管理委员会（代表理事会处理协会日常事务，并执行理事会的有关政策）、企业委员会（由企业会员和联系会员代表组成，应会长要求，随时讨论咨询事宜，并向理事会提出建议报告）和咨询委员会（应会长要求，讨论有关协会战略方向和长远规划问题，并向理事会提出建议报告）。

为加强地区间密切联系、提高协会工作效率，协会在新加坡、摩纳哥、澳大利亚悉尼和美国旧金山均设立了办事处。此外，协会还设有出版处，出版发行各种旅游教科书、研究报告、宣传资料、旅游指南以及多种期刊，其中主要期刊为《太平洋旅游新闻》。

（三）世界旅行社协会联合会

世界旅行社协会联合会（Universal Federation of Travel Agents Association，UFTAA）是最大的非政府间国际旅游组织之一，是由1919年在巴黎成立的欧洲旅行社组织和1964年在纽约成立的美洲旅行社组织于1966年11月22日在罗马会议上合并而成的。总部及秘书处设在比利时的布鲁塞尔；该协会的正式工作语言为英语、西班牙语和法语。中国旅游协会于1995年8月正式加入该组织。

1. 协会宗旨

团结和加强各国全国性旅行社协会和组织，协助解决会员间发生的纠纷；在国际上代表旅行社行业同有关的各种旅游组织和企业（运输业、旅馆业和官方机构等）建立联系，进行合作；确保旅行社业务在经济、法律和社会领域中最大限度地得到协调、赢得信誉、受到保护和发展；向会员提供必要的物质上、业务上、技术上的指导和帮助，使其在世界旅游业中占有一席之地。

2. 组织机构

组织机构包括全体大会、理事会、执行委员会和总秘书处。全体大会是最高权力机构，每年召开一次，主要任务是交流经验、互通情报，讨论如何改善旅行社企业的经营管理。理事会由选举或协商产生，主要负责处理日常工作；理事会下设总秘书处，由秘书长负责，具体执行理事会和执行委员会的决定。

该协会出版发行《世界旅行社协会联合会信使报》（月刊）。

（四）国际饭店协会

国际饭店协会（International Hotel Association，IHA）是旅馆和饭店业的国际性组织，于1947年在法国成立，总部设在巴黎，其正式会员为世界各国的全国性饭店协会或类似组织，中国旅游饭店业协会于1994年3月加入该组织。

1. 协会宗旨

联络各国饭店协会，研究国际旅馆业以及与国际旅游者交往有关的问题；促进会员间的交流和技术合作；协调饭店业和有关行业的关系，维护本行业的利益。

2. 业务范围

通过与各国政府对话，促进各国政府实行有利于饭店业发展的政策，并给予饭店业支持；参与联合国跨国公司委员会有关国际饭店跨国企业方面的工作；通过制定和不断修改来完善有关经济法律文件，协调饭店与其他行业的关系；进行调研、汇集和传播市场信息，提供咨询服务；为各会员提供培训旅馆从业人员的条件和机会。

3. 组织机构

协会每两年举行一次会员大会，商讨旅游业发展中的重大问题，修改和制定有关政策法规，选举下届主席、副主席和秘书长。协会设有9个委员会，即财经委员会、法律委员会、经济政策研究委员会、出版发行委员会、宣传促销委员会、旅行社业务委员会、饭店专业培训委员会、季节性饭店和度假地饭店事务委员会以及会员联系事务委员会。

该组织出版的刊物主要有：《国际饭店与餐馆》（月刊）、《国际饭店业评论》（季刊）、《国际饭店指南》（年刊）、《旅游机构指南》（年刊）等。

模块小结

本模块主要讲解了旅游行业组织的概念、分类及职能，我国各类旅游行业组织的宗旨、业务范围和组织机构以及世界旅游组织等主要国际性旅游组织。世界旅游组织第22届全体大会2017年9月在成都举行，文化和旅游部与世界旅游组织共同举办“一带一路”国家旅游部长圆桌会议，倡议成立“一带一路”国家和地区旅游合作共同体，我国旅游业迎来了新的发展机遇。

同步测试

一、选择题

1. 下列哪一项不是世界旅游组织的刊物？（　　）。

A.《联合国世界旅游组织消息》　B.《旅游发展报告（政策与趋势）》

C.《旅游统计年鉴》　D.《世界旅行社协会联合会信使报》

2. 中国加入的国际性旅游组织主要有（　　）。

A. 世界旅游组织　B. 太平洋亚洲旅游协会

C. 世界旅行社协会联合会　D. 欧洲旅行社组织

3. 世界旅游日是（　　）。

A. 9月27日　B. 10月1日　C. 8月27日　D. 11月11日

4. 2016年世界旅游日的主题是（　　）。

A. 丝绸之路旅游年　B. 旅游与生物多样性

C. 旅游：应对气候变化挑战　D. 快乐旅游，公益惠民

5. 世界旅游组织第22届全体大会在（　　）举行。

A. 中国成都　B. 中国深圳　C. 美国旧金山　D. 巴西里约热内卢

二、思考题

1. 旅游行业组织在旅游业发展中的积极作用是什么？

2. 简要分析我国目前主要有哪些旅游行业组织。

三、案例分析

中国旅游协会创新助力旅游发展

着力于对旅游业的顶层思考和多领域跨界融合，中国旅游协会六届二次理事会暨旅游产业转型升级发展论坛日前召开。

中国旅游协会是全国首批与行政主管单位脱钩的行业协会，始终将创新作为打造高水平服务产品的关键，推出了B2B模式的企业对接平台，旨在将新技术、新产品的提供方与需求方连接在一起，共同寻求合作，创造商机，并先后举办了旅游新技术发展论坛和旅游金融发展论坛。

为使广大会员、理事单位有机会接触其他不同领域与旅游行业融合发展的理念，本次会议邀请中国科学院院长白春礼做了“新科技革命与产业变革发展态势”的主

题报告，国际货币基金组织前副总裁、清华大学国家金融研究院院长朱民做了“世界经济金融大趋势”的主题报告，中国工程院副院长樊代明做了“走向医学发展新时代”的主题报告。

随着中国旅游在世界分量的不断加重和话语权的不断增强，为回应全球对中国旅游的期待，中国旅游协会倡议适时组建一个由中国主导的国际旅游非政府组织——世界旅游发展联盟。据悉，该联盟正在积极筹备组建中。

资料来源：http：//www. cnta. gov. cn/xxfb/jdxwnew2/201705/t20170512 _ 825309. shtml.

思考：

结合案例，谈谈你对中国旅游协会的认识。中国旅游协会对我国旅游业的发展及创新发挥的积极作用有哪些？

实践训练

以小组为单位，实地调研所在城市都有哪些旅游行业组织，这些行业组织对当地旅游业的发展起到了哪些作用？

单元七
旅游新业态

【单元导读】

新中国旅游业发展至今已有 30 多年历史，经历了萌芽期、发展期、成熟期等发展阶段，旅游业的产业地位也由最开始的“朝阳产业”发展为现在的“战略性支柱产业”，产业的转型升级是旅游业发展的必然要求和必然方向。旅游业正在吸引相关领域快速聚集，多产业融合的新型旅游市场正逐步形成。在不断创新、改革、融合的过程中，旅游业发展呈现多样化，助推了旅游新型业态的大量涌现与蓬勃发展，并逐渐成为旅游业的生力军、主力军。

本单元将从“旅游＋”业态、休闲旅游业态、在线旅游业态、旅游共享经济业态四个模块介绍旅游新业态。基于“旅游＋”概况，形成对“旅游＋”未来发展的认知；掌握休闲旅游类型和休闲旅游产品的未来发展方向；明确在线旅游市场的特点及分类，了解在线旅游未来发展趋势；认识旅游共享经济，探索旅游共享经济发展前景。

模块一　“旅游+”业态

【学习目标】

1. 了解“旅游+”的概念
2. 认识“旅游+”的本质
3. 提升对“旅游+”未来发展的理解

【学习导入】

资溪打造“旅游+”新业态

“走，约起！周末去资溪采采茶、爬爬山、尝尝面包、吃吃烧烤……”3月下旬以来，资溪县白茶采茶节、面包焙烤比赛、白茶仙子评选、大觉山古镇遴选镇长等一系列节庆活动陆续登场，掀起旅游活动新一轮热潮。资溪拥有大觉山、九龙湖、法水温泉、马头山原始森林等20多处风景区。每年3月面包节、4月采茶节、7月漂流节、9月猕猴桃采摘节等重大活动期间，更有成千上万的游客前来观光体验。这座拥有“人间净土”和“天然氧吧”美誉的旅游城市，是众多游客的心灵原乡。

坐拥得天独厚生态资源的资溪，发挥自身优势，主动作为，推进“旅游+”大产业体系建设，推动旅游与相关产业融合发展。以农家乐、采摘、特色民宿、森林资源整合为抓手，推进“旅游+农林”，建设美丽乡村；以嵩市、马头山万亩现代有机休闲农业示范园为龙头，突出有机白茶、有机大米、有机竹笋、有机果蔬、有机畜禽等特色，大力发展建设了迦南观光园等一批休闲观光农业、森林公园、采茶基地；依托毛竹资源和绿色食品加工优势，引导特色优势企业发展工业旅游；促进“旅游+文化”，以文创产业发展助推旅游，加快推进新月畲族民俗文化村、李山甫主题文化公园、御龙湾、面包文化产业园、台湾风情园、大觉古镇影视基地等一批健康养生、风情演艺的新兴旅游业态；提升“旅游+服务”，建立旅游咨询综合服务体系，通过推动旅游交通公交化，构建休闲慢行道路系统，实现住宿接待设施多元化，挖掘资溪特色小吃和菜系，全面提升旅游服务。此外，该县还大力发展智慧旅游，在重点景区实现 Wi-Fi 覆盖，促进旅游景区、旅游商品、旅行社和电商合作，实现资源共享，改善旅游业发展环境。

“旅游＋工业”催生了鹤城“绿色食品生产”的工业旅游，“旅游＋农业”让马头山的“四季鲜果”农家观光园人头攒动，“旅游＋文化”使得百越文化村受万人追捧……据介绍，通过营销、组办活动等手段，2016 年一季度，全县累计接待游客人数达 76.5 万人次，实现旅游综合收入 4.68 亿元，同比增长 27.4%。

资料来源：http：//news.xinhuanet.com/local/2016-04/17/c_128902106.htm.

思考：

通过资溪打造“旅游＋”新业态的案例，谈谈你对“旅游＋”的认识。

近年来，随着旅游产业规模和影响力越来越大，其综合功能和渗透力、引领力与日俱增，产业地位愈加突出，在社会生活的诸多领域发挥的效益日益显著，在国家外交战略层面的重要地位逐步凸显，旅游业从自循环向开放融合转变，已经从利用相关资源的“＋旅游”时代，跨越到以旅游为主导引领的“旅游＋”新时代。“旅游＋”与“互联网＋”一样，具有“搭建平台、促进共享、提升价值”之功能。互联网以其无处不在的技术力量，通过“互联网＋”全面深刻地改变世界；而旅游则以其强劲的市场开拓力、美好生活追求动力及人文交流优势，通过“旅游＋”给世界带来深刻影响。

知识链接

“旅游＋”打造中国旅游升级版

“旅游＋”是指充分发挥旅游业的拉动力、融合能力及催化、集成作用，为相关产业和领域发展提供旅游平台，插上“旅游”翅膀，形成新业态，提升其发展水平和综合价值。“旅游＋”的拉动力、融合力、聚合力与经济转型升级息息相关。“旅游＋”定义的这一表述其实远远超越旅游业本身，而是国家层面的战略表达。它不仅是驱动经济转型的动力，更是驱动经济升级的动力。

资料来源：http：//www.cnta.gov.cn/xxfb/hydt/201509/t20150916_747187.shtml.

一、"旅游＋"的概念与本质

（一）"旅游＋"的概念

"旅游＋"是指将旅游产业与其他产业有机结合，不仅为旅游业的发展提供内容和文化元素，而且促进了各行各业的发展。

"旅游＋"是新的生产力，不仅能够更好地发挥旅游业的拉动力、整合力和提升力，催生旅游新业态，为相关行业和领域发展提供旅游平台，提升相关行业和领域的发展水平与综合价值，而且可以拓展旅游业发展的视野和空间，提高旅游业发展的品质和效益。因此，旅游业不再只是一个单独的产业，越来越成为第一、二、三产业的黏合剂。

（二）"旅游＋"的本质

2009年，《国务院关于加快发展旅游业的意见》提出，旅游业是"国民经济的战略性支柱产业和人民群众更加满意的现代服务业"，在国家战略层面明确旅游业的产业属性和服务属性。

"互联网＋"的本质是连接，而"旅游＋"的本质是服务，即通过"旅游＋"，将旅游业的服务意识、服务标准、服务质量、服务流程等融入农业、工业、商业等相关行业和领域，带动其服务水平提升和服务价值提高，从而增加相关产业的经济附加值，提升相关行业的消费者满意度。

知识链接

迎接中国"旅游＋"新时代

"旅游＋"正在成为不可阻挡的发展趋势和时代潮流，对经济社会发展产生战略性和全局性的影响，推动一个新时代的到来。

为什么要推进"旅游＋"？主要基于以下认识：

（1）"旅游＋"：时代赋予旅游业的新使命；

（2）旅游：已集聚能量，具备推进"旅游＋"的能力；

（3）"旅游＋"：将产生广泛而深远的影响；

（4）"旅游＋"：旅游升级的创新空间和主攻方向。

资料来源：http：//www. shsee. com/news/rd/61. html.

二、“旅游+”的支柱

（一）人本意识

旅游从业者为游客提供高质量的服务，是旅游业的出发点和落脚点。旅游业的服务，首先强调“以游客为尊”“以游客为本”，“旅游+”的第一个核心支柱就是人本意识。

一直以人本化、人性化著称的日式服务为全世界游客交口称赞。以厕所为例，日本的厕所不仅卫生、洁净，而且有大量人性化设计与设施，如三合一（泡沫、冲水、烘干）洗手盆、免费抽纸、背景音乐，还为特殊人群配备残疾人座椅、婴儿马桶、母婴室、女性化妆间等。这种人性化的厕所让全世界到日本的游客都获得了超出想象的满意体验。

除了人性化的服务设施外，日本贴心的服务更是做到了极致。2015 年“十一”黄金周，不少日本商家为吸引中国游客购物，在商场内专门打出“喜迎（中国）国庆”的中文标语，并专门配备了中文导购。品质优异的产品、贴心的日式服务成为中国游客光顾的主要原因。

美国迪士尼乐园一贯以“我们创造欢乐”为服务理念，在服务过程中始终面带微笑是对每个员工的基本素质要求。好玩的旅游产品再加上可亲的周到服务为迪士尼乐园赢得了超高的社会口碑及巨大的经济效益。

（二）诚信精神

当前中国国内旅游购物比重增长缓慢，与国内旅游购物诚信缺失有很大关系。纵观全国各地，云南零团费负团费、海南购物欺诈、青岛“天价大虾”、长沙“天价白水”、福建武夷山“天价麝香肉”、香港强制购物等，各类旅游负面事件屡见报端，旅游业已然成为诚信危机的重灾区。进入互联网时代，更是“坏事传千里”，旅游目的地的诚信问题已成为影响旅游目的地品牌形象的关键因素。

在发达国家和地区，商业诚信已经成为社会的基本常态。在瑞士，不管是在商场，还是在旅游区商店和机场商店，同样款式的瑞士军刀都是同质同价，而且商品上都有一个 Q（Quality）标志，由国家提供购物信誉背书。国际品牌商家诚信的常态化在国内也有体现，以瑞典宜家的中国卖场为例，只要有宜家收银小票、购买物品无破损、在退换货时间内，消费者就可以到宜家自由地退换商品，不需要购物发票、不需要理由。宜家卖场内有专门的退货区，消费者可以当场办理退货、当场拿到退款。

消费环境轻松愉快、商品明码标价、退货方便快捷、游客消费满意放心，发达国家和国际品牌商家向中国旅游展示了诚信赢得人心、诚信赢得财富的典型案例和经营范式。

（三）开放思维

旅游是中国最早对外开放的领域，是改革开放初期中国创造外汇收入的重要来源。酒店作为中国旅游业最早对外资开放的领域，是中国旅游业接轨国际最早、发展最成熟的子行业。从全国来看，长三角、珠三角、环渤海等沿海地区和北京、上海、杭州、深圳、青岛等城市旅游经济发展得好，其重要原因源于对外开放。

杭州是开放引领旅游发展的范例。2002年，在全国各地旅游景区门票不断上涨时，杭州市实施了“还湖于民”行动，取消环湖景区门票，西湖免费对市民和游客开放，杭州西湖成为中国第一家免费开放的国家5A级景区。西湖景区免费开放，虽然减少了门票收入，但景区内旅游商铺的商业租金明显增加，游客的人均逗留天数明显延长，食、住、行、游、购、娱等旅游综合收入显著增长，创造了“一张免票带动了第三产业”的示范效应。西湖免费开放的典型案例推广引领了苏州金鸡湖、南京中山陵等众多高等级旅游景区的陆续开放，助推了中国旅游从门票经济向综合经济的转型。

近几年，杭州在“开放”的道路上越走越宽、越走越远，越来越多的公共资源和公共产品免费向市民和游客开放：西湖周围公园取消门票、公共自行车免费租借、公共厕所全部免费、博物馆免费参观……免费开放直接带动了旅游收入持续增长，提升了杭州的城市形象和旅游美誉度，其先后荣膺了“中国最佳旅游城市”“中国最具幸福感城市”等系列称号。

中国旅游A级景区评定也是开放思维的成功范例。文保单位、水利工程、主题公园、学校、农业园、社区等，这些本不属于旅游系统的单位，也可以向旅游景区质量等级评定委员会提出申请，经评定符合旅游景区质量等级标准的皆可成为A级景区。

三、“旅游＋”的未来发展内容

（一）战略层面：旅游＋“五化”

旅游＋“五化”发展战略大有作为：旅游＋新型城镇化，有利于发展特色旅游城镇，发挥旅游对新型城镇化的引领作用；

旅游＋新型工业化，发展工业旅游，创新企业文化建设和营销方式新形态，同时也有利于发展旅游装备制造业、户外用品、特色旅游商品；

旅游＋生态化，大力发展生态旅游，推进旅游生态化；

旅游＋信息化，用信息化武装旅游，将旅游业培育为信息化最活跃的前沿产业；

旅游＋农业现代化，发展乡村旅游、休闲产业等现代农业新形态。

（二）重点行业：推进旅游＋新的生活方式

推进旅游＋研学教育（游学）。研学教育或游学在中外都有悠久历史，我国古代的文人墨客留下了灿烂的游学故事和作品，成为中华文化永放光芒的瑰宝。游学近年来悄然兴起，越来越多的学校和家庭认识到“读万卷书、行万里路”对青少年成长发展的重要性。许多学子尝到了寓学于游的甜头，研学旅游在国内蔚然成风，甚至走出国门。

推进旅游＋交通，迎接汽车时代、高铁时代、低空时代。目前，我国铁路运营总里程已突破 11 万千米，列世界第二位。其中高铁运营总里程超过 1.5 万千米，居世界第一位，基本形成覆盖全国的高铁路网。我国游客选择自驾游出行的比例已超过 70％，庞大的自驾游规模和日益兴起的房车旅游对营地建设产生了巨大的市场需求。我国便利的高铁、汽车保有量的增加、航空条件的改善极大地便利的游客的出行，顺应了“旅游＋交通”时代需求。

推进旅游＋休闲度假，形成旅游休闲一体化。目前，我国人均 GDP 已超过 7 000美元，旅游需求进入爆发式增长阶段。为优化休假安排，更好地满足公众的休闲旅游需求，国务院办公厅出台了《关于进一步促进旅游投资和消费的若干意见》，提出要强化落实带薪休假，要求各地政府制定落实带薪休假的实施细则，鼓励错峰休假和弹性作息。这一系列政策受到社会广泛关注和民众普遍欢迎，为休闲旅游的发展提供了良好的条件。

推进旅游＋健康养生。环境污染、高压力、亚健康等现代都市生活的一系列问题让人们越来越注重追求健康的生活方式。旅游如今已经成为人们休闲、放松的重要方式，越来越多人希望更多地接近大自然，寄情山水，陶冶心性。被称为“长寿村”的广西巴马县，近年来游客络绎不绝。作为我国第一条世界级养生旅游线路的“神奇桂西”，以优美的自然风光和独特的养生传统，带火了沿途几个乡村的旅游业。全国各地越来越多的健康旅游产品陆续推出：北京的多条中医养生文化旅游路线——颐和园品尝药膳、钟鼓楼胡同访名医馆、长城脚下品养生茶道、参观老字号中药店，均受到游客的普遍欢迎。

推进旅游＋新型养老。老年旅游是新型旅游市场。截至 2017 年底，我国 60 岁及以上老年人口数量达 2.41 亿，随着我国人口老龄化的发展，老年旅游需求大幅上升，旅游消费潜力巨大。

推进旅游＋购物。旅游商品种类少、品质低、特色不够一直是我国旅游要素中的一个短板。目前，我国旅游消费构成中旅游购物消费只占 24％左右，远低于旅游发达国家 40％～70％的比重。

拓展阅读

健康＋旅游：打造旅游市场新业态

目前，医疗旅游在全球不少国家已经发展得相对成熟。由于医疗旅游比普通养生、健身旅游产品的专业化要求程度更高，需要完善的城市配套服务体系，查询咨询、游客体验、回访回馈等服务都需要形成模式，不断规范，零散化产品未来将难以满足需求。

资料来源：http：//ex. cssn. cn/dybg/gqdy _ sh/201611/t20161110 _ 3271297. shtml.

（三）热点领域：推进旅游＋，实现重点突破

推进旅游＋互联网，用信息化武装旅游。互联网正在以人们始料未及的速度改变着旅游组织方式、市场经营模式以及游客的出游方式和消费方式。

拓展阅读

国家旅游局关于实施“旅游＋互联网”行动计划的通知

2015 年 9 月 18 日，国家旅游局下发《关于实施“旅游＋互联网”行动计划的通知》（以下简称《通知》）。《通知》指出，旅游业是国民经济的综合性产业，是拉动经济增长的重要动力。以互联网为代表的全球新一轮科技革命正在深刻改变着世界经济发展和人们的生产生活，对全球旅游业发展正带来全新变革，旅游与互联网的深度融合发展已经成为不可阻挡的时代潮流。

推进旅游＋美丽乡村建设，开展旅游精准扶贫。我国乡村旅游资源丰富，市场空间广阔，乡村旅游扶贫是农村扶贫开发的重要渠道。

推进旅游＋大众创业、万众创新。习近平主席多次强调要“开创人人皆可成才，人人尽其才的生动局面”。李克强总理指出“高手在民间，破茧可出蚕”。乡村旅游是大众创业、万众创新的重要领域，特别适合返乡农民工、大学毕业生和专业技术人员自主创业。近年来随着乡村旅游快速发展，大批返乡农民工通过参与乡村旅游经营服务实现了发家致富；越来越多的大学毕业生和文化、艺术、科技等专业技术人员落户乡村，将自身的专业优势与乡村的资源优势、旅游的市场优势组合起来，开展创业，形成了一批乡村旅游创客基地。

推进旅游＋外交，形成旅游外交。“国之交在于民相亲，民相亲在于心相通。”旅游作为增进民间交往、促进民众感情交流的重要载体，在国家外交中正在扮演着越来越重要的角色。国内外实践表明，旅游外交具有很强的弹性，灵活多样，植根于民众。双边关系良好时，旅游交往可以成为发展国家关系的加速器；双边关系不畅时，旅游交往可以成为改善国家关系的润滑剂；双边关系尚无正式外交关系时，可以先行开展旅游交往，使民众交往成为国际关系正常化的导航器。现在每年我国近2.5亿人次的出入境市场规模已成为我们发出中国声音、讲好中国故事、加强与世界联系的重要平台，成为新阶段我国对外交往合作的重要抓手。旅游行业要在国家开发新格局中，主动作为、主动发声，自觉服务国家整体外交，努力开创旅游对外开发的新局面。

随着经济社会和旅游业的不断发展，“旅游＋”的内容会越来越多，各地旅游＋的内容也各有侧重、各有特色，需要因地制宜、因时制宜地选择“旅游＋”的优先领域，实现重点突破。

模块小结

本模块主要讲解了“旅游＋”业态的基本概况。通过本模块的学习，学生可以明确“旅游＋”的概念、本质、支柱以及未来发展内容。作为国民经济战略性支柱地位的旅游业，正在从利用相关资源的“＋旅游”时代，跨越到以旅游为主导引领的“旅游＋”新时代。

同步测试

一、选择题

1. “旅游＋”的本质是（　　）。

A. 旅游　　B. 产品　　C. 连接　　D. 服务

2. 以下哪一点不是“旅游＋”的支柱？（　　）

A. 人本意识　　B. 创新精神　　C. 诚信精神　　D. 开放思维

3. 下列关于“旅游＋”的说法正确的是（　　）。

A. “旅游＋”即是“＋旅游”

B. “旅游＋”即旅游可以与所有行业相连接

C. “旅游＋”使旅游业不再只是一个单独的产业，越来越成为第一、二、三产业的黏合剂

D. “旅游＋”要求以企业为本

二、思考题

1. 为什么要推进“旅游＋”?

2. 除了本模块提到的相关内容外，你所了解的“旅游＋”的内容还有哪些?

三、案例分析

“旅游＋直播”风靡全国

“旅游＋直播”营销模式吸引了一大批80、90后游客购买旅游服务，他们追求的是一种体验，从而催生了体验式营销。“旅游＋直播”可以让游客更加清晰、真实、全方位地感受到旅游产品的特点，这与以往传统的以风景图、旅游宣传片为主的营销方式相比，显然更受游客青睐。

最新的视频直播行业的调查数据显示，22岁及以下的直播观众超过六成，男性用户占比高达77%，每日人均观看时长高达135分钟。这些用户大多是90后年轻用户，他们的旅游需求非常强烈。

热爱网络直播的80后游客王悦涵说：“看旅游直播，足不出户就能体验旅游线路是否值得，还能把握旅游时尚，一举两得。”

有专家认为，“旅游＋直播”抓住了当下年轻人群体对网红、大V、明星的行为认可，利用直播手段营销旅游产品，只要符合法律法规，这样的传播手段值得推广。

各大OTA先后试水“旅游＋直播”探索流量变现

2016年，国内各大OTA（在线旅行社）先后与直播平台达成合作，推动了“旅游＋直播”话题的火爆。直播平台拥有海量的年轻人群体，他们容易受热门主播的影响，对旅游充满向往和好奇，将这些年轻群体带来的流量变现已成为各大OTA付出投资的动力。

2016年5月13日，去哪儿网联合斗鱼直播推出了“旅游直播”节目，十余位网红主播赶赴广州长隆、泰国普吉岛等八大热门目的地，以直播方式和网友一起感受景区魅力。

无独有偶，5月中旬，途牛影视携手花椒直播全程直播某知名演员“量子号”邮轮行，在直播活动中，途牛通过口播方式发放旅游券，成交额破100万元。6月8日，途牛影视与花椒直播签署战略合作协议，对外宣布双方将在建立旅游直播频道、打造旅游直播节目、实现直播商业化等多方面展开合作。

对于新进入直播行业合作的旅行平台来说，旅行直播体验是最容易操作的，旅游直播蕴藏着大量的旅游商机。未来，各类旅游产品，包括酒店、旅游线路甚至是导游，都有望通过直播模式售卖，最终实现流量变现。

资料来源：http：//mt. sohu. com/20160720/n460126630. shtml.

思考：

谈谈你对“旅游＋直播”营销模式的理解或看法。

实践训练

【实践 1】利用网络搜索，选择一种“旅游＋”内容进行详细阐述。

【实践 2】请访谈一下周围朋友或亲人，他们对“旅游＋”了解多少。

模块二　休闲旅游业态

【学习目标】

1. 了解休闲旅游的概念、特点及类型
2. 熟悉休闲旅游开发现状
3. 掌握我国未来休闲旅游产品的发展对策

【学习导入】

休闲旅游备受青睐

据《三农中国》报道，当中国旅游与又一个"五一"假期相遇，全国各地游人如海的景象背后，凸显全域旅游发展的巨大活力。国家旅游局新闻发言人在发布会上透露说：2017 年"五一"小长假期间，全国共接待游客 1 亿 3 400 万人次，同比增长 14.4%，实现旅游总收入 791 亿元，同比增长 16.2%。

青山绿水见乡愁，五月乡村游更娇。2017 年"五一"期间，作为国内旅游的主战场，乡村旅游大放异彩。各地美丽乡村、特色小镇、文化街区也都成为游客聚集地。仅在 4 月 30 日这一天，在山东淄博南沙井、中郝峪、聂家峪等多个乡村旅游点，接待游客人数超过了 10 万人次。山东德州仅仅一个德城区的乡村旅游点当天的旅游收入就达 1 648.5 万元。

同时，自驾游产品持续火爆也带动了乡村旅游的发展。城市周边游、乡村游依旧成为游客首选，赏花、采摘等活动备受青睐。随着乡村旅游的深度开发、乡村旅游扶贫和美丽乡村建设的持续开展，乡村环境不断改善，走进乡村、品味农韵、回归自然成为市民假期首选。

资料来源：http://www.guanggunjieguang.com/?do=news&t=jrtt&act=show&a=27794.

思考：

休闲旅游为什么如此受旅游者青睐？

随着我国居民收入水平的不断提高、消费意识的逐步转变、休闲产业民生政策的陆续出台，越来越多的消费者开始了自己的休闲式生活，我国休闲消费有望迎来新一轮的黄金发展期。与此同时，休闲领域成为投资热点，文化、旅游、体育等休闲领域百亿元以上的投资项目屡见不鲜，地方及民间层面的休闲领域投资异常蓬勃，一些地方纷纷推出新产品以满足人们的需求。

休闲产业的发展给消费市场带来利好。旅游消费、文化娱乐消费、体育消费等休闲相关消费持续增长，租车自驾游、微旅游、虚拟旅游、房车旅行等新的休闲方式陆续出现，形成了固定的休闲人群，带动了旅游消费的迅速增长。

知识链接

《国民旅游休闲纲要（2013—2020年）》

为满足人民群众日益增长的旅游休闲需求，促进旅游休闲产业健康发展，推进具有中国特色的国民旅游休闲体系建设，2013年2月2日，国务院办公厅发布了《国民旅游休闲纲要（2013—2020年）》。主要任务和措施包括：保障国民旅游休闲时间，落实《职工带薪年休假条例》，鼓励机关、团体、企事业单位引导职工灵活安排全年休假时间，完善针对民办非企业单位、有雇工的个体工商户等单位职工的休假保障措施；改善国民旅游休闲环境；推进公共博物馆、纪念馆和爱国主义教育示范基地免费开放，城市休闲公园的门票价格逐步实行低价票等；推进国民旅游休闲基础设施建设；加强国民旅游休闲产品开发与活动组织；完善国民旅游休闲公共服务；提升国民旅游休闲服务质量。

一、休闲旅游的概念与特点

（一）休闲旅游的概念

休闲是指在非劳动及非工作时间内以各种“玩”的方式求得身心的调节与放松，达到生命保健、体能恢复、身心愉悦目的的一种业余生活。休闲所代表的就是人们对于美好生活的向往，这种需求不违背人之常理、不扭曲人之本性，是人皆趋之的一种生活状态，或是人的精神所想要达到的一种境界。一动一静、一行一居、一累一闲之间，可达到闲适、达观、物我两忘的精神境界，处于一种摆脱羁绊的身心、自由自在的生活状态。

休闲旅游是一种以旅游为媒介，以旅游资源为依托，以休闲为主要目的，以特定的文化景观和服务项目为内容，通过参与对旅游文化的创造、欣赏、感受及传递中而达到的一种身体及心理上的解脱、愉悦及发展。休闲旅游与其他旅游形式的不同之处在于：休闲旅游的形式以“静”为主，时间以“长”为主，过程以“闲”为主，旅游产品以“精”为主。现今的旅游者有较多的闲暇时间，拥有更多可以自由支配的资金，旅游地的服务设施条件日趋丰富和完善，参与休闲旅游成为必然。

拓展阅读

福建“五一”旅游吸金61.59亿元　生态休闲游成亮点

2017年“五一”期间，福建旅游市场秩序井然，旅游活动丰富多彩。“五一”小长假期间，福建共接待游客904.16万人次，同比增长24.6%；实现旅游总收入61.59亿元，同比增长30.2%。“五一”假日期间，正是福建武夷山春茶的采摘季节。好空气加上好天气，福建清新生态游也受到广大游客的青睐。“五一”小长假福建生态游亮点纷呈，休闲度假备受青睐，体验游渐成新宠，成为小长假凸显的亮点。

资料来源：https：//3g.163.com/news/article/CJEN436H00018AOQ.html＃adaptation＝pc.

（二）休闲旅游的特点

1. 休闲性

休闲旅游的最大特点是休闲性。休闲旅游是对当前生活环境的一种超越，更注重旅游者的精神享受，让身心放松是休闲旅游的基本要求。旅游者不仅通过身体放松、竞技活动、艺术欣赏、好奇心等多种方式接触大自然，而且在休闲旅游中旅游者可以通过旅游活动享受到内心的愉悦和幸福的体验，使自己的意志、直觉等得到充分展露和表达。休闲旅游是在一种“无所事事”中达到积极的休息，或游泳，或阅读，或徜徉于海滨，或踯躅于森林草原，或沐浴于温和的阳光下，使身心放松，这种放松是身心的调整。

2. 消费能力高

从世界旅游发展规律来看，当人们在拥有了满足生存需要的收入和足够的闲暇时间后，就会考虑旅游消费，观光旅游便应运而生。随着收入水平提高、闲暇时间增多、文化品位提升，休闲度假旅游在一些发达地区的高收入人群中逐渐兴起。相对于观光旅游而言，休闲度假旅游者的消费能力高，在目的地停留的时间比较长，重复消费概率大，有巨大的市场发展潜力。

3. 多发性或重复性

休闲旅游与其他旅游类型具有显著区别。休闲旅游重游率高，而观光旅游大多是一次性。休闲旅游对游客具有持续的吸引力，能够提高游客的重游率，延长逗留时间，这是积极、主动休闲的表现，属于高层次的休闲活动。例如：有的游客一生中的度假地可能只有一个或少数几个地方，一个度假地一生中可能去很多次，因为度假客关注度假目的地给予的熟悉感、亲切感，关注外出度假感觉与在家里生活感觉的内在联系。因此，度假目的地就会拥有一批稳定的回头客群体，这一群体越庞大，度假地服务的针对性就越强，针对该群体提供服务的人性化程度就越高。

4. 多层次性

休闲旅游活动主要是一种经济行为，收入水平的差异使休闲旅游消费呈现出多层次性。根据人们的收入水平，休闲旅游的消费群体可以细分为高、中、低收入人群，不同的群体对休闲旅游的需求和消费呈现出高、中、低等不同档次。另外，不同旅游者具有不同的休闲旅游需求。例如：内陆游客偏好滨海休闲旅游，平原游客偏好山地休闲旅游，所以休闲旅游者体验需求上呈现多层次性。

拓展阅读

海南省一季度旅游实现总收入 223 亿元　个性休闲游受捧

2017 年海南省一季度旅游总收入达 223 亿元，同比增长 21.8%，实现了漂亮的“开门红”。从景区到乡村，从海滨到山区，丰富多彩的旅游产品承接着游客的个性化需求，让海南旅游更显张力。

冲浪冬令营、房车自驾、海滩露营……万宁日月湾正成为越来越多户外爱好者的聚集地。赏花游，醉游人：海南国际旅游岛三角梅花展海口开展，定安南丽湖樱花节、昌江昌化江畔木棉红旅游季令游客大饱眼福。航天游，增知识：文昌航天科普中心、龙楼航天小镇游客络绎不绝。民俗游，更热闹：南山景区“新春南山祈福”、大小洞天景区“金鸡纳福喜迎新春”系列活动等新春祈福送福活动正合游客心意。

资料来源：http：//news. hainan. net/gundong/2017/04/27/3394210. shtml.

5. 自由行、半自由行方式

与观光旅游的组团出行不同，休闲旅游更偏好于自助式旅游（自由行）或半自助式旅游（即半自由行，仅通过旅行社安排机票、酒店）。在出游单位上，家庭朋友出游的比例明显增高。散客与家庭式的旅游在国际上是从 20 世纪 70 年代末、80 年代初开始兴起的，目前在我国也逐步成为一个重要方式，这对现有旅游企业的经营提出了更高的要求。

6. 体验性

休闲旅游是在强调游客积极参与的前提下，强化个体生命对旅游产品的独特体验性，从而体会到自然之美、生活之美、生命之美。所以休闲旅游更加注重游客的主体性和参与性，在休闲旅游产品的开发和市场营销上应该充分考虑旅游者的体验性。

二、休闲旅游产品的类型

休闲旅游产品是具有休闲功能的旅游产品。它是旅游企业为了满足旅游者在休闲旅游活动中精神、文化、生活的需求，向旅游市场提供的能够彰显文化功能、突出休闲性的物质和劳务的总和。它既有有形的物质要素，也有无形的非物质要素。休闲旅游产品更强调旅游产品的休闲特征，侧重旅游产品的文化内涵，注重旅游产品中“以人为本”的核心思想。

有学者认为休闲旅游主要有以下几类：回归自然（山野风光、森林游憩、乡村风光）、休养（温泉浴、日光浴、沙浴、泥浴、森林浴）、娱乐（划船、滑沙、骑马）、求知求新（产业旅游、生态旅游）、健身（登山、游泳）、购物（绿色、名、特、优、新农、副产品）等。业内对休闲旅游产品类型的划分见表 7－1。

表 7－1　休闲旅游产品类型

产品类型	分类	内容
度假休闲旅游	滨海型	潜水、日光浴、海上摩托艇、冲浪、潜水、沙滩排球等
	山地型	高山滑雪、疗养、避暑、登山、攀岩、观光等
	湖泊型	泛舟、垂钓、疗养、游泳、观光等
	环城市带型	农家乐、品茗、垂钓、登山、度假等
产业休闲旅游	农业旅游	农家乐、农业观光、种植旅游、放牧、垂钓、采摘等
	工业旅游	采掘业、重工业、高科技工业、手工业、轻工业、建筑业等
	其他产业旅游	服务业、商业等
主题公园	乐园型	欢乐谷、海洋馆、冰雪大世界等
	民俗型	民俗文化村、民族文化村等
	历史型	宋城、唐城、三国城等
	微缩景观型	锦绣中华、世界之窗等
	高科技型	恐龙馆、航宇科普中心等
体育休闲旅游	水上体育休闲	划龙舟、漂流、帆船等
	山地体育休闲	登山、攀岩等
	草原体育休闲	摔跤、赛马、射箭等
	沙漠体育休闲	滑沙、沙漠排球等
	其他体育休闲	民族舞蹈、竞技类体育项目等
其他休闲旅游	购物休闲旅游	
	美食休闲旅游	
	娱乐休闲旅游	舞蹈、KTV、酒吧、篝火晚会等

本书结合不同学者的观点与休闲旅游的发展实际，将休闲旅游划分为以下几种类型：

（一）养生休闲旅游

随着物质生活水平的提高，人们对“健康、愉快、长寿”的追求越来越强烈，养生休闲旅游便是在此背景下应运而生。养生休闲旅游是现代旅游发展的一种趋势，是一种建立在自然生态、人文环境、保健体验的基础上，结合观赏、品尝、休闲、游乐、养生、康体等形式，以达到修身养性、延年益寿、强身健体等目的的新兴旅游。国内目前主要的养生休闲旅游类型包括疗养旅游、医疗旅游、中医养生旅游、道家养生旅游、温泉旅游等。

（二）自然休闲旅游

近年来，旅游者对回归自然、放松心情的消费心理日益强烈，自然休闲旅游的市场潜力巨大，发展态势强劲，各种各样的自然休闲旅游产品层出不穷，主要包括森林旅游、湿地旅游、海边度假旅游、湖边度假旅游、乡村旅游、露营旅游等。此处主要介绍森林旅游。

森林旅游是在林区内依托森林风景资源发生的以旅游为主要目的的多种形式的旅游活动，这些活动不管是直接利用森林还是间接以森林为背景都可称之为森林旅游（游憩）。狭义的森林旅游是指人们在业余时间，以森林为背景所进行的野营、野餐、登山、赏雪等各种游憩活动；广义的森林旅游是指在森林中进行的各种活动、任何形式的野外游憩。目前国内森林旅游主要包括：度假村、露营地和私人度假社区等。

（三）民俗休闲旅游

民俗休闲旅游是指人们离开自己的惯常居住地，到异地体验当地民俗文化的旅游方式。民俗文化作为一个地区、一个民族悠久历史文化发展的结晶，蕴含极其丰富的社会内容。目前，我国民俗休闲旅游主要包括以下几种类型：

古村落游览型，指旅游者到保存至今的古村落以游览民俗设施、民俗陈列和有地方特色的民居群落为主要形式的旅游。

度假休闲型，指以度假放松为主，在山村、水乡等小住数日，体验游览地的衣、食、住、行等，同时对当地的民间艺术、民间技艺、方言等文化加以轻松的了解。

传统教育型，指以一些历史事件为依托，结合当地的民俗风貌，在领略风土人情和风俗文化的同时学习传统知识，多为红色旅游，即利用革命历史遗迹进行爱国主义教育，让游客忆苦思甜。

（四）娱乐休闲旅游

娱乐休闲旅游主要包括参观、游览一些主题公园，这些主题公园一般可分为乐园型（欢乐谷、迪士尼乐园等）、历史型（宋城、三国城等）、微缩景观型（锦绣中华、世界之窗等）、高科技型（航宇科普中心、科技馆等）。

拓展阅读

上海迪士尼创下“破千万”最快纪录

上海迪士尼度假区于2017年5月宣布，开业仅11个月的上海迪士尼乐园于近日迎来了第 1 000 万名游客，在全国主题公园和全世界迪士尼乐园中创造了“破千万”的最快纪录。

历史上迪士尼乐园开园第一年的最高客流纪录是由东京迪士尼乐园创下的，它在开园第一年游客达到了 900 万人次，而上海迪士尼已打破了这一纪录。

资料来源：http：//t. m. youth. cn/transfer/index/url/news. youth. cn/jsxw/201705/t20170520_9822447. htm.

（五）体育休闲旅游

面对工作和社会的压力，越来越多的人选择通过体育运动的方式来解压，体育休闲旅游便是在此背景下产生。体育休闲旅游主要包含两类：一类是观赏型，如观看奥运会、各种体育项目的比赛等，另一类是参与型，如登山、攀岩、海上运动、垂钓、摔跤、赛马、漂流、划龙舟、滑沙等。

（六）产业休闲旅游

产业休闲旅游目前主要涉及工业旅游。工业旅游是伴随着人们对旅游资源理解的拓展而产生的一种旅游新概念和产品新形式。工业旅游在发达国家由来已久，在我国，也有越来越多的现代化企业开始注重工业旅游。近年来，我国著名工业企业如青岛海尔、上海宝钢、广东美的等相继向游人开放。开展工业旅游有利于企业将无形资产转化为有形资产。

知识链接

未来 5 年我国工业旅游将进入黄金发展期

《全国工业旅游发展纲要（2016—2025 年）（征求意见稿）》提出，到 2025 年，我国将创建 1 000 个国家工业旅游示范点、100 个国家工业旅游基地、10 个国家工业旅游城市，初步构建协调发展的产品格局，打造我国城乡旅游业升级转型重要战略支点。我国工业旅游起步较晚，但发展很快，据预测，未来 5 年，我国工业旅游将进入黄金发展期，接待游客总量将超过 10 亿人次，旅游直接收入总量超过 2 000 亿元，综合收入总量可能超过直接收入的 10 倍以上，新增旅游直接就业超过 120 万人，带动间接就业新增超过 600 万人。

三、休闲旅游产品的开发

休闲旅游的蓬勃兴起推动着休闲旅游产品开发日趋深入，不论是产品的内容类型、结构功能还是表现手法、层次规模等，都呈现多元化的发展趋势。现阶段，我国主要开发了主题公园、乡村休闲旅游、产业休闲旅游、体育休闲旅游、专项休闲旅游、购物休闲旅游等形式多样、内容丰富的休闲旅游产品。同时，休闲旅游产品的设计基本满足高端、中端、低端消费市场的需要。尽管如此，但休闲旅游产品整体质量不高，具体体现在以下几方面：

（一）定位模糊

尽管我国休闲旅游市场已经取得了显著的成绩，但很多休闲旅游企业缺乏对目标旅游者的消费行为分析，缺乏对目标市场的研究，对旅游者的休闲意愿满足度不够，产品定位不足。旅行社推出的休闲旅游产品线路大体相同、内容相似，无法体现休闲旅游产品的差异性。产品定位模糊主要表现在休闲旅游产品精品化程度较低。例如：在很多地方蓬勃发展的农家乐经营就出现了产品品位不高、多而不精、全而不细、缺乏新鲜感的局面。由于经营农家乐的居民的自身文化素质和修养相对不高，他们极少开发出融知识性、趣味性和科学性为一体的文化型休闲旅游产品。

（二）缺乏特色

产品特色是产品的独特之处，是区别于其他同类产品的特有品质。尽管休闲旅游呈现出蓬勃发展的势头，但是从全国休闲旅游总体发展现状来看，各地休闲旅游产品普遍缺乏特色、形式单一、内容相似、旅游者参与性不强，没有充分体现产品特色。休闲旅游产品从设计、包装到服务都基本相似，以主题公园为例，据统计全国有 2 500 个主题公园，投入资金为 1 500 亿元，其中 70%处于亏损状态，20%持平，只有 10%左右盈利。究其原因主要是缺乏特色，雷同现象严重。特色即创新，缺乏特色的产品必将缺乏持久的生命力。

（三）文化素质不突出

著名经济学家于光远先生曾说："旅游是经济性很强的文化事业，又是文化性很强的经济事业。"文化作为旅游的灵魂贯穿于旅游活动的始终。休闲旅游活动更是一种高层次的消费形态，其本质是一种高层次的文化活动。由于部分旅游开发商的文化品位不高、旅游投资具有盲目性等特点，开发出的休闲旅游产品文化特质并不突出。一方面，表现在产品缺乏文化品位和内涵，没有形成具有深刻文化特质的高雅休闲旅游产品。另一方面，对于休闲旅游产品中饮食文化、民族文化等文化特质的深度开发尚未形成一定的规模。例如：在美食休闲旅游产品开发过程中就面临着以下几个问题。（1）盲目跟风，忽视地方特色；（2）饮食文化开发基本以品尝佳肴为主，开发者往往忽视了中华民族几千年积淀下来的饮食文化传统的发扬；（3）美食休闲旅游产品的推出以游客享受为主，而饮食文化的参与性不强，但正是这种参与活动，不仅能使旅游者体会到食品制作过程的乐趣，还可以让旅游者从中感受到中华饮食文化的丰富内蕴，从而扩展文化知识，提高文化素养。

四、休闲旅游产品发展对策

（一）注重产品特色，突出开发主题

特色和主题是休闲旅游产品形成独特个性的灵魂。休闲旅游产品的开发应有明确的主题，对旅游产品及其相关因素进行组合时应有统一的基调。特色即创新，要使旅游产品在某些方面有独到之处。旅游企业应将特色化和主题化理念贯穿于休闲旅游产品开发始终。第一，分析旅游资源特色是否符合休闲市场的需要。第二，确定开发的主题。休闲旅游产品的特色将通过主题表现出来。第三，开发休闲旅游系列产品，形成具有主导和支撑作用的垄断性产品。例如：深圳华侨城从1989年开始陆续推出主题为“一步迈进历史，一日畅游中国”的锦绣中华和中国民俗文化村主题公园，以及后来的世界之窗、欢乐谷等人造景点。由于其将产品开发的出发点放在了垄断性上，突破了普通旅游产品容易被模仿的局限性，提升了产品的核心竞争力，因符合旅游市场需求，迅速成为休闲旅游热点，实现了高投入、高产出的理想目标。

（二）丰富产品的文化内涵，提升文化品位

文化是人类文明的积淀，是休闲旅游的突出特征。休闲旅游活动更强调人们在旅游过程中精神文化深层次的享受。丰富休闲旅游产品的文化内涵，提升产品的文化品位，关键在于一方面充分挖掘休闲旅游产品的文化内涵，满足旅游者精神文化层次的享受；另一方面要在休闲旅游产品开发过程中创造文化，为产品赋予新的特色，不断创新，满足现代旅游者日益增长的休闲需求。实践证明，随着休闲旅游活动向纵深开展，只有那些富有文化内涵的休闲旅游产品才会受到旅游者越来越多的青睐，才能具有持续的生命力和竞争力。例如：以生产红茶著称于世的广东英德茶趣园就是一个以弘扬中国茶文化为宗旨的茶文化休闲专项旅游产品。茶趣园由采茶区、制茶坊、知茶亭、品茶轩、茶艺馆五大部分组成。旅游者可以亲身体验植茶、采茶、制茶、泡茶、品茶等茶事活动，通过对这些茶事活动的认识，从中体验茶事的乐趣，领略中国茶文化的博大精深。由于蕴涵中国茶文化的深刻内涵，茶趣园深受广大旅游消费者的喜爱，取得了良好的经济效益。

（三）注重开发体验式产品

休闲旅游是人们积极、主动休闲的表现，属于高层次的休闲活动，人们主动追求精神生活享受的行为促进了休闲旅游市场的发展。开发休闲旅游产品，更要强调旅游者的参与性。参与性产品不仅能够满足旅游者的感官享受，更重要的是可使游客在旅游过程中得到综合体验感，并留下深刻的印象，提高休闲旅游产品

的体验价值。尤其是开发高科技体验式旅游产品，不仅可以丰富旅游者的知识，还可以拉近旅游者与现代高科技产业的距离，增加消费者与生产者之间的交流。例如：大连圣亚海洋世界推出的“太空人海底漫步”体验活动，让旅游者穿上潜水衣、戴上太空潜水盔在美丽的珊瑚丛及水中植物间漫步，与鱼共舞，极大地满足了人们亲身体验、探险猎奇的心理。同时在海洋世界馆的旁边，投巨资兴建了一座极地世界馆，运用最先进的科技手段，让旅游者在逼真的模拟环境中看到活生生的北极熊和南极企鹅的生活状态，再加上挑战珠峰的极限俱乐部中有攀岩活动，让旅游者过足了瘾。

（四）保持休闲旅游产品结构的层次性

针对现阶段我国休闲旅游市场情况，旅游企业应在大力发展国内休闲旅游产品的基础上，努力提高产品品质，着力打造国际品牌。休闲旅游产品的开发同时兼顾国内市场和国际市场的需要。在开发国内产品时，应根据我国国情认真研究大众消费需要，开发出既能满足大众口味的中档休闲旅游产品，又能设计出适合休闲旅游高端市场需要的产品。在开发国际休闲旅游产品时，应充分研究客源国的旅游者需要。发挥国外游客普遍对中国文化有着浓厚兴趣这一优势，深挖休闲旅游产品的文化特质，开发有特色的和有优势的国际化品牌产品，提高我国休闲旅游产品的知名度，促进国际间的文化交流，提升休闲旅游的社会效益。

（五）适度超前，开发新型休闲产品

随着收入和闲暇的增多，人们对于旅游方式、内容等的需要也发生新的变化。新的生活方式和休闲消费行为方式日益涌现，多样化、个性化的需要要求旅游企业开发出具有复杂性、交叉性的新型休闲旅游产品。无论是核心产品还是延伸产品都融入丰富的文化内涵，引导旅游消费。未来，高尔夫旅游、邮轮旅游、分时度假、产权酒店等休闲旅游产品以及一些具有民族特色的专项旅游产品将在我国旅游市场上日渐兴盛，将满足旅游消费者多元化消遣享乐的需要，助力经济和社会的进一步繁荣发展。

模块小结

本模块主要介绍了休闲旅游的基本知识，对休闲旅游的概念、特点、类型、开发现状、未来发展对策等方面做了详细的论述。随着我国居民收入水平的不断提高、消费意识的逐步转变、休闲产业民生政策的陆续出台，休闲旅游将愈加受到旅游消费者的青睐。

同步测试

一、选择题

1. 休闲旅游最显著的特点是（　　）。

A. 体验性　　B. 多发性或重复性　　C. 休闲性　　D. 多层次性

2. 我国休闲旅游产品整体质量不高的表现不包括（　　）。

A. 文化素质不突出　　B. 缺乏多样性

C. 缺乏特色　　D. 定位模糊

3. 以下哪个不是我国休闲旅游产品未来发展对策？（　　）

A. 注重产品特色，突出开发主题　　B. 丰富产品的文化内涵，提升文化品位

C. 注重开发体验式产品　　D. 开发高端休闲旅游产品

二、思考题

1. 休闲旅游与观光旅游的区别是什么？

2. 休闲旅游为什么要注重体验式产品的开发？

三、案例分析

成都：中国休闲之都

2006年，成都被授予“中国农家乐旅游发源地”，打造“中国休闲之都”成为全城上下的一种集体意识和群体行动。在城市的每一个角落，触目所见均是“全民共同努力，打造休闲之都”“全民共同努力，创最佳旅游城市”，旧城在改造、马路在拓宽、污染治理在加强、投资环境在改善、城市形象在品牌化……

中国人民大学休闲经济研究中心主任王琪延教授在接受《小康》采访时认为，成都城市的品牌价值已远远超过它的实际价值。实际上，成都人在城市营销和包装方面都有较强的品牌意识，无论是桃花节、梨花节等以节庆为主题的营销，还是锦里、琴台路等以历史印象为噱头的包装，都是成都品牌化的象征。

然而，真正支撑起成都休闲品牌的恐怕不是这些，而是成都人骨子里与生俱来的休闲基因孕育的市民生活。泡茶馆、打麻将、吃火锅、农家乐……成都人的闲适生活让外地人羡慕不已。真正的成都休闲生活弥漫在城市的每一个角落。去过成都的人或许都知道麻将所代表的生活方式对于成都人意味着什么。

然而，不少人仍然对“天府之国”的优厚条件而来的自足休闲持保留态度。他们认为，成都的休闲是属于西部地区经济发展水平下的较低层次的休闲，成都的人均GDP只有上海的一半，与杭州相比亦相距甚远。因此，也决定了成都式休闲与以经济水平为要求的高层次休闲有较大的距离。站在这个立场上，我们再来看“东方

伊甸园”的概念和“休闲之都”，其实就是一种营销文化。

成都人的休闲消费能力比东部发达城市民众的休闲消费能力要小，但是，未来现代化带来的生活方式不应该是一个标准，应该是多元化的，包括城乡的多元化和不同地域的多元化。只要当地人所选择的生活方式适合自己，能给自己带来快乐和幸福感，就是值得肯定的。

成都式休闲比其他旅游城市休闲更可取的地方在于：成都在大力发展休闲产业但并不以剥夺或减少本地市民的休闲权利为代价；相反，成都市民是首位的受益者，也是最大的受益者。在保留原有地域休闲文化的基础上，提高休闲情趣和品位是成都休闲产业今后发展的方向。

资料来源：http：//www.360doc.com/content/14/1011/05/15398581_415946952.shtml.

思考：

根据以上材料，分析成都发展休闲旅游的经验。

实践训练

【实践1】以小组为单位调查所在城市的休闲旅游发展状况，并对该城市发展休闲旅游提出建议。

【实践2】请访谈一下周围参加旅游的朋友或亲人，了解他们对休闲旅游产品的需求。

模块三　在线旅游业态

【学习目标】

1. 了解在线旅游的概念
2. 熟悉在线旅游的发展历程
3. 了解在线旅游市场的特点及分类
4. 了解在线旅游的发展动态和发展趋势

【学习导入】

在线旅游生机勃勃

近年来，受移动互联网浪潮的推动，在线旅游成为生机勃发的市场。中国互联网络信息中心（CNNIC）发布的《第35次中国互联网络发展状况统计报告》显示，截至2014年12月，在网上预订过旅行与度假产品的网民规模达到2.22亿。预订火车票、机票、酒店和旅行度假产品的网民分别占比26.6%、13.5%、13%和7.6%。与此同时，手机预订的用户规模达到1.34亿，增长率为194.6%，网民使用率由9.1%提升至24.1%。

思考：

你在出游时通过哪种途径选择或订购旅游产品？你为什么选择这种方式呢？

根据最新发布的《中国旅游发展报告2016》披露，预计2020年，中国国内旅游规模将达到68亿人次，出境旅游人数将超过2亿人次。旅游业已由新兴行业发展为我国经济发展的战略性支柱产业。伴随着互联网技术和移动通信终端的发展，在线旅游近些年更是以迅猛势头飞速发展。对于中国在线旅游市场来说，1999年携程、艺龙成立，但“在线旅游”作为一个新的服务业态成型于2003年，是以携程上市为标志的。去哪儿、驴妈妈、途牛等新网站的出现，正式标志着中国在线旅游产业新模式的出现。

一、在线旅游的定义及发展

（一）在线旅游的定义

在线旅游是指依托互联网，以满足旅游消费者信息查询、产品预订及服务评价为核心目的，囊括航空公司、酒店、景区、租车公司等旅游服务供应商及搜索引擎、在线旅行社、电信运营商、旅游资讯及社区网站等在线旅游平台的产业。与传统旅游产业以门店销售不同，其主要借助互联网，旅游从业人员称之为“在线旅游”。

（二）在线旅游的发展

第一阶段：在线旅游消费的萌芽期（90 世纪末—20 世纪初）。1997 年全球互联网投资高潮兴起，借助资本的力量互联网开始向传统行业渗透，催生了中国第一批旅游网站，如华夏旅游网、携程旅游网、Et-china、中青旅在线等。这一阶段的在线旅游企业主要依赖机票预订＋酒店预订的佣金模式，即网站与供应商（酒店、航空公司等）合作，通过网络为顾客提供信息，顾客通过网站平台预订酒店或机票。这个阶段以携程和艺龙为代表。

第二阶段：在线旅游市场的成长期（2003—2006 年）。芒果、同程等进入在线代理市场，引入多元成熟的线下产品。不同代理商报价差异比较大，提供比价服务的垂直搜索网站应运而生，如去哪儿网。

第三阶段：在线旅游的细分化和社交化时期（2007—2010 年）。随着社会经济的发展，人们生活水平的提高，度假需求越来越多，出现了驴妈妈、途牛等结合旅游景点和旅行线路设计，提供在线预订细分服务的网站。这一阶段在线旅游用户成熟，需求从预订延展到交流，旅行网站社交化，如分享攻略的蜂窝网、旅游点评的到到网。

第四阶段：在线旅游市场出现新的竞争者（2011—2012 年）。腾讯、淘宝、京东等大电商企业进军在线旅游平台市场，提供旅游比价并抽取佣金。

第五阶段：在线旅游市场出现移动化、碎片化等特点（2013 年至今）。移动端市场成为在线旅游市场的重要抢夺对象，移动 App 创业公司纷纷涌现，用户对旅游的市场需求得到进一步细分。伴随着共享经济的发展，旅游共享经济的平台如途家、小猪短租、蚂蚁短租、跟谁游、座头鲸旅行等迅速崛起。

二、在线旅游市场的特点及分类

（一）在线旅游市场的特点

在线旅游市场以互联网为媒介，网上消费者直接参与，与传统旅行旅游产业有很大差异，呈现自己的特点。

1. 整合性

旅游产品是一个由众多内容构成的复杂体验服务。旅游电子商务平台将旅游环节中的各级别的供应商、景点、交通运输企业、饭店、保险公司及与旅游相关的众多行业整合在一起，通过组合后的产品在线吸引更多的顾客。

2. 交互性

旅游者在购买旅游产品前，由于信息的有限性导致无法亲自了解全部与旅行相关的内容，只能通过学习别人的经历或在文字介绍中寻求了解。随着信息技术的发展，在线旅游网站提供了大量的旅游信息和旅游产品介绍，网络多媒体给旅游产品提供了视觉、听觉甚至3D效果的全新旅游体验，使用户在开始旅游前已经对目的地有了很多的了解，并且培养了大批潜在的游客群。

3. 快捷性

旅游业属于服务性行业，旅游电子商务更是通过在线平台随时为游客提供服务。在线旅游企业正是依托自身的技术优势，实现了传统旅游企业无法完成的24小时随时服务，利用网络进行推广，通过电子媒介传递信息，实时订单确认与支付等，快捷便利。因此，旅游业也被认为是对互联网敏感度最强的产业之一。

（二）在线旅游市场的分类

随着在线旅游市场的飞速发展，满足在线旅游市场细分需求的企业不断涌现，但总体分为以下几种类型：

1. 在线旅游服务商

在线旅游服务商（Online Travel Agency，OTA），又称在线旅行社，即将传统的旅游产品放到网站上销售，主要以携程、艺龙、同程为代表。此类网站所扮演的是渠道中间商的角色，通过网络集中大量的目标客户，向上游供应商要求更低的折扣价格，再以比线下更有优势的价格销售给顾客，赚取中间的差额利润，目的是提供一站式服务。该服务商的业务范围包括酒店、机票、自由行、独家产品等，目前携程网依旧占据龙头老大的位置。

2. 旅游垂直搜索企业

垂直搜索引擎是针对某个行业或组织提供行业专业需求或者业务需求的专业搜索引擎。它是搜索引擎的细分和延伸，也是对某类网页资源和结构化资源的深度整合，可为用户提供符合专业操作行为的信息服务，旅游垂直搜索企业主要以去哪儿和酷讯为代表。

知识链接

去哪儿网

去哪儿网创立于2005年2月，总部设在北京。去哪儿网是中国领先的旅游搜索引擎。作为一家创新的技术公司，去哪儿网致力于为中国旅游消费者提供全面、准确的旅游信息服务，促进中国旅游行业在线化发展、移动化发展。去哪儿网为消费者提供机票、酒店、度假产品的实时搜索，并提供旅游产品团购以及其他旅游信息服务，为旅游行业合作伙伴提供在线技术、移动技术解决方案。2011年6月24日，去哪儿网获得百度战略投资3.06亿美元，持股比例为62.01%。百度成为去哪儿网第一大股东。去哪儿网也是百度所投资公司中第一家独立上市的公司。

去哪儿网的目标客户最主要有：

(1) 对信息敏感的旅行者。在无穷无尽的各类信息中，旅行者渴望在最短时间内掌握最即时、最有效的旅游产品信息，希望获得最新的咨询，把握自己的行程。这些要求高的旅行者即是去哪儿网的用户群体。

(2) 希望广告效应最大化的广告商。广告商都希望可以针对特定群体、特定目的用户进行产品推广，而去哪儿网通过先进的垂直搜索引擎可以有效地命中目标群体，而这些客户的消费潜力很强，广告效益可以得到提升。

去哪儿网的主要业务为随时随地为旅行者提供国内外机票、酒店、度假、旅游团购及旅行信息的深度搜索。其主要做法是：有垂直类搜索引擎的技术背景；除了与酒店合作、提供房间预订服务以外，还关注用户在搜索比价、服务点评等方面的需求；以提供经济型酒店、中低价酒店、青年旅社为主，也有部分高星级酒店。

3. 在线直销平台

在线直销平台是将旅游产品直接通过网络销售，与在线旅游服务商模式不同的是，卖方不再是中间商，而是直接的供应商，即传统旅游企业。比较典型的在线直销网站就是航空公司、连锁酒店集团等，如7天、如家和锦江之星。

4. 旅游点评UGC企业

旅游点评UGC（User Generated Content）意为用户生成内容，对于在线旅游行业而言即为旅游社交和分享，是让用户通过网络将旅游行程的见闻和经验发表在网站上，分享给更多的旅游爱好者，进而帮助他们制定旅游计划，是在线旅游行业的突破。这类企业实质是一种旅游资讯网站，大多有自己的商业特色，如马蜂窝主打“旅游攻略”，为旅游爱好者提供精彩的路书攻略；驴评网注重“酒店点评”，分享真实的住店经验；到到网推出“酒店中国通”，帮助顾客直接联系到酒店。

5. 在线生活服务商

在线生活服务商分为团购平台、打车平台和租车平台三个部分。

6. 在线旅游支付平台

主要是支付宝、财付通、中国银联电子支付等平台。

三、在线旅游的发展动态和发展趋势

（一）线上旅游与线下旅游加速融合

根据CNNIC发布的第39次《中国互联网络发展状况统计报告》数据显示，截至2016年12月，我国网民使用手机在线旅行预订的比例由33.9%提升至37.7%。相比于机票和酒店，旅游消费决策周期更长，市场重点仍在线下。近期，携程、去哪儿、途牛、同程等OTA平台均重回线下获客。

事实上，国内各大在线旅游机构早就已经发力线下布局，这些机构更多的是设立出发地旅游体验店。例如：江南小镇周庄的“微笑小屋”早在2013年10月16日就已经开门迎客，这是在线旅游机构同程网线下设立的第一家同程驿站。国内最大的在线旅游服务公司携程旅行于2014年在北京银河SOHO中心开设了第一家旅游体验店。体验店与携程网站、手机App、电话配合，形成线上、线下、无线融合的立体服务网络，这是携程创立15年来首次在线下开设旅游体验店。途牛和驴妈妈等OTA平台也在北京、上海、广州、深圳等城市通过投资或并购旅行社、设立分公司或区域中心等方式加大线下布局力度。

在线旅游企业发展迅猛，对传统线下旅行社构成了冲击。旅游企业之间价格战持续不断，不管是线下线上的争斗，还是在线旅游企业之间的激烈竞争，其实本质上都无法改变一个趋势：旅游业线上线下融合加速。

（二）度假游更加突出，OTA兼并加速布局

度假旅游产品随着消费者生活水平的提高逐步成为旅游体验的核心部分。与住宿、交通等产品相比，度假旅游产品的细分类别和组合方式更加新奇化、多样化，拥有更多的发展机会。2015年经过资本兼并，尤其是“去携合并”，在线旅游行业已形成“携程系”和“海航系”为首的两大巨头；拥有上游资源的“万达系”“首旅系”正在发力集中整合资源；此外，依托阿里生态圈的阿里旅行也在攻城略地，加速在线旅游行业的渗透（见图7-1）。

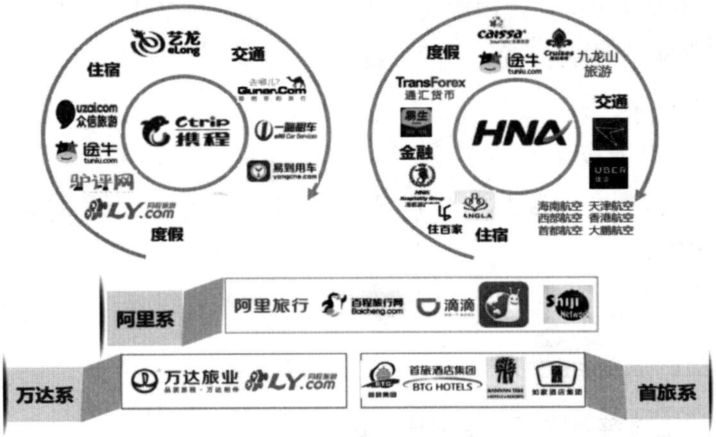

图 7－1　在线旅游企业格局

资料来源：艾瑞咨询。

（三）在线旅游行业的后起之秀——分享经济＋旅游

分享经济作为一种不可逆转的趋势，在全球范围内影响颇深。在国外，Airbnb（爱彼迎，短租租房软件）和 Uber（优步，美国打车软件）都是兴起于旅游行业，一个解决住宿问题，一个解决交通问题，这似乎在暗示：旅游行业是分享经济的富矿。而国内目前也出现了途家、小猪短租等颇有规模的企业。在交通方面，Uber 在国外也成功渗透进在线旅游业。未来，随着我国相关政策的放开，分享经济也会改变在线旅游市场（见图 7－2）。

图 7－2　旅游产业各环节分享经济分布图

（四）定制游、自由行强势崛起

年轻人尤其是 80 后、90 后崇尚自由文化，喜欢独立自主，不愿意被人牵着鼻子走，更青睐自由行。尤其是在近年来导游骂游客、强制消费等负面案例频发背景下，自由行越来越受到旅游者的青睐。自由行崛起更重要的原因还在于互联网消灭了信息不对称：如果不能便捷地预订机票、酒店和门票，如果不能深入全面地了解当地的风土人情，如果不能解决当地的交通问题……人们自然需要旅行社这一中间人角色。现在，代理、助理和导游的角色更多被互联网取代，旅游者可以用地图问路、用客户端预订。互联网的核心能力就是消灭中间环节，旅行社这个中间环节的存在感只会越来越低。未来，自由行必将取代跟团游成为主流。

知识链接

在线旅游的定制旅行模式代表

1. 旅行顾问模式——指南猫

指南猫是一个量身定制、设计路线方案＋预订路线的旅行设计平台。用户在该平台上可以自由选择预订部分或者全部行程安排，亦可自由预订单项产品。服务流程是：用户先提交旅行计划需求，支付订单；然后系统派单给设计师，为用户制定路线方案；如果满意可以确认路线方案，预定后生成日程，接着用户就可以带着手机跟着日程愉快出行，指南猫平台会提供全程保障。平台上的行程设计师不是全职的导游或伴游，只要对某个特色旅行目的地非常熟知即可申请成为指南猫行程设计师，留学生、当地居民或导游都可以。

在旅行顾问模式下，由于旅行设计师对当地风土人情非常熟悉，因此做出的推荐都能够代表当地特色，能够结合实际情况提出一些实用的出游建议，最大限度地满足用户自由化、生活化、情趣化的体验要求。行程设计师所设计的线路中都是最具特色、最地道的景点、餐馆。理想情况下，用户一定能获得不错的自由行体验。

2. 目的地达人伴游模式——同游网

同游网是一个游客和旅游达人能够建立联系的平台，在平台上有各个目的地的达人入驻，游客可以选择相关达人预先发布的有明确出团时间和报价的行程，也可向某目的地所有达人发布自己的旅游需求，等待达人回应；如果预算宽裕，还可以指定达人为自己量身定制一套个性旅游方案。通过这个措施降低人们在陌生地方旅游的障碍，给用户带来深度体验式的旅游经历，给相关旅游从业者带来创收机会。

在同游网平台上，达人主要由三部分人群组成：现有的旅游服务者、导游、旅游爱好者等，截至2015年5月31日，已覆盖中国68个城市1 360位达人和2 762条原创行程。据悉，当前同游网最核心的战略手段是精品小团。之所以如此，是因为通常来讲，旅游过程中的体验品质与同行人数成反比，传统旅游团人数一般在30～40人，虽然成本低，但缺乏体验性。而私人定制品质有保障，但成本却很高，精品小团介于二者之间。从这种游客最熟悉的跟团游形式入手，推出小团旅游模式。有所不同的是，传统旅游团导游职责是安全、顺利完成带团任务，不会注重与游客交流，也不会关注游客体验，而这种小包团行程是征求用户建议而设计出来的，因为人数少就保证了达人平均为每位游客提供服务的时间更长。其次，在出游前，用户可以与达人建立联系，并可以在预订行程时就认识同团团友，消除陌生感和紧张感。可以看出同游网融合了社交因素，旅游者不仅与达人建立了联系，而且与同团的用户能够认识，在当地达人的带领下结伴出游，既有旅行社跟团的省心方便，提前安排的酒店、用车，又能融合自由行的自由快捷，轻松准确地去体验当地原汁原味的风情人文。

（五）移动端迅速发展，促成在线旅游重心

随着智能终端的普及，移动互联网得到快速发展，近年来智能手机销量占到整体手机市场的绝大多数份额。目前，在线旅游市场主要集中在“旅行前＋旅行后”两个阶段，智能手机的普及和移动互联网的易得性使得消费者可以通过移动客户端，在“旅行中”实时满足对旅游产品或服务的需求，移动客户端填补了消费者“旅行中”的在线旅游消费，从而形成“旅行前＋旅行中＋旅行后”完整的在线旅游市场覆盖。在线旅游市场对“旅行中”阶段的渗透将激发全新的市场机会，通过与线下旅游产品进行信息化整合，可以加速行业信息化进程，形成线上线下一体化的O2O旅游市场。

我国在线旅游市场有望在未来4～5年保持20％以上的复合年均增速，增长空间主要来自旅游行业本身的发展以及线上渗透率的提升。目前，我国在线旅游市场的真正渗透率应该在15％～20％，相比欧美成熟市场40％～50％的线上渗透率，还有1～2倍的提升空间。从市场结构来看，未来的增长点主要在在线酒店和在线旅游度假市场。

模块小结

本模块主要讲解了在线旅游的基本知识，包括在线旅游的定义、发展历程、市场特点及分类、在线旅游的发展动态与发展趋势。伴随着互联网、信息技术的发展，在线旅游将在未来旅游业的发展中占有至关重要的地位。

同步测试

一、选择题

1. 以下哪一点不是在线旅游市场的特点？（　　）

A. 整合性　　B. 交互性　　C. 自助性　　D. 快捷性

2. 以下哪一个属于综合在线旅游服务商（OTA）？（　　）

A. 马蜂窝　　B. 酷讯网　　C. 去哪儿网　　D. 同程网

3. 以下哪一个不属于在线旅游的未来发展趋势？（　　）

A. 观光市场在线旅游比例大幅度提升，OTA通过兼并加速布局

B. 线上旅游与线下旅游加速融合

C. 分享经济＋旅游是在线旅游行业的后起之秀

D. 定制游、自由行强势崛起

二、思考题

1. 在线旅游未来发展方向是什么？

2. OTA为什么要开设线下门店？

三、案例分析

在线旅游未来的转型之路应该是深耕服务价值

对于线上旅游平台，80后、90后已经得心应手，他们不仅通过网络的方式熟练地查阅和预订旅游产品，还常常通过网络分享旅游或旅行经验。

国内知名旅游调研机构劲旅智库监测数据显示，2015年，中国旅游市场总交易规模约为41 300亿元，其中在线市场交易规模约达5 402.9亿元，较2014年3 670亿元同比增长47.2%，在线渗透率为13.1%，较2014年11.3%增长了约2个百分点。

业内人士分析，从数据看，旅游度假产品的消费从线下转移到线上的趋势越来越明显。虽然线上、线下旅游市场规模都在增长，但线下旅行社的市场份额大幅下降，此消彼长的趋势显著。特别是从增速看，2015年在线旅游的增速是旅行社市场整体水平的6倍以上。

尽管在线旅游市场空间很大，但这块“蛋糕”吃起来并不容易。事实上，如今互联网和旅游的融合让信息在透明度方面基本没有盲点，倒逼一些旅游项目的相关服务价格趋于合理，甚至导致价格大战。

一直以来，在线旅游平台的竞争依靠低价吸流量，增加交易规模，这也使得其亏损成为常态。利润的走低也使得本来应该方便消费者的在线旅游，却并不是时时

刻刻都“方便自由”，其背后的乱象也让人烦恼。去哪儿网被航空公司集体封杀，携程爆出“假机票”事件……2015 年年初以来，在线旅游平台不断遭到打击。

业内人士指出，当前，旅游网站爆发式增长，为吸引用户，网站往往更注重于价格的实惠、产品的多样化，而服务、解决方案等保障就成为短板。尤其是对接线上线下的关键性基础软件还非常缺乏，业务流程也未能完全打通，游客的服务体验也有待加强。

资料来源：http：//zx. cjn. cn/whyw/ywsyfb/201602/t2783258. htm.

思考：

谈谈在线旅游企业应如何解决案例中存在的这些问题。

实践训练

【实践 1】以小组为单位，选择一个在线旅游企业，以 PPT 的形式进行课堂展示和介绍。

【实践 2】请访谈一下周围参加旅游的朋友或亲人，大家在出游时是通过什么途径订购旅游产品？为什么选择该途径？

模块四　旅游共享经济业态

【学习目标】

1. 了解发展旅游共享经济的背景及必要性
2. 了解旅游共享经济的概念及特征
3. 了解未来旅游共享经济的发展前景

【学习导入】

首个导游自由执业网络预订平台上线——桂林导游获得"第一单"

作为文化和旅游部批准的试点企业，携程旅游上线了国内首个导游自由执业网络预订平台——携程私人向导平台。平台上的导游明码标价、透明服务，来自桂林的一名导游成为我国首个从试点企业获得订单的自由执业导游。

目前，携程App私人向导平台上线对游客开放，全国各地的旅游者通过携程App首页的旅游频道，从"自由行"页面进入"微领队"，就可以看到"私人向导"的入口。游客可在平台上根据导游的年龄、性别、价格、服务次数、点评等进行选择。在出行前，导游会根据游客的需求定制个性化的游玩线路。确定了行程后，游客即可在平台上确认合同、在线支付。

根据国家旅游部门的要求，目前参与自由执业的导游来自江苏、浙江、上海、广东、吉林、湖南、广西、海南、四川等地。国庆前，已经有近500名导游通过"携程当地向导"公众号上线产品。

在导游预订平台上，导游发布的服务在国内是徒步向导，包括9小时每天的讲解和向导服务，标价从200元到1 000元不等，不包括交通、门票、餐饮、保险等费用。

游客自己找导游，双方的权益如何保障？记者从携程获悉，携程旅游平台将实施双向保障，维护旅游者和导游的合法权益。对于所有预计交易，游客都必须确认自由执业三方合同。行程结束后，游客需在平台上确认导游的服务，确认后，平台将游客支付的费用打款给导游。如果合同约定的导游服务出现质量问题，携程将对游客实施“先行赔付”。

资料来源：http：//epaper. jinghua. cn/html/2016-09/28/content _ 337608. htm.

思考：

你如何看待导游自由执业？

近些年来，共享经济的发展已经逐渐渗透到各种休闲产业，Airbnb、优步、滴滴快车等共享公司的大规模发展意味着共享经济的时代已经到来，而人们也由最开始的怀疑到现在的接受与习惯。共享经济的发展将给人们的消费模式带来革命性的影响，改变人类生活方式，新型公司将颠覆传统行业。

知识链接

共享经济

共享经济本质上是一种新兴租赁经济模式，其目的在于以第三方网络平台为媒介实现个体间闲置商品与服务的交换，实现物品的最大化利用和收益。伴随着经济的高速发展，社会资源由过去的经济短缺到现在的经济过剩，而自己拥有所有权的物品的过剩闲置在一定程度上促进了人们对占有意识和产权意识发生变化。共享经济使闲置资源将得到充分利用，因而丰富了休闲产业市场，促进了休闲产业的发展。

一、旅游共享经济产生的背景

（一）个性化、真实性旅游的追求

对于大部分普通人来说，目前的出游方式主要有两种：跟团游和自助游。跟团游方面，由于众多旅游企业的激烈竞争，大量低价团充斥市场，以至于形成了哪里有低价团，哪里就有强制消费、价格欺诈、购物陷阱、黑导游甚至胁迫殴打游客的糟糕情况。很明显，跟团游已经满足不了现今人们追求个性化、生活化、情趣化的深度体验要求。个性化、真实性体验已成趋势，以 80 后、90 后为代表的消费者正成为旅游消费的主力军，他们厌倦跟在举着小旗的旅行团身后看着千篇一律的风景，而更倾向个性化旅游。

（二）占有意识和产权观念的更新

随着互联网时代的到来，人们的占有意识开始受到冲击，共享理念逐渐得到强化。在信息社会的不断发展中，人们倾向于通过交换获得快乐，由此带来的占有意识和产权观念的变化，租车、短租房等经济现象的出现促进了“随时使用，何必拥有”“所有权不再重要，使用权才最重要”等新兴消费理念的产生，为旅游共享经济的发展奠定了思想基础。

（三）资源闲置问题亟待解决

伴随着经济的高速发展，某些行业的产能过剩比较突出。由于受广告营销、网络购物、社会时尚的影响，不少公民在消费方面出现了过度消费的现象，购买了大量超过自身需要的物品，造成了资源的闲置与浪费。旅游地居民闲置的资源像住房、汽车、服务等可以通过共享平台租给旅游者，提高资源利用率。在这方面，国外的Airbnb和国内的途家对提高旅游地产利用率方面提供了新的思路和途径。

（四）创新开源节流的新模式

2007年下半年金融危机爆发，受国际金融危机的影响，我国经济运行压力加大，居民的购买力受到一定的影响。在这种情况下，人们在保证自身原有工作收入的基础上，开始寻求开源节流的方法。在大众创业、万众创新的号召下，由于共享经济进入门槛比较低，陆续有企业进军这一领域。途家、滴滴快车的蓬勃发展就说明了这一点。

二、发展旅游共享经济的必要性

（一）交通方面

继2014年优步进入我国市场之后，由共享经济所带来的商业契机吸引了我国的投资者，相继出现了多个出租车共享平台，如天天用车、PP租车，发展最快的是滴滴打车和快的打车（二者如今已合并）。在我国，在交通方面对共享经济的反应最为迅速，随着私车共享的进一步发展，在共享经济发展的成熟阶段，旅游者不仅可以选择打车、拼车、专车服务，甚至还可以分享闲置房车、闲置游艇，甚至闲置私人飞机等。总之，共享经济对交通方面的影响，不仅方便了旅游者出行，而且大大减少了交通等待的时间成本，使旅游者可以将节省的交通时间更多地用于在旅游地的游览，更能使旅游者在有限的经费预算内获得更多的旅游体验。

（二）住宿方面

国外旅游住宿共享平台的代表Airbnb成立于2008年，截至2015年12月，其市场估值高达255亿美元。它的投入与产出比是传统酒店行业不可比的，其所提供的个性化酒店服务比传统酒店更能满足旅游者追求个性化的需求。但是，Airbnb 在我国的经营并没有在国外那么顺利，并且国内很多模仿 Airbnb 的旅游住宿共享平台的发展也不尽如人意。究其原因，最主要还是信任问题，国人存在信任危机，尤其是对陌生人，而我国并没有类似脸书这样实名认证的社交平台（微博、微信都是非实名），因此无法利用实名认证的社交平台解决信任问题。模仿 Airbnb 创立的途家，是目前国内运营得最好的住宿共享平台，但其经营的实质是将闲置的资源加以包装上市，更像是连锁酒店式经营。因此，我国住宿共享经济的发展还有很长一段路要走。

拓展阅读

途家“共享经济”模式：将闲置房屋做成高级酒店

中国是空置房最多，旅游人口最多、增速也最快的国家，这两个特征说明中国市场极具潜力。于是，途家创始人罗军决定把国外这种共享空闲房源的模式引入国内。途家网于 2011 年 12 月应运而生，短短两年，途家网受到了资本的追捧。

2017 年，途家网与携程网、去哪儿网达成了战略协议，并购携程网、去哪儿网旗下公寓民宿业务。途家、蚂蚁短租、携程、去哪儿四大平台协同对房源库存进行深度打造，形成整合优势。此次并购，标志着中国的住宿共享行业迈步进入全速成长期，这对中国共享经济的发展可谓是十分重要。

资料来源：http：//bschool. hexun. com/2016-10-20/186515136. html.

（三）导游服务方面

国家旅游局在 2016 年 5 月 5 日已面向 9 个省市旅游委（局）下发通知，要求从 5 月起在这 9 个省市旅游委（局）正式启动线上线下相结合的导游自由执业试点工作。未来导游可通过网络平台、线下相关机构向预约其服务的消费者提供单项讲解或向导服务，并通过第三方支付平台收取导游服务费。这种导游自由执业是未来我国导游职业发展的方向。由于导游的服务费透明化，零/负团费现象将大大减少，由零/负团队带来的强制购物有望得到解决。目前，旅游业的主要矛盾来自消费者的消费个性化与旅行社的产品标准化，导游自由执业后有望带来大量个性化的服务或路线，消费者将能有更加灵活的选择。对旅游者来说，通过旅游互联网平台来预约导游服务更加方便。在我国导游自由执业政策出台之后，我国首个导游自由执业预订平台——携程私人向导平台上线。

三、旅游共享经济的概念及特征

（一）旅游共享经济的概念

旅游共享经济是共享经济理念在旅游行业内吃、住、行、游、购、娱等各领域中的运用，从技术角度上说是依托互联网、大数据、云计算等现代技术，目的是实现旅游地闲置性碎片化非经营资源与多样化市场需求的高效对接，从而提高资源的整体利用率及综合效益。即旅游地居民或组织通过社会化网络平台，常态化地将自身拥有且处于闲置状态的非经营性设施、技能、时间等资源的使用权暂时性移转给旅游者，以获得经济效益，实现资源价值最大化的经济模式。旅游共享经济对旅游地闲置性碎片化非经营资源的利用对旅游者的消费观念、旅游就业的途径带来了革命性的影响。

（二）旅游共享经济的特征

1. 重使用

旅游共享经济的产权理念基础是共享使用权，这也是共享经济的首要特征。2012 年，日本学者三浦展在被誉为“21 世纪消费圣经”的《第四消费时代》一书中指出，第四消费时代将实现“从私有主义到分享意识”的转变，人们将“告别购物使人幸福的时代，开始迎接共享社会”。在旅游共享经济下，旅游者讲究“不求拥有但求使用”“拥有不如善用”，与传统的“先拥有、再使用”“重占有、不使用”的观念截然不同。重使用的理念可以将旅游地居民的闲置物品得以充分利用，实现变“闲”为“宝”，在充分实现物品价值的基础上满足旅游者的需求。

2. 轻资产

旅游共享经济模式下的旅游企业不需要建设酒店、购置汽车、雇佣大量员工，而需要通过互联网整合社会闲置资源，产品或服务生产的边际成本很低，其显著特点是轻资产运营和低成本供给，这就是所谓的轻资产公司。国外的 Airbnb 没有一处自己的房产，却成为世界最大的旅行房屋租赁服务商，国内的滴滴公司没有自己的汽车，却发展成为我国租车领域的巨头。

3. 去标准化

在共享经济之前，旅游企业提供的是标准化的接待服务，国家旅游局颁布了《旅游标准化工作管理暂行办法》，明确了与旅游相关的国家标准和行业标准。以酒店业为例，《中华人民共和国星级酒店评定标准》中明确规定了不同星级酒店在硬件（包含客房的面积、装修、采光、设施、卫生等）方面的要求，以及在服务等方面的明确要求。而在旅游共享经济模式下，是将旅游地居民的闲置资源再利用，当然这些闲置资源不存在标准化的特征，呈现出各式各样、形态各异的特点，有些还具有较为鲜明的个人或家庭化色彩。因此，在共享经济模式下的旅游产品或服务呈现出去标准化的特征。去标准化是一把双刃剑。一方面，能更好地满足 80、90、00 后新一代旅游者对个性化、多样化的需求；另一方面，对旅游产品的宣传推广、服务质量的把控、旅游者评价与投诉处理带来了一定的难度。这就给旅游共享经济提出了一个必须解决的难题：如何在去标准化、凸显个性化的同时发挥标准化管理的优势？

4. 大数据

在旅游行业，很早就出现了具有共享观念的旅游消费行为，如沙发客、换房旅游、搭车旅行等，但这些并不能称之为旅游共享经济。旅游共享经济是基于信息基础设施的完善和信息传播技术的进步，以互联网技术为共享平台，通过大数据、云计算、物联网等新兴信息技术手段所创造的商业模式，将旅游者多样化的需求与闲置资源充分、高效连接，重新创造经济价值和社会效益。大数据的发展为旅游分享经济的发展提供了可靠基础，对帮助企业获取用户的社交网络信息、发现游客的活动规律和消费偏好、挖掘潜在的旅游需求、提高市场拓展和业务延伸的能力有着至关重要的作用。

5. 微就业

旅游共享经济可以碎片化地解决闲置劳动力就业问题，就业形式灵活，不需要经过传统的复杂的招聘程序，只需要在规定的时间和地点按照旅游者的需求向游客提供服务。旅游共享经济的从业人员由于其工作时间、地点、方式具有较强的灵活性与自控性，且多是自我雇佣的自由职业者，因此被称为“微就业”。例如：在旅游企业工作的导游、厨师、司机利用闲暇时间为旅游者提供服务，取得额外的收入。在旅游共享经济的模式下，人们的创业意识被唤醒、人们的创业潜能被激发，基于自身拥有的资产、知识、技能，孕育、孵化出来大量的“草根创业”。

四、发展旅游共享经济的建议

（一）大力发展线上旅游

近年来，互联网技术和移动智能终端服务的快速发展，一方面，在不断改变着人们的生活方式，培养了人们的共享习惯；另一方面，为闲置资源的共享提供了平台和技术支撑。因此，在共享经济时代，发展线上旅游是必然选择。国内已相继出现了丸子地球、鲜旅客、哈达旅行、途家网、小猪短租、会小二等线上旅游品牌。

拓展阅读

共享经济下的旅游模式？他们有不同的理解

为解决国人出国旅游因语言障碍而无法深度体验国外风土人情等问题，一种基于共享经济，连接国外旅游达人和游客的旅游 P2P 业务开始兴起，8 只小猪和丸子地球就是其中的参与者。

丸子地球 CEO 宋海波表示，其想做一个纯粹的向导平台，专注性是该平台想形成的专业壁垒。所以丸子地球 App 里没有一日游，也不去做多元化的扩张，只需做好达人旅游这一块。

与 8 只小猪安排短期培训不同，丸子地球对游客和达人行程的安排并不干涉，只要游客与达人在平台上沟通好就可以了，一天 9 小时的行程，若超过 9 小时，平台会收取相应增加的费用。宋海波表示，这样是为了让游客能玩得尽兴，丸子达人也能在协调商量中找到自己最擅长的点服务顾客。

资料来源：https：//www. jiemodui. com/N/52739. html.

（二）注重企业品牌打造

共享经济背景下旅游企业的发展对品牌的依赖程度比传统行业更强，口碑的传播速度也是传统旅游企业所不能企及的。共享经济背景下，舆论的传播速度是发酵式的膨胀，一个顾客的不满即可以在网络上炒成热点。共享经济的这种特质是一把双刃剑，一个好的企业形象有可能因为忽视的一点小失误便在瞬间坍塌，但是合理利用舆论也是现在企业品牌运营的有效手段。所以无论是好的还是坏的品牌形象，都会为企业带来立竿见影的效果。

（三）刺激社会闲置资源

共享经济的本质就是有效利用社会的闲置资源，因此发展旅游共享经济也就是对旅游业的闲置资源有效利用起来，如民租房与拼车服务等。但是这些闲置资源的安全性是发展共享经济的重要障碍因素。因此，市场形成了需求，政府也需对市场进行有效干预以保护供需双方的利益。如果在安全性的基础上有效刺激了社会闲置资源，就会有效促进旅游市场主体的多元化、旅游产品多样化，使旅游市场更加活跃。

模块小结

本模块主要介绍了发展旅游共享经济的背景、必要性、概念、特征以及发展旅游共享经济的建议。传统旅游业提供的服务已经不能满足消费者的消费需求，共享经济影响着各个产业的各个方面，尤其使第三产业的消费供给发生了革命性的转变，它改变了消费者的消费习惯，也影响着旅游企业的固有商业竞争模式。

同步测试

一、选择题

1. 旅游共享经济的首要特征是（　　）。

A. 轻资产　　B. 大数据　　C. 去标准化　　D. 重使用

2. 以下哪一点关于旅游共享经济的说法是错误的？（　　）

A. 发展旅游共享经济就是发展定制旅游

B. 大力发展线上旅游

C. 注重企业品牌塑造

D. 对服务质量进行严格可控把关

3. 下列关于旅游共享经济的未来发展说法错误的是？（　　）

A. 大力发展线上旅游　　B. 注重企业品牌打造

C. 大力发展标准化旅游　　D. 有效刺激社会闲置资源

二、思考题

1. 为什么要发展旅游共享经济？

2. 旅游共享经济对旅游从业人员就业的影响有哪些？

三、案例分析

朋游：碎片化构成个性化，共享经济＋旅游应该这么玩

共享经济的供给侧是当地居民和旅游达人，需求侧是短期旅行的游客。这些出租空闲时间和经验的旅游达人在朋游 App 上被称为“鱼”（见图 7-3）。每条“鱼”都是一个兼职导游，入驻成功后即可发布旅游服务信息。小到一家手艺店，大到一个风景区，他们能都自由选择和规划路线。游客经由第三方支付平台下单，就能在规定时间和“鱼”会合。团队一般在 3～5 人，既可提高跟团旅游的效率，又能避免两人无话可说的尴尬。

与传统跟团旅游不同的是，朋游 App 上的旅游项目是碎片化和轻量级的。朋游创始人俞建权是连续创业者，曾经做过户外旅游项目。在此前与用户的接触中，他发现年轻人更喜欢“说走就走的旅行”，他们可能并不想在旅游目的地长待，只是心血来潮想去某家文艺小店逛一逛；或者只是出差经过一个城市，想快速了解一个标志性景点；甚至有的人不想去景点，只想找个行家带他去本人进不了的地方，观看他很难见到的场景。传统旅行社景点打包的方式无法满足这种碎片化的需求。

共享经济＋旅游的平台在国内并不少见。从服务行业看，它们基本分为三类：一是租房，如途家、小猪短租、蚂蚁短租等；二是租车，如筷子旅行、我趣专车、

图 7-3　朋游 App

阳光车导等；三是出售服务，如跟谁游、座头鲸旅行等。朋游的优势在于：供给侧提供的服务更精确和个性化。很多此类 App 以人为主，游客只是租用旅游达人的时间，具体逛什么、怎么逛都不得而知。而朋游要求“鱼”将地点、路线都写明，游客买的就是服务，而非社交或关系。这也是朋游区别于豆瓣同城等线下活动平台的地方。

俞建权表示，朋游想做的是泛旅游平台。所以，用户在朋游 App 上不仅可以找私人导游，还能与他们互动，记录旅途心得。每条“鱼”都有个人主页和粉丝，游客可以与其实时聊天。旅图栏目就是旅行版的微信朋友圈，标准配置是一张图加一句话。没有长篇大论，更符合短平快的生活方式。

商业模式上，尽管创始人俞建权有多年广告从业经验，但是朋游不打算卖广告。向入驻的“鱼”抽佣以及对游客实行会员制是他目前考虑的盈利方向。后期他也准备与传统旅行社合作，共享导游。在他看来，朋游不会革传统旅行社的命，因为二者方向不同。传统旅行社提供一站式的标准化服务，朋游的切入点则是有格调、有知识的个性化旅游。

资料来源：http：//www.lieyunwang.com/archives/176273.

思考：

谈谈你对朋游的理解。

实践训练

【实践 1】以小组为单位，探讨旅游共享经济下的旅游创业。

【实践 2】利用互联网查询相关资料，了解旅游共享经济模式下的创业企业。

单元八
旅游业的未来

【单元导读】

本单元主要包括三个模块：旅游政策导向、旅游业发展趋势和旅游可持续发展，旨在让学习者了解我国旅游业未来的发展动向和趋势。旅游政策是国家和最高行政组织为实现一定时期内的旅游发展目标而规定的行动准则，了解一个国家的旅游政策可以了解该国旅游业发展的方向。我国旅游业的发展规律和趋势可以分为国内旅游和国际旅游两个方面，通过分析讨论使学习者了解我国旅游业的现状和未来发展趋势。随着旅游的发展，旅游可持续发展已经成为我国旅游发展的基本理念，关注其历史脉络、实质以及发展对策等，有利于了解旅游可持续发展。

模块一 旅游政策导向

【学习目标】

1. 了解我国旅游政策的发展过程
2. 了解近年来我国旅游政策的导向
3. 了解旅游业在我国的地位，增强对旅游行业的信心

【学习导入】

全国工业旅游创新大会在青岛召开

2016年11月28日，全国工业旅游创新大会在青岛召开，会上举行了青岛等14地市旅发委集中揭牌仪式。据悉，济南、青岛、淄博、枣庄、东营、烟台、潍坊、济宁、泰安、威海、日照、聊城、临沂、莱芜14个城市已经批准成立市级旅游发展委员会。

山东省和济南、青岛等14个市旅游局更名为旅游发展委员会，列为政府组成部门，是山东加快旅游改革发展的重大举措，对加快旅游强省建设具有重要意义。

由于旅游现有资源归属多个行业主管部门，在产业深度融合、统筹对接工作方面存在诸多困难。旅游项目从规划、实施建设、营运管理到后期监管等，分别涉及发改、交通、公安、规划、文化等多个部门。旅游部门如果无法高效协同工作，就无法发挥相关旅游资源优势，使得旅游与相关产业特别是与文化产业无法实现深度融合。

成立旅游发展委员会后，其职能将从单纯的旅游管理进入综合协调推进这一新阶段。局改委并不是简单地换个位置，而是需要切实构建起旅游警察、旅游巡回法庭、旅游工商在内的“1+3”综合性旅游市场监管创新体系，并且在党政统筹等方面为全域旅游提供相应的保障机制。

资料来源：http：//wb. qdqss. cn/html/qdzb/20161129/qdzb209923. html.

思考：

为什么山东省各地市的旅游局纷纷更名为旅游发展委员会？

改革开放以来，我国旅游业的蓬勃发展受到全世界的瞩目，这与我国实施有效的旅游政策密不可分。我国实行的是政府主导的旅游发展战略，政府对旅游业的宏观调控以政策性调节为主，即制定各种有关的旅游政策，并围绕一个或几个主要的政策目标加以实施。

旅游政策是促使旅游业的经济和社会功能得以有效发挥的重要力量，旅游政策有利于协调旅游活动利益相关方之间的利益关系，有利于旅游活动对区域经济社会发展辐射带动作用的发挥，有利于旅游活动的发展繁荣为民众带来社会公平、精准扶贫、满意服务和社区福祉等提供保障。

一、旅游政策的发展

自新中国成立至2013年7月底，国家层面共发布了379个与旅游发展密切相关的政策文件。我国旅游政策的发展大致分为以下三个阶段。

（一）初步探索阶段（1949—1978年）

新中国成立后到改革开放期间我国的旅游政策很少，尤其是六七十年代基本上政策空白。在这一阶段，旅游主要服务于外事接待，因此这一阶段的旅游政策主要是规范和促进外国人出入境和外侨的国内旅行，基本未触及经济目标。政策文件包括《外国侨民居留登记及居留证签发暂行办法》（1954年）和《外国人入境出境过境居留旅行管理条例》（1964年）等。

（二）快速发展阶段（1979—2008年）

改革开放之后，旅游发展政策数量逐年递增。以1981年全国旅游工作会议确定“旅游事业是一项综合性的经济事业”为转折点，逐渐显现出旅游政策的经济目标。之后，大量关于出入境签证、基本接待设施建设、旅行服务机构建设等有关入境旅游的促进政策发布。《中华人民共和国外国人出境入境管理法》（1985年已废止）就是在这时期颁布的。

如果说20世纪90年代中后期是国际旅游发展的政策集中出台时期，那么进入21世纪后则多是大力推动发展国内旅游的政策出台时期。以1993年《国务院办公厅转发国家旅游局关于积极发展国内旅游业意见的通知》为起点，《国务院关于修改〈全国年节及纪念日放假办法〉的决定》《国务院办公厅转发国家旅游局等部门关于进一步发展假日旅游若干意见的通知》《国务院关于进一步加快旅游业发展的通知》《国务院关于加快发展服务业的若干意见》等政策相继出台。

拓展阅读

假日经济

每一年到了小长假，旅游市场都会出现火爆的局面。小长假期间，人们利用假日集中购物、旅游等消费行为带动了供给增加、市场繁荣、经济发展，这种综合性经济模式被称为“假日经济”。

假日经济包括旅游、休闲、娱乐三种形式，涉及商品消费、旅游服务消费和文化消费三个领域，其中旅游服务消费最引人注目。2016 年国庆假期，全国接待游客 5.93 亿人次，增长 12.8%，实现旅游收入 4 822 亿元，同比增长 14.4%，又创历史新高。其中热门景区游客爆满，10 月 2 日，故宫单日游客高达 18 万，创历史纪录。

经过几次调整，目前我国的放假安排为“五一”国际劳动节由 3 天调整为 1 天，减少 2 天；春节、“十一”国庆节放假 3 天不变；清明、端午、中秋增设为国家法定节假日，各放假 1 天。

假日经济就像是给长期低迷的市场注入了一支强心剂。黄金周和小长假确实具有一定积极的作用。例如：增加公民社会福利，使其能合理安排生产生活；催生假日经济，拉动内需，促进产业结构调整；激发居民出行意愿，推动旅游快速发展。然而，黄金周也带来了一些弊端。例如：增加了社会成本，激化了供需矛盾，破坏了资源环境，降低了休假幸福指数等。

资料来源：http：//jjsb.cet.com.cn/.

（三）完善成熟阶段（2009 年至今）

2009 年底，国务院颁布《关于加快发展旅游业的意见》，将旅游业定位成为“战略性支柱产业和人民群众满意的现代服务业”，旅游业开始承担起经济与社会等多项功能。在“十二五”（2011—2015 年）规划中，旅游业开始兼顾经济与社会双重目标。这一期间的旅游政策数量虽不多，但政策等级较高。2013 年，《国民旅游休闲纲要（2013—2020 年）》和《中华人民共和国旅游法》的颁布，将旅游业带入品质化发展的新阶段。公民进行自由旅行的权利得到充分尊重，旅游在服务民生、弘扬文化、教育等方面的功能也逐渐显现出来，未来旅游的社会功能将更加彰显。

二、旅游政策的分类

（一）按照政策内容所属范畴划分

按照政策内容所属范畴划，可分为旅游市场政策、产业要素政策、综合性政策三大类。旅游市场政策细分为出入境旅游政策、国内旅游政策；产业要素政策细分为旅行社及导游政策、旅游饭店政策、旅游吸引物政策、旅游目的地政策、旅游交通政策；综合性政策细分为旅游公共服务政策、旅游法与旅游产业政策、其他政策。

（二）按照政策实施角度划分

按照政策实施角度，可分为分配性政策、包办性政策、控制性政策和再分配性政策。

（三）按照政策实践角度划分

按照政策实践角度，可分为总政策、基本政策、具体政策、宏观政策、微观政策、指令性政策、指导性政策等。

（四）按照政策颁布部门划分

按照政策颁布部门，可分为全国人大政策文件、国务院政策文件、各部委政策文件。具体包括全国人大及其常委会颁布的旅游相关法律，国务院以条例、规定、决定、办法、细则和暂行办法/条例等形式颁布的行政法规，以及《中华人民共和国立法法》实施前由国务院批准经部委公布的条例和细则，国务院各部委及其直属机构等以命令、办法、指示、规章等形式发布的部门规章。

三、旅游政策导向

旅游政策作为一定时期内国家和最高行政组织为实现特定的旅游发展目标而规定的行动准则，既包括指明前进目标的发展方针，也包括在实现目标过程中规定行为准则的具体政策。可以说，一个国家的旅游政策整体反映了该国旅游业发展的方向。

（一）旅游业的地位

改革开放前，旅游业主要以接待外事为主，为外国政要及相关人员来华安排旅程及服务，当时的旅游业只具备产业的雏形，并没有形成真正的产业形态。

改革开放后，旅游赚取外汇的经济作用开始得到重视，旅游的产业地位也逐渐得到承认。1985 年 5 月 11 日，旅游产业第一部行政法规《旅行社管理暂行条例》由国务院发布，极大地调动了各级政府办旅游的积极性。1988 年，国家旅游局颁布了《中华人民共和国评定旅游（涉外）饭店星级标准》。这一时期，我国的入境旅游继续开展，同时国内旅游也开始起步。1985 年，“旅游业”一词第一次在国家计划中出现，旅游的产业地位首次得到明确，行业管理体系初步形成。

1992 年 6 月，党中央、国务院做出《关于加快发展第三产业的决定》，明确了旅游业是第三产业的重点，决定中将旅游产业列为国民经济新的增长点之一 。2007 年，国务院下发《关于加快发展服务业的若干意见》，提出要重点发展现代服务业，将旅游业列为面向民生的服务业。2009 年 12 月 1 日，国务院下发了《国务院关于加快发展旅游业的意见》，要将旅游业培育成国民经济的战略性支柱产业和人民群众更加满意的现代化服务业。

为将我国的旅游业打造成战略性支柱产业，2014 年 8 月 21 日，国务院发布《关于促进旅游业改革发展的若干意见》，从树立科学旅游观、增强旅游发展动力、拓展旅游发展空间、优化旅游发展环境、完善旅游发展政策等多个方面提出具体要求。旅游产业定位能明确一国中旅游业在国民经济和社会发展中所处的位置，体现出该国对其旅游产业未来发展的期望和重视，也在一定程度上反映了该国旅游业的发展水平。

知识链接

旅游业目标：战略性支柱产业

旅游业逐渐发展成为全球最大的新兴产业之一。国际旅游界人士认为，旅游业甚至已经超过石油和汽车工业，成为世界第一大产业。

国际上一般认为一个产业的增加值占到GDP的5%以上就是支柱产业，占到8%以上就是战略性支柱产业。我国政府提出了将旅游业培育成为战略性支柱产业的基本思路，即推动旅游业与第一产业融合发展，重点发展乡村旅游；推动旅游业与第二产业融合发展，大力发展旅游装备制造业；推动旅游业与第三产业主要是文化、金融、交通、商务、医疗、体育、养老等产业融合发展。

资料来源：http：//m. hexun. com/news/2012-08-30/145294236. html.

（二）发展旅游新业态

一是发挥旅游的综合拉动作用，带动相关产业发展。积极采取行动，发挥旅游业的带动作用，要实现旅游产业的国民经济的战略支柱产业定位，不仅要完善旅游产业自身，更重要的是发挥“旅游＋”的无限潜力，将旅游的触角延伸到各个行业，推进旅游＋投资、消费、养老、健康、研学、生态等新业态的产生与发展，拓展旅游产业的发展空间。“旅游＋居民和家庭服务”“旅游＋健康服务”“旅游＋体育服务”“旅游＋养老服务”“旅游＋文化服务”等都将成为新的服务形式。国家发展改革委和国家旅游局共同发布了《关于实施旅游休闲重大工程的通知》，提出完善提升观光旅游景区、乡村旅游景区，引导布局国家级、省级旅游度假区及自驾车房车露营基地、国际特色旅游目的地和低空旅游示范区，积极推动乡村旅游和旅游扶贫等内容。

二是发挥旅游的融合能力，主动衔接相关产业共同发展。抓住机会，积极促进文化、交通、农牧业、商务、工业、体育等传统产业＋旅游以及互联网＋旅游的发展，丰富旅游内容，增加相关配套设施，创造新价值，打造新的经济增长点。2016年1月，《关于落实发展新理念、加快农业现代化实现全面小康目标的若干意见》强调，大力推进农业与旅游的融合，强化规划引导，采取以奖代补、先建后补、财政贴息、设立产业投资基金等方式扶持休闲农业与乡村旅游业发展。积极发展休闲度假、旅游观光、养生养老、创意农业、农耕体验、乡村手工艺等，建设特色小镇、魅力村庄和森林景区，希望形成一村一品、一村一景、一村一韵的整体布局。

（三）加强旅游基础设施建设

吃、住、行、游、娱、购是旅游业的六大要素，每一要素都涉及相应的旅游基础设施建设，因此，相关地方部门和景区必须结合自身情况妥善配置旅游基础设施，以项目建设为重点，协调推进旅游基础设施建设，促进旅游业的跨越式发展。

《关于加快发展旅游业的意见》中提出要加快旅游基础设施建设。重点建设旅游道路、景区停车场、游客服务中心、旅游安全以及资源环境保护等基础设施；实施旅游厕所改扩建工程；加强主要景区连接交通干线的旅游公路建设；规划建设水路客运码头；加快推进中西部支线机场建设，完善旅游航线网络；确保景区和交通沿线通信顺畅；加强重点城市游客集散中心建设。力争通过五年努力，全国所有A级景区旅游交通基本畅通，旅游标识系统基本完善，旅游厕所基本达标，景区停车场基本满足需要。

知识链接

厕所革命

“旅游厕所是游客出行必备的生活设施，是旅游公共服务水平高低的直接体现，更是反映旅游业文明进步程度的重要标志。”文化和旅游部副部长李金早表示，作为年接待游客超过37亿人次的旅游大国，旅游厕所问题不是小事，是游客的共同呼声，是事关民生的大事。

旅游厕所革命是文化和旅游部针对旅游景区厕所脏乱差的现象，发起的一场清理整治活动。根据规划，预计三年全国共新建厕所3.3万座，改扩建2.4万座。到2017年最终实现旅游景区、旅游线路沿线、交通集散点、旅游餐馆、旅游娱乐场所、休闲步行区等的厕所全部达到标准，并实现“数量充足、干净无味、使用免费、管理有效”要求。

（四）创新旅游投资

近几年来我国旅游业的发展如火如荼，随着国民出游热情高涨，旅游业中供给不能满足需求的矛盾逐渐显现出来，特别是在节假日期间，这种矛盾更加凸显，而这种供给不足的基本矛盾主要体现在基础设施和市场环境两方面。为促进旅游投资，营造良好的市场环境，近几年来国家出台了一系列的相关政策。

2012年印发的《关于金融支持旅游业加快发展的若干意见》指出，要充分认识金融对加快旅游业发展的重要支持意义，加强和改进旅游业金融服务，加强旅游景区金融基础设施建设等。2012年印发的《关于鼓励和引导民间资本投资旅游业的实施意见》指出，要坚持旅游业向民间资本全方位开放，通过民间资本推进旅游产业投资，鼓励民间资本投资旅游业。2015年印发的《关于进一步促进旅游投资和消费的若干意见》提出，促进投资主要有两个内容：一是加大政府投资旅游基础设施的力度；二是拉动社会投资，撬动旅游新业态市场，实现双轮驱动的投资。

（五）创新旅游管理体制

目前，我国旅游管理体制依然存在一些问题：一是旅游资源多头管理，二是旅游开发各自为政，三是旅游景区多家管理。旅游管理体制的滞后势必会影响旅游业的发展。

为适应现代旅游发展的特殊性要求，国家和各地方旅游主管部门均陆续推出相关政策，鼓励有条件的单位率先进行旅游管理体制改革，推广设立综合性旅游管理机构和模式。具体包括重点推动建立旅游警察、旅游法庭、旅游工商分局等的“1＋3＋N”旅游管理体制，完善旅游产业要素配置方式，从旅游市场监管、旅游公共服务、旅游产业促进、旅游开放扩大、旅游管理体制和基础制度等方面推进综合改革，逐步实现旅游行业管理向部门协调转变、向职能整合转变、向制度保障转变。

2015年，国家旅游局成立旅游业改革领导小组，系统谋划、全面推进；同时，成立中国旅游智库和中国旅游改革发展咨询委员会，为旅游发展中的重大问题、决策、举措提供智力支持。

在省级层面，自海南省成立旅游发展委员会以来，又有北京、云南、广西、江西、西藏、山东等省（区、市）成立旅游发展委员会。各地试图通过从旅游局到旅游发展委员会的调整，强化旅游部门在产业促进、资源统筹、发展协调、服务监管等方面的职能，实现旅游管理从单一部门推动向部门综合联动的转变，形成对旅游业统一领导、统一规划、统一管理、统一协调的综合管理体制。除旅游发展委员会之外，内蒙古、安徽、重庆等通过旅游产业协调（领导）小组等形式加强对旅游相关事务的综合协调。

与此同时，旅游行政管理部门简政放权步伐加快，文化和旅游部仅保留旅行社经营出境旅游业务审批和导游人员从业资格证书核发两个审批事项，加快与地方旅游局的脱钩工作。

（六）规范旅游标准

近年来，旅游产业各要素标准化工作机制不断优化，已经基本形成“政府部门指导、行业协会运作、企业共同参与”的标准化工作格局。文化和旅游部及各地相关部门将旅游标准化作为加强旅游业宏观管理、促进旅游产业升级的重要抓手，出台了一系列加强和支持旅游标准化工作的政策措施，以有效推动旅游标准化建设和旅游业发展。

为了进一步推进旅游标准化工作，全面提升旅游标准化水平，更好地服务于经济新常态下旅游业的改革创新、转型升级和提质增效，国家旅游局于 2016 年 4 月 15 日颁布了新一阶段的《全国旅游标准化发展规划（2016—2020）》，强调到 2020 年，我国旅游国家标准将达 45 项以上，行业标准达 60 项以上，地方标准达 300 项以上，新建 200 个以上全国旅游标准化试点示范单位，进一步拓宽旅游标准覆盖领域，明显优化标准体系结构，有效增强标准之间的协调性，更加健全适应和支撑现代旅游业发展的标准体系。

（七）激发旅游消费需求

成为一名现实的旅游者需要满足两个客观条件：可支配收入和闲暇时间。虽然近年来我国不断调整节假日的安排，但是相比较西方国家的休假制度，仍有需要改进的地方。国家和相关部门也不断出台政策探索中国特色假日制度，盘活国民存量休闲时间。

《关于促进旅游业改革发展的若干意见》提出将带薪年休假制度落实情况纳入各地政府议事日程，作为劳动监察和职工权益保障的重要内容。以灵活方式不断推进假日改革，落实带薪休假，从各方面来说均具有全民意义。目前，我国假日非周末和周末“5＋2”的旅游消费失衡现状，从根本上说就是旅游供需关系的失衡，旅游的常态需求遭受压抑，常态供给无从释放，这种失衡势必会阻碍旅游业的发展。

有效的调节和平衡供需关系以增加有效供给，必须依靠制度的力量。目前，国家休假制度不断调整，错峰休假、“2.5 天休假”等模式正在不断地探索改革。一些地区在传统节日期间增加假日或试点弹性工作制，长假期间高速公路免收过路费等政策等都是有效的措施，有利于带薪休假制度的落实。只有带薪休假得到落实，旅游需求才能有效释放，假日拥挤现象才能得到缓解，旅游业才能健康发展。

模块小结

本模块主要讲解了我国旅游业政策的发展阶段、类型划分以及政策导向。我国旅游政策的发展经历了三个阶段：初步探索阶段、快速发展阶段和完善成熟阶段。旅游政策按照不同的分类标准可划分为不同的类型。旅游政策与旅游业的发展息息相关，正确的旅游政策可以促进旅游业的健康发展。旅游政策导向主要涉及旅游业的地位、发展旅游新业态、加强旅游基础设施建设、创新旅游投资、创新旅游管理体制、规范旅游标准、激发旅游消费需求等几个方面。

同步测试

一、选择题

1.（　　）提出将带薪年休假制度落实情况纳入各地政府议事日程。

A.《国务院关于加快发展旅游业的意见》

B.《国民旅游休闲纲要（2013—2020年）》

C.《关于促进旅游业改革发展的若干意见》

D.《关于进一步促进旅游投资和消费的若干意见》

2. 旅游业在我国属于（　　）。

A. 新兴产业　　B. 主导产业　　C. 战略性支柱产业　　D. 先导产业

3. 战略性支柱产业是指一个产业的增加值占到GDP的（　　）以上。

A. 3%　　B. 4%　　C. 5%　　D. 8%

4. 如今发展火热的农家乐属于旅游与（　　）相融合的结果。

A. 农业　　B. 餐饮业　　C. 休闲业　　D. 建筑业

二、思考题

1. 国家制定的各种政策对旅游业有哪些影响？

2. 我国带薪休假制度的实施状况如何？实施过程有哪些障碍？

实践训练

请与某旅游景区的管理人员交流，了解哪些旅游政策切实给他们的管理或经营产生了影响。

模块二　旅游业发展趋势

【学习目标】

1. 了解我国旅游业的构成
2. 了解我国国内旅游发展现状及发展趋势
3. 了解我国国际旅游发展现状及发展趋势
4. 增强学习者对旅游专业和旅游行业的认同感

【学习导入】

赴台大陆游客日剩499人　台湾观光产业无奈向市府请命

据报道，台当局“移民署”统计，大陆游客赴台人数2016年10月5日已骤减，团客加自由行仅499人，往年日有万余人，观光产业变“惨业”。

台湾旅行商业同业公会联合会荣誉理事长表示，嘉义已有餐厅歇业、员工放无薪假，政府部门应有扩大嘉义市内需的应对方案。业内人士议案，因大陆游客减少，观光旅游产业面临存亡问题，建请政府部门重视并协助寻求应对策略，向当局反映补救之道、振兴新方案。

相关人士表示，业者需要客源而非当局的资金援助，让大陆游客来台才是正解。嘉义市以前每天有200至250台游览车的观光客住宿，如今停车场冷冷清清。

资料来源：http：//news.youth.cn/gn/201610/t20161008_8721330.htm.

思考：

台湾旅游业为什么经营惨淡？请你预测一下未来台湾旅游业的发展情况。

旅游业一直被誉为朝阳经济、无烟工业，作为一个具有巨大发展潜力的产业群体，在国民经济中的地位与日俱增，经济影响越来越受到各国政府的重视，成为推动社会经济发展的重要因素。

改革开放以来，我国的旅游业有了非常迅速的发展，但是比较而言，我国旅游业发展的广度与深度还远远不能满足经济社会的发展和人民生活水平提高的需要。随着市场经济的发展和国民收入水平的进一步提高，大众对旅游消费的需求将进一步上升，旅游业在国民经济中的地位和作用越来越重要。

依据是否跨越国界，我国的旅游业分为国内旅游和国际旅游两个部分。其中国际旅游又分为入境旅游和出境旅游。

一、国内旅游情况分析

（一）国内旅游增长状况

我国国内旅游市场是在改革开放以后逐渐发展起来的，起步相对较晚，到了21世纪国内旅游才进入迅速增长阶段。由图8－1和图8－2可以看出，除个别年份外，国内旅游人数和国内旅游总花费呈整体稳步上升的发展趋势。2003年“非典”对我国当年的旅游业产生了较大的影响。

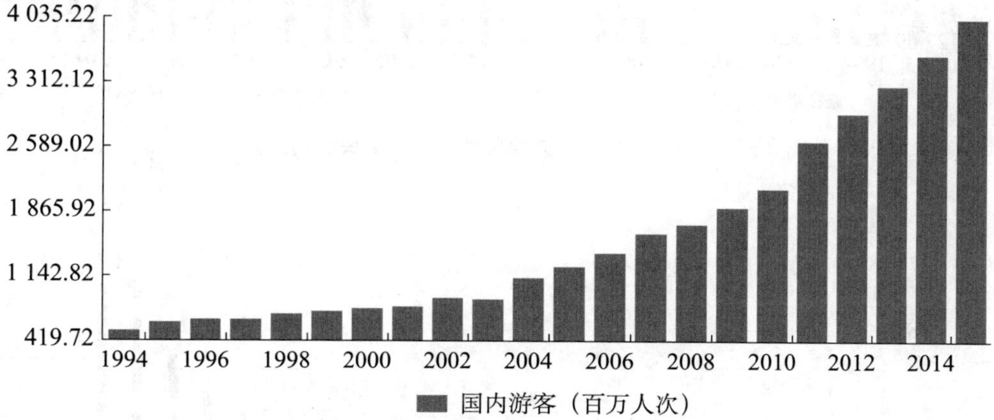

图8－1　1994—2015年国内旅游人数

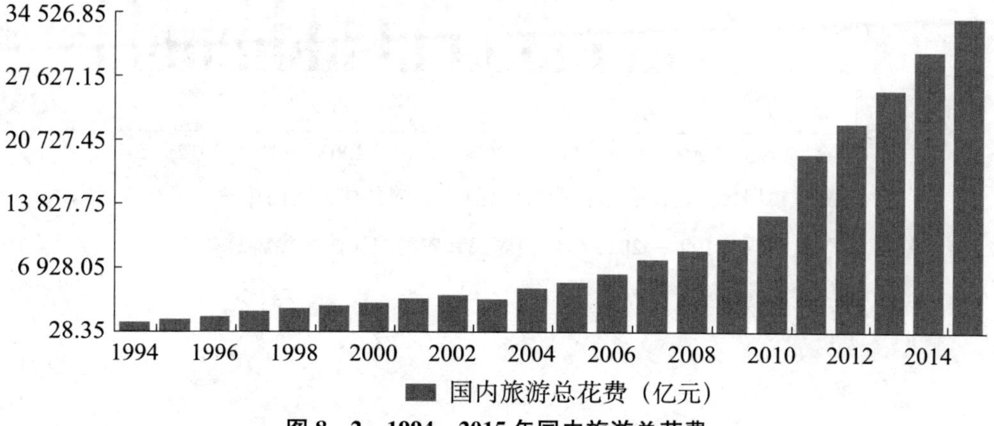

图8－2　1994—2015年国内旅游总花费

由图 8-3 和图 8-4 可知我国国内旅游具有如下特点：

（1）1994—2009 年，农村居民国内旅游人数每年都高于同年城镇居民国内旅游人数，这种情况在 2010 年发生了转变，2010 年城镇居民国内旅游人数首次超过农村居民国内旅游人数，并一直保持高水平增长，这是我国城市化进程加快推进在旅游休闲需求上的具体表现。

（2）从旅游花费上来看，城镇居民的国内旅游总花费一直高于同时期的农村居民的国内旅游总花费，这是城镇居民总体收入水平相对较高的表现。

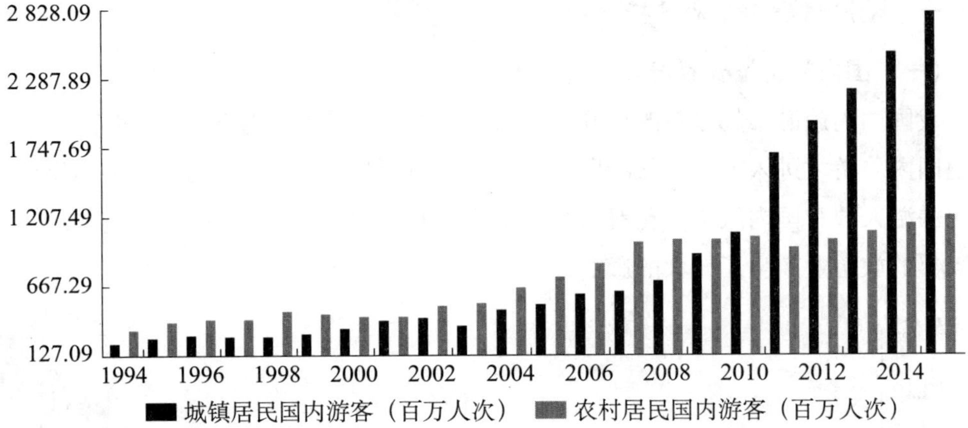

图 8-3　1994—2015 年城镇居民和农村居民国内旅游人数

资料来源：国家统计局网站。

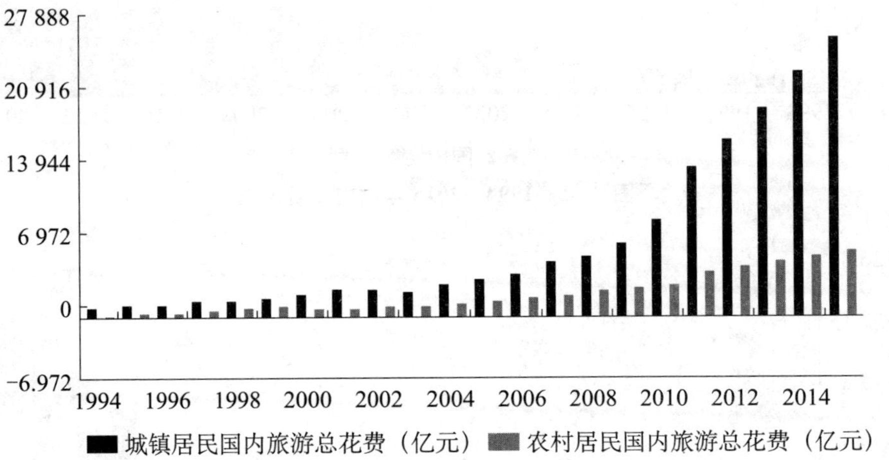

图 8-4　1994—2015 年城镇居民和农村居民国内旅游总花费

资料来源：国家统计局网站。

知识链接

城市化

城市化也称城镇化，是指随着一个国家或地区社会生产力的发展、科学技术的进步以及产业结构的调整，其社会从以农业为主的传统乡村型社会向以工业（第二产业）和服务业（第三产业）等非农产业为主的现代城市型社会逐渐转变的历史过程。

改革开放以后，中国逐步放开了原有对人口流动的控制，大量农民工流向城市，同时加快了城市化的进程。但正在进行中的城市化也给中国经济、社会的持续、快速、健康发展带来了一系列的矛盾。单纯、刻意地进行城市化并不适宜中国的国情及稳健发展的需要。当前的城市化（城镇化）应是产业、人口、土地、社会、农村“五位一体”的城镇化，而不是为“房地产化”代言。

（二）国内旅游收入对国民经济的贡献

表8-1显示，我国国内旅游收入在国民生产总值中所占的比重从1978年的0.50%到2015年的4.96%，经历了较长时期的发展过程。1993年颁布了《国务院办公厅转发国家旅游局关于积极发展国内旅游业意见的通知》，有效促进了国内旅游的发展，国内旅游收入在国民生产总值中所占的比重从0.93%到2.45%有了大幅的增长。2009年国务院出台的《关于加快发展旅游业的意见》重新确立了旅游业的重要地位，带动旅游业进一步发展，国内旅游收入在国民生产总值中所占的比重迅速增长。

表8-1　国内旅游收入在国内生产总值中占比

年份	国内旅游收入（亿元）	国民生产总值（亿元）	比重
1978	18.40	3 645.22	0.50%
1985	80.00	9 016.04	0.89%
1986	106.00	10 275.18	1.03%
1987	140.00	12 058.62	1.16%
1988	187.00	15 042.82	1.24%
1989	150.00	16 992.32	0.88%
1990	170.00	18 667.82	0.91%
1991	200.00	21 781.50	0.92%
1992	250.00	26 923.48	0.93%
1993	864.00	35 333.92	2.45%
1994	1 023.51	48 108.46	2.13%
1995	1 375.70	59 810.53	2.30%
1996	1 638.38	70 142.79	2.34%

续前表

年份	国内旅游收入（亿元）	国民生产总值（亿元）	比重
1997	2 112.70	78 060.83	2.71%
1998	2 391.18	83 024.28	2.88%
1999	2 831.92	88 479.15	3.20%
2000	3 175.94	98 000.45	3.24%
2001	3 522.37	108 068.22	3.26%
2002	3 878.36	119 095.45	3.26%
2003	3 442.27	135 173.98	2.55%
2004	4 710.71	159 586.75	2.95%
2005	5 285.86	184 088.60	2.87%
2006	6 229.70	213 131.70	2.92%
2007	7 770.60	251 483.22	3.09%
2008	8 749.30	300 670.00	2.91%
2009	10 184.00	335 353.00	3.04%
2010	12 579.80	413 030.30	3.05%
2011	19 305.40	489 300.60	3.95%
2012	22 706.20	540 367.40	4.20%
2013	26 276.10	595 244.40	4.41%
2014	30 311.90	643 974.00	4.71%
2015	34 195.10	689 052.10	4.96%

资料来源：国家统计局网站。

表 8-2 显示，国内旅游收入在第三产业增加值中所占的比重从 1978 年的 2.11%到 2015 年的 9.88%，增长幅度比较大。国家政策导向给旅游业提供了宽松的发展环境，国内旅游收入在第三产业增加值中所占的比重持续增长。

表 8-2　国内旅游收入在第三产业增加值中占比

年份	国内旅游收入（亿元）	第三产业增加值（亿元）	比重
1978	18.40	872.48	2.11%
1985	80.00	2 670.70	3.00%
1986	106.00	3 096.90	3.42%
1987	140.00	3 696.20	3.79%
1988	187.00	4 741.80	3.94%
1989	150.00	5 650.60	2.65%
1990	170.00	6 111.40	2.78%
1991	200.00	7 587.00	2.64%
1992	250.00	9 668.90	2.59%
1993	864.00	12 312.60	7.02%
1994	1023.51	16 712.50	6.12%
1995	1 375.70	20 641.90	6.66%
1996	1 638.38	24 107.20	6.80%
1997	2 112.70	27 903.80	7.57%
1998	2 391.18	31 558.30	7.58%

续前表

年份	国内旅游收入（亿元）	第三产业增加值（亿元）	比重
1999	2 831.92	34 934.50	8.11%
2000	3 175.94	39 897.90	7.96%
2001	3 522.37	45 700.00	7.71%
2002	3 878.36	51 421.70	7.54%
2003	3 442.27	57 754.40	5.96%
2004	4 710.71	66 648.90	7.07%
2005	5 285.86	77 427.80	6.83%
2006	6 229.70	91 759.70	6.79%
2007	7 770.60	115 810.70	6.71%
2008	8 749.30	136 805.80	6.40%
2009	10 184.00	154 747.90	6.58%
2010	12 579.80	182 038.00	6.91%
2011	19 305.40	216 098.60	8.93%
2012	22 706.20	24 4821.90	9.27%
2013	26 276.10	277 959.30	9.45%
2014	30 311.90	308 058.60	9.84%
2015	34 195.10	346 149.70	9.88%

资料来源：国家统计局网站。

（三）国内旅游业未来发展趋势

（1）观光旅游是主流，度假旅游是趋势，养生旅游是新兴主导。随着社会竞争压力的增加和人们收入水平的提高，人们越来越不满足于走马观花式的观光旅游，而更愿意放慢节奏，在旅游目的地进行深度的体验，更重视放松和娱乐，休闲度假旅游成为人们喜爱的选择，未来度假旅游会慢慢取代观光旅游成为主流。随着中国进入老龄化社会，老龄人口数量增加，以及人们健康意识的提升，健身、养生、疗养等逐渐形成潮流。未来大众化度假、疗养、养生旅游将成为中国旅游发展的总体趋势。

（2）农村将成为我国旅游重要的客源市场。目前城镇居民依然是我国旅游的主要客源市场，但随着我国农村人口可支配收入的增加以及休闲意识的增强，未来农村人口将慢慢成为旅游客源的重点。我国城镇化过程正在快速发展，旅游客源市场大众化趋势也更加明显，城镇旅游客源市场呈现大幅增长，尤其是近郊型短途旅游市场的增长加快。随着我国农村经济的发展、农民生活水平的提高，农村旅游客源市场所占的比重将呈增大的趋势。目前，农村作为旅游客源市场还未得到太多的关注，往往被旅游企业忽视，而随着国家关于农村的政策不断出台，在今后 10 年农村的经济水平将有较快的提升，农村人口出游率也将大幅度提高，增幅会大于国内城镇旅游客源市场的增幅。由于国内农村人口基数非常庞大，出游率每增加一个百分点，都意味着极大的客源绝对量。

（3）旅游方式更加多样化，自驾车、自由行等逐渐成为人们喜爱的旅游方式。一方面，随着中国经济的发展，交通便利性得到了极大的提升，高铁的修建、飞机价格的大众化，特别是高速公路网络的完善和私家车的大量增加，极大地增加了出行的便利性。另一方面，伴随网络的快速发展，人们可以更方便地获取信息，游客在选择出游方式时，自驾车居家游、朋友组合游以及驴友组合游等更受游客的青睐。

(4) 游客旅游行为更趋成熟和理性，从看“热闹”转变为看“门道”。文化旅游、科普旅游、修学旅游将成为未来旅游的发展趋势。20世纪的旅游者由于受收入水平以及精神需求的限制，旅游人数有限，旅游形式则以相对单纯的观光旅游为主。随着国民更趋理性和成熟，未来中国旅游者将不满足于旅游产品仅为旅游者提供简单的视觉、感观体验，同时，更要求从旅游过程中获得更多、更好的深度体验，重视旅游过程的知识性与趣味性的统一。

二、国际旅游情况分析

(一) 我国入境旅游情况分析

根据世界旅游组织的解释，入境旅游是指非所在国的居民在该国的疆域内进行的旅游。我国旅游业的入境旅游者主要分为三类：外国人、港澳同胞和台湾同胞。由于历史和经济等因素，港澳台同胞也属于我国的入境旅游市场的一部分。

我国入境旅游发展较早，由于入境旅游具有赚取外汇的作用，我国的旅游政策一开始优先发展入境旅游。由图8-5可知2001—2014年，我国的入境旅游人数和入境旅游收入增长幅度并不大，由于入境旅游受国际环境影响较大，个别年份的入境旅游人数和入境旅游收入甚至有所下降。由图8-6可以看出，在入境旅游游客构成中，港澳同胞入境游客占据了绝大部分的比重，其次是外国人入境游客，台湾同胞入境游客数量最少。

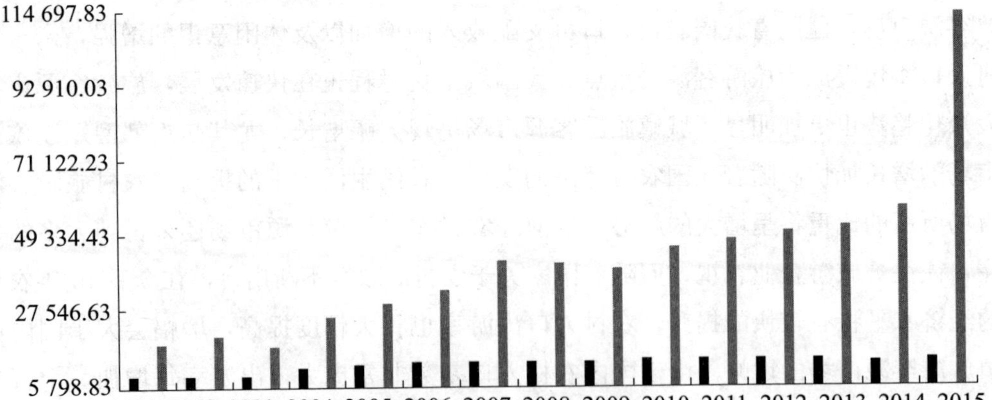

图8-5 2001—2015年入境游客人数和国际旅游外汇收入

资料来源：国家统计局网站。

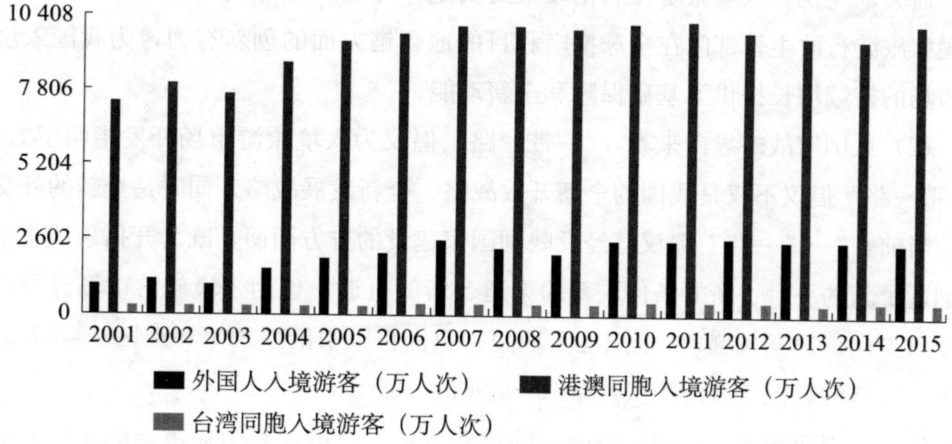

图 8－6　2001—2015 年外国人、港澳同胞和台湾同胞入境游客人数

资料来源：国家统计局网站。

由表 8－3 可以看出我国排名前十的客源国为韩国、日本、美国、俄罗斯、马来西亚、蒙古、菲律宾、新加坡、印度和加拿大。以地理距离为标准，将我国的主要入境（海外）旅游市场划分为近程市场和远程市场两大部分，其中美国和加拿大属于我国的远程客源市场，其余的都属于近程客源市场。

表 8－3　　2015 年国家视角的中国入境旅游市场/万人次

1	韩国	444.44	11	泰国	64.15
2	日本	249.77	12	澳大利亚	63.73
3	美国	208.58	13	德国	62.34
4	俄罗斯	158.23	14	英国	57.96
5	马来西亚	107.55	15	印度尼西亚	54.48
6	蒙古	101.41	16	法国	48.69
7	菲律宾	100.4	17	意大利	24.61
8	新加坡	90.53	18	哈萨克	24.15
9	印度	73.05	19	朝鲜	18.83
10	加拿大	67.98	20	荷兰	18.18

资料来源：国家旅游局网站。

我国入境旅游未来的发展趋势为：

（1）就市场规模而言，预计入境旅游市场规模有望持续回升。与国内旅游市场和出境旅游市场的火热相比，我国的入境旅游市场一直处于低迷状态，2015 年我国入境旅游出现转折，入境旅游人数开始回升。从我国入境旅游市场的发展趋势来看，一方面依然存在一些消极因素，如我国的主要客源市场经济增长乏力，各旅游目的地竞争加剧，国际地缘政治的消极影响强化，入境游客在华消费意愿下降，我国旅游品牌建设仍处于初级阶段等；另一方面，特色旅游产品的打造和服务的提升，签证、通关、免税等入境旅游便利化政策的实施，与主要客源国旅游年的举办，特别是国家旅游行政主管部门在全球推广和目的地营销方面的创新努力，为我国入境旅游市场的持续增长提供了基础保障和全新动能。

（2）从国家战略导向来看，“一带一路”倡议为入境旅游市场开发指明了方向。“一带一路”倡议不仅是我国的全新开放战略、全新发展战略，同时是全新的外交战略。当前，“一带一路”倡议已经反映到国家建设的方方面面，既为开拓入境旅游市场创造了新的平台、新的条件、新的渠道、新的机遇，也为入境旅游市场开发指明了重点方向。根据预测，“十三五”期间，我们将吸引沿线国家和地区8 500万人次游客来华旅游，拉动旅游消费约 1 100 亿美元。

（3）东南亚国家是我国入境旅游的重要市场。目前，东南亚市场的旅华人数总体规模已经很大，但依然存在巨大的发展空间，特别是越南和印度市场是我们应该重点关注的客源市场。南亚的印度是人口大国，有 13 亿人口。作为发展中国家，印度拥有数量稳定的中产阶级，是中国入境旅游巨大的潜力市场。

（4）从国际大环境来看，实现我国入境旅游市场的快速增长还需较长的过程。国际金融危机导致主要客源国经济出现衰退和波动，这种趋势仍在持续，在当前经济大背景下，多数国家特别是受经济危机影响较大的国家居民对于旅游等这类的消费服务购买仍然较为保守。多数国际游客对于中远程旅游决策依然趋于谨慎，对于跨境旅游消费的价格更是十分敏感，这些都会直接影响我国的入境旅游。

（5）从我国的旅游环境来看，部分障碍因素会影响我国的入境旅游。2015 年，中国旅游研究院针对 23 个旅华主要客源市场的抽样调查显示，“不愿意来华旅游的原因”中，空气污染、食品安全和治安状况是名列前三的市场障碍因素，语言不通紧随其后。

（二）我国出境旅游情况分析

改革开放之后，中国的出境旅游逐渐发展起来，尤其是 20 世纪 90 年代经济快速发展，出境旅游得到了实质性发展。但是由于政治、历史原因，中国公民的出境旅游仅仅局限在港、澳、台地区的探亲旅游。即使是边境旅游，也在时间方面受到很大限制，一般都是一日游。从 1997 年开始，中央政府逐渐取消了边境旅游的范围限制，同时也不限制边境旅游的期限，中国公民可自由地参加边境旅游，边境旅游得到较快发展。

从图 8－7 中可以看出，近几年来我国出境旅游总人次数和出境旅游消费一直保持着较高的增长率。随着我国国民经济的逐渐增强、公民生活水平的提高、政府对外开放政策的不断推进，出境旅游已经成为我国公民休闲度假的一大选择。

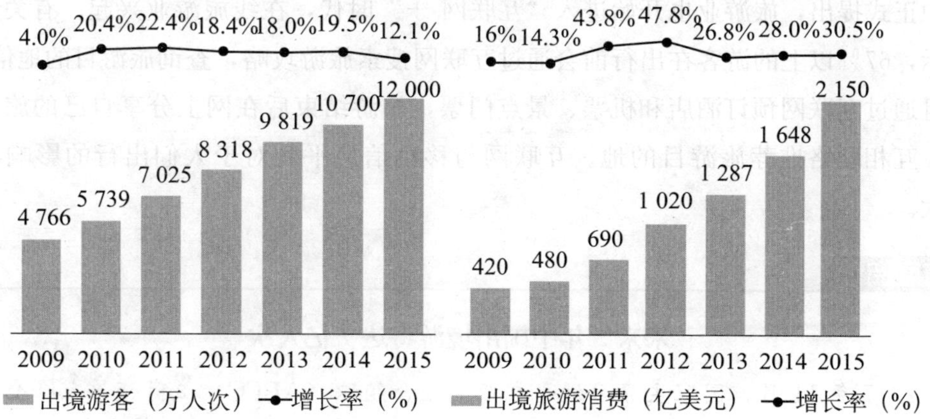

图 8-7　2009—2015 年出境旅游总人次和出境旅游消费总额

资料来源：国家旅游局网站。

我国出境旅游将呈现以下趋势：

（1）我国出境游客人数仍将持续增长。由于经济水平的提高，近年来中国游客在境外消费水平一直保持着较高的水平，成为深受各国欢迎的旅游者。为了吸引中国游客，世界各国不断针对中国游客推出利好政策，中国游客出境旅游更加便利。目前，中国已和 100 多个国家缔结了涵盖不同种类护照的互免签证协定，与 37 个国家签订了 59 份简化签证手续协定或安排。根据中国旅行社协会预测，未来 5 年，中国出境总人数累计将超过 7 亿人次。

（2）二三线城市出境旅游市场潜力巨大。目前我国的主要客源输出地依然是北京、上海和广州等一线城市。但随着生活水平和实际收入的日益提高，二三线城市人们对旅游特别是出境旅游越来越关注，沿海省市如天津、山东、江苏、浙江、福建等地方，中西部地区如湖北、四川等省份，人们的出境旅游需求普遍增强，正在成为新一批的出境旅游主流客源，市场潜力巨大。而一线城市的客流则开始关注更远、更多、更新的旅游目的地和更加新颖的旅游活动。

（3）旅游形式更加多元化，高品质旅游需求逐步提高。调查显示，目前出境旅游有参团游、自由行、半自由行、自助游等多种旅游形式，可以满足各种类型的中国出境游客。其中，自由行发展迅速，在一线城市客源市场中，自由行所占比重正在快速超过参团游所占比重。值得注意的是，有多次境外旅游经历的旅游者对于旅游的个性化与差异化要求普遍较高。凡有 4 次以上出境经历的游客更加倾向于自由行、半自由行的旅游形式。同时有关调查还显示，私人定制式的组团旅游、跟着达人去旅游、特种主题旅游等新兴旅游形式最具市场吸引力。

（4）互联网对出境旅游的影响日益凸显。随着“互联网 +”一词在政府工作报告中正式提出，旅游业也开始进入“互联网 +”时代，在线旅游业兴起。有关调查显示，67%以上的游客在出行前会通过互联网搜索旅游攻略，查询旅游目的地信息，并且通过互联网预订酒店和机票、景点门票，旅游结束后在网上分享自己的旅游经历，互相联络推荐旅游目的地。互联网与移动信息平台对于人们出行的影响越来越大。

拓展阅读

未来5年中国出境游将达7亿人次

2017年11月，国家主席习近平在亚太经合组织（APEC）工商领导人峰会上发表主旨演讲时指出，预计未来5年，中国出境游将达到7亿人次。中国是全球规模最大的客源市场，已连续4年成为世界第一大出境旅游消费国，对全球旅游收入贡献平均超过13%，在世界旅游市场上发挥着至关重要的作用。中国出境游庞大的市场、快速的增长、可观的红利、无数的机遇令世界瞩目，也令世界渴望分享中国出境游的红利。

模块小结

本模块介绍了我国旅游业的发展现状及未来趋势。我国旅游业根据是否跨越国界可以分为国内旅游和国际旅游两大类。其中，国际旅游又分为入境旅游和出境旅游。我国旅游的发展顺序是先发展入境旅游，改革开放后国内旅游开始发展，近年来出境旅游市场火热。目前，我国已经成为世界第一大出境旅游客源国。未来，在保持增长的同时，我国国民的旅游行为会越来越趋于理性和成熟。国内旅游和国际旅游呈现良性发展规律和未来趋势，我国未来的旅游业发展充满希望。

同步测试

一、选择题

1. 改革开放以后，我国优先发展（　　）。

A. 国内旅游　B. 国际旅游　C. 入境旅游　D. 出境旅游

2. 以下哪个国家是我国主要的远程客源国？（　　）

A. 韩国　B. 泰国　C. 法国　D. 美国

3. 我国旅游业的发展顺序是（　　）。

A. 国内旅游，入境旅游，出境旅游

B. 入境旅游，出境旅游，国内旅游

C. 入境旅游，国内旅游，出境旅游

D. 出境旅游，国内旅游，入境旅游

4. 我国的入境旅游客源市场是指（　　）。

A. 外国人　　B. 港澳同胞

C. 台湾同胞　　D. 外国人、港澳同胞、台湾同胞

二、思考题

1. 我国国内旅游的发展现状及未来趋势如何?

2. 我国国际旅游的发展现状及未来趋势如何?

三、案例分析

美国酒店业为何掀起了“中国风”

用微信可以订房，服务生说“您好”“欢迎”，房间配备电水壶和泡面，早餐供应炒面和白米粥……美国酒店业正铆足了劲，希望通过增加中式服务，让中国游客有宾至如归之感。不仅纽约、洛杉矶这样传统的旅游集散中心城市瞄准中国游客，波士顿、拉斯维加斯、西雅图、华盛顿等也行动起来。

美国旅游业人士指出，中国游客以往通常把钱花在购物上，住宿方面能省则省。这一习惯如今正在改变，消费能力变强的中国游客主张“吃好，玩好，住好”。与此同时，许多中国游客是第一次来美国，既渴望新鲜的体验，又希望享受到如家般的服务。

洲际、希尔顿、喜达屋、万豪等豪华酒店集团因而想方设法吸引中国游客。洲际酒店集团两年前推出“洲道”项目，为中国客人提供银联卡支付、中文电视频道、前台中文服务人员以及24小时中文电话服务。

希尔顿酒店集团宣布扩大“您好”项目。客房配备电水壶、茉莉花茶、拖鞋，早餐供应带调味品的米粥、炒面或炒饭，还有点心。餐具不仅有刀叉，还有筷子、调羹和用于盛调料的小碟。波士顿喜来登酒店从2013年起就开始提供中国游客习惯的服务，包括方便面、绿茶、拖鞋、浴袍。华盛顿乔治敦街区的四季酒店正设法提供更多传统中国菜，让客房供餐服务和餐厅菜单满足中国客人的需求。

在“赌城”拉斯维加斯，恺撒娱乐集团安排员工接受中国基础文化礼仪培训，中国游客可以通过微信在恺撒娱乐旗下部分度假村订房并付款。

资料来源：http：//www.360doc.com/content/17/0404/23/11269421_642913438.shtml.

思考：

（1）为什么美国酒店业花费心思吸引中国游客?

(2) 你还知道哪些国家采取了哪些措施吸引中国游客?

实践训练

到相关网站查找所在地的相关旅游数据，并尝试分析该地的旅游发展趋势。

模块三　旅游可持续发展

【学习目标】

1. 了解旅游可持续发展产生的背景和发展历程
2. 增强学习者对旅游可持续发展本质的认识
3. 熟悉旅游可持续发展的实施策略

【学习导入】

广西巴马“长寿之乡”命名者：巴马失败　再也不想去了

在广西西北的群山中，一湾盘阳河的清流自山间洞窟而来，左折右拐地穿梭于田塬之间，滋养了“人间遗落的一块净土”——巴马。1991 年，国际自然医学会第 13 次年会上，巴马被宣布为世界第 5 个长寿之乡。近些年，作为“世界长寿之乡”的巴马缔造了“养生传奇”。游客、养生者纷至沓来，千百年来的宁静被惊扰，生态环境遭遇极大挑战。

媒体的宣传激发了人们对长寿和健康的强烈渴求，大批游客竞相前往巴马。不少养生者每年都固定来巴马长住上一段时间，成为“候鸟人”。2006 年，巴马旅游接待人数为 11 万人次，7 年后的 2013 年，这一数字飙升至 263 万人次，创造了广西旅游史上的“巴马现象”。

大量人口的涌入，在不同方面考验和冲击着巴马的承载力。建设混乱、环境污染、配套不足等问题让寿乡的生态有了被刺伤的阵痛。当地人告诉记者，十几年前，县城巴马河的水是可以进去游泳的，如今看着便觉得脏；盘阳河的水以前是可以直接饮用的，现在已经不敢喝了。放眼望去，除了一排排路边摊，店面的玻璃窗上都贴满了中药保健品、器械与长寿食品的广告，清凉的空气里开始弥漫着熏人的商业气息。

更致命的是，“候鸟人”和游客的涌入正在快速改变村民们原有的生活方式：百岁长寿老人成了“景点”，告别了过去习惯了的劳作，每天坐在门前，等着游客前来合影，送上长寿红包；当地物价和景区票价一涨再涨；商贩兜售着各色“长寿药”……

“宁静与祥和被打破了，憨厚朴实的民风变质了。”一位来此居住的休养者略带伤感地说。就连22年前亲自将巴马送上“世界长寿之乡”席位的森下敬一也叹息说：“再也不想去了。”在国内举行的某次研讨会上，他直称巴马是“失败的案例”。

资料来源：http：//hebei.news.163.com/14/0408/09/9PA3ACI002790DNL.html.

思考：

巴马从“人间遗落的一块净土”到被称为“失败的案例”，出现了什么问题？

生态环境是旅游业发展的前提和基础，旅游业的发展又会对生态环境产生一定的影响，二者是一种天然的耦合关系。改革开放以来，现代旅游业的发展主要以追求经济效益为主要目的，给生态环境带来了巨大压力，主要表现在两个方面：迅速扩张的旅游需求以及不断加剧的旅游污染。随着旅游者数量不断增加，旅游交通工具的废气排放量不断增大；旅游者大量涌入旅游目的地和景区加剧了当地的空气污染、噪声污染和水体污染。发展旅游产生的问题严重影响了我国旅游业的发展。

一、可持续发展问题的提出

从世界范围来看，可持续发展（sustainable development）思想产生于20世纪后期。从20世纪50年代开始，在经济快速增长、城市化进程加快、人口不断膨胀、资源大量耗用等所产生的各种环境压力下，人们开始对“增长＝发展”这一传统模式产生怀疑，并就经济增长与环境改善和资源保护之间的关系展开了激烈的讨论，可持续发展思想应运而生。

1972年6月5日至16日，联合国人类环境会议在瑞典斯德哥尔摩召开，这次会议通过了《联合国人类环境会议宣言》，传统的经济发展模式和以往的灰色文明已经受到质疑和否定，一种新的文明方式在灰色文明的土地上开始萌芽。

1987年，联合国任命时任挪威首相的布伦特兰夫人主持世界环境发展委员会。布伦特兰夫人接受任命后，对世界性的经济、社会、资源和环境进行了系统的调查研究，调查结束后就向联合国提交了著名的专题报告《我们共同的未来》。整份报告的中心和基本内容围绕着对绿色文明的倡导，“可持续发展”的概念也第一次被正式确认，人类绿色文明的序幕从此在世界范围内揭开。

1992 年 6 月，在巴西里约热内卢举行了联合国环境与发展大会，这次会议共有 183 个国家的代表团和 102 位国家元首出席参加。会议上与会者最终通过和签署了《里约热内卢环境与发展宣言》《21 世纪议程》两个重要文件，对人类社会的未来做出了公开承诺：经济发展必须与环境保护相协调；保护环境是全人类共同的任务；保护环境和经济发展离不开世界的和平和稳定；解决世界环境和发展问题必须开展广泛和有效的国际合作等。环境和发展成为当今各国家、地区普遍关注的重大问题，可持续发展道路已成为人类必须选择的唯一的共同道路。

1994 年 3 月，中国政府通过了《中国 21 世纪议程——中国 21 世纪人口、环境与发展白皮书》，系统地提出了中国的可持续发展战略、政策和行动框架。1996 年 3 月，全国人大八届四中全会通过《中华人民共和国国民经济和社会发展“九五”计划和 2010 年远景目标纲要》，可持续发展战略成为我国的基本发展战略。

二、旅游可持续发展问题的提出

20 世纪 70 年代起，学者们争相对旅游的环境和生态影响展开讨论，这个时期人们开始全面评估旅游的作用和影响。随着对旅游认识的加深，可持续性发展理念很快被旅游界所接受，可持续旅游（sustainable tourism）一词产生。1990 年，全球可持续发展大会在加拿大召开，在此会议上提出了《旅游可持续发展行动战略》的草案，构筑了可持续旅游的基本理论框架，学者们开始关注旅游业的可持续发展问题。1995 年 4 月在西班牙召开了可持续旅游发展世界会议，本次会议标志着可持续旅游研究进入实践性阶段。1996 年 9 月，世界旅游组织、世界旅游理事会、地球理事会联合制定了《关于旅行与旅游业的 21 世纪议程：迈向环境可持续发展》。

旅游可持续发展的概念包含以下五个方面的表述：增进人们对旅游所产生的环境效应与经济效应的理解，强化其生态意识；促进旅游的公平发展；改善旅游接待地区的生活质量；向旅游者提供高质量的旅游经历；保护未来旅游开发所赖以存在的环境质量。

从这些目标可以看出，旅游可持续发展的含义是多层次的，但最核心的一点，是要保证在从事旅游开发的同时不损害后代为满足其旅游需求而进行旅游开发的可能性。

三、旅游可持续发展的实质

旅游可持续发展是可持续发展理论在旅游业中的具体体现，在本质上与一般意义上的可持续发展理论具有一致性。

（一）满足需要

发展旅游业首先是通过适度利用环境资源，一方面实现经济创收，满足旅游目的地的基本需要，提高目的地居民的生活水平；另一方面，在此基础上，满足旅游者对更高生活质量的渴望，满足其发展与享乐等高层次需要。

（二）环境限制

资源是有限的，其能够满足人类目前和未来需要的能力也是有限的。在旅游业中，这种限制体现为旅游的环境承载力，即一定时期、一定条件下某地区环境所能承受的人类活动作用的阈值。它用来度量旅游环境系统本身具有的自我调节功能，而旅游可持续发展的主要标志就是旅游开发与环境的相互协调。因此，作为旅游环境系统与旅游开发中间环节的环境承载力，应当成为判断旅游业是否能够可持续发展的一个重要指标。

（三）公平性

旅游可持续发展的主要思想是将有限的旅游资源在本代人之间及各代人之间进行公平分配，我们在满足自己旅游需要的同时，不能以旅游区环境的破坏为代价；当代人在满足自己的旅游需求并从旅游中获得利益的同时，不能忽略后代也有公平利用旅游资源的权利。我们应坚持这样的旅游发展理念：环境既是从先辈那里继承来的，也是从后代那里预支的。旅游应该成为这样一种活动：当代人为了保护好前代人遗留下来的环境或是利用前代人留下的环境，为后代人创造更加优异环境的行动。

四、旅游可持续发展的实施策略

（一）强化旅游管理，倡导绿色旅游

1. 对旅游城市、旅游景区生态环境进行综合治理

目前，我国旅游城市、旅游景区普遍存在空气污染、水体污染、垃圾污染和噪声污染等环境问题。对于空气污染，主要采取减少和切断污染源的方法。机动车尾气是一个主要污染源，可以安装净化器装置来减少或消除有毒气体排放；另一大污染源是工业企业排放的废气，对于这类污染源可以依照国家标准限令其进行技术改造，使其排放的气体达到国家标准，而对于那些改造后仍不达标和不进行改造的企业，可以要求其搬迁或关闭。对于水体污染，控制污染源仍是治理的关键措施。对于排污不达标的企业，要求其整改，并采取收取治理费用和相应罚款等措施。对于垃圾污染，可以同时采取宣传教育与强制管理两种方式，杜绝垃圾污染的源头，另外做好垃圾的分类处理、净化、利用等工作。对于噪声污染，可以从时间和空间两

方面着手治理。在时间上，在人们休息时应尽量停止建筑施工及其他噪音较大的工作；在空间上，对于噪音分贝大的企业如交通站、娱乐场所、工厂等，要与行政办公区、文化区、居民区分隔开，并将噪音分贝降低到国家规定的标准。

2. 对旅游资源开发进行合理有效的规划与管理

良好的旅游环境是开展旅游活动的前提。旅游资源开发就是为了美化景观，使人类活动与环境有机结合。因此，旅游开发过程中应合理规划旅游资源并进行有效管理。城市即将或正在建设某一项目时，环境保护部门要对其进行环境影响评价，如果项目不符合环境标准，应坚决予以取缔；在新建旅游区时，应首先考虑生活污水处理厂的规划建设，在项目建设的同时还要做到环境的净化和美化；对于在自然景区内建造的人工景点要严格控制，最大限度地保持风景区的自然性；还应通过限票和分流等方式限制景区接待人数，防止游客大量涌入对资源环境造成压力，破坏景区生态平衡；另外，在景区规划时，应明确重点保护核心区、缓冲区、外围区的界限，对不同区域采取不同的保护措施，对那些暂时利用现有技术手段无法进行合理开发与保护的区域应明令禁止开发。

3. 开展生态旅游

生态旅游起源于人们对可持续利用旅游资源的思考。1994 年，澳大利亚旅游部将生态旅游定义为："以大自然为基础，涉及自然环境的教育、解释与管理，使之在生态上可持续的旅游"。生态旅游的宗旨是既获得适当的利润，又维护自然资源和生态环境的价值。因此，发展生态旅游不仅可以发挥我国自然旅游资源丰富的优势，获取可观的经济效益，而且可以促进基础设施建设，增加就业机会，带动区域经济发展，更重要的是通过生态旅游可以对旅游者进行科普教育与可持续发展教育，提高旅游者的环境保护意识。因而，旅游主管部门在规划建设各种生态旅游景点时，要充分体现旅游者与环境的相融性，利用当地的生物资源，保护与发展其生物多样性。生产型生态景观应充分利用当地的田园建成果、药、木、花、草等有较高经济价值和观赏价值的生态系统；观赏型生态景观应充分利用我国丰富的观赏植物和观赏动物等资源；文化园林型生态景观应加强对各种体现文化特色的生物群落（如风景名胜地、寺庙等）的古树名木的利用与保护。

（二）充分发挥政府职能和法律手段

1. 以法律手段保证旅游业的可持续发展

继续完善我国的《旅游法》，对旅游资源开发、旅游价格制定、旅游市场秩序、旅游竞争规则、旅游资源与生态环境保护、旅游消费者权益保护、旅游经营者权利与义务等问题以法律形式进行规范和管理。同时，各级地方政府和旅游主管部门应认真学习和贯彻执行《风景名胜区管理条例》《旅行社管理条例》《关于加强旅游环境保护工作的通知》等法律法规，增强法制观念，加大执法力度，严格依法管理和保护旅游环境，保障旅游业可持续发展。

拓展阅读

国家旅游局发布31省（区、市）5A级旅游景区最大承载量

世界那么大，都想去看看，但景区人满为患是一件尴尬事。2015年7月21日，国家旅游局公布了全国31省（区、市）5A级旅游景区最大承载量，景区最大承载量由景区主管部门组织核定或测算得出，景区最大承载量一般包括日最大承载量与瞬时最大承载量两类。景区超过最大承载量接待旅游者，将严重影响景区服务质量，增加景区环境负荷，给游客安全带来隐患。

2. 运用经济手段对环境问题进行间接控制

政府的经济手段主要包括以下内容：（1）资源环境税。资源环境税是根据环境资源有偿使用的原则，由国家向开发利用环境资源的单位或个人，依照开发利用量收取的相当于部分或全部价值的货币补偿。（2）排污收费制度。政府对污染环境的企业按其污染程度收取环境治理费用，使排污企业自身承担治理污染的成本。（3）押金制度。政府通过预收消费者押金的方式，促使消费者将某些可能造成污染的固体废物退还到指定部门，然后领回押金，以此达到减少污染和废物利用的目的。（4）财政补贴。政府对有利于保护环境的生产者或经济行为给予补贴，鼓励企业采取保护环境的生产方式。（5）环境标志。政府通过发放环境标志间接引导企业开发使用有利于环境的生产工艺，生产环保产品。（6）处罚制度。政府对违反环境法律法规的生产者或经济行为进行经济处罚。

（三）提高公民的环保意识和可持续发展意识

旅游可持续发展是一项长期且繁杂的工程，不是单靠政府就可以实现的，需要全体公民齐心协力。因此，应注重对公民进行宣传教育，使全体公民树立可持续发展的意识。树立环境质量意识，认识到环境质量的优劣关系到民众的生活质量和子孙后代的生存发展；树立环境公德意识，不能因为个人的私利或是局部、眼前的利益而损害他人或全局的利益，实现人类与自然和谐相处。政府及旅游主管部门或者旅游企业可以经常性地向旅游者、旅游地居民公布环境质量信息，宣传环境污染对健康和经济的损害，对于自然资源持续利用的典型事例多加报道；还应将自然资源持续利用内容纳入国家教育计划，融入小学、中学、大学的国情教育中，使下一代从小就开始了解旅游资源与生态环境的可持续利用。

（四）弘扬中国传统文化，发掘旅游文化内涵，开展文化旅游

文化是旅游的灵魂，可以说旅游本身就是一项文化活动，是一种高雅的文化享受。无论是自然景观还是人文景观，作为旅游客体都集中了大自然的精华，渗透着人类历史的结晶。当今，人们对精神、科学文化的需求提高了，以观赏大自然美景、游览珍贵历史文化瑰宝、获得生动的自然知识和人文知识为主的文化旅游成为一种时尚，为旅游注入文化元素将成为旅游业发展的新趋势。因此，要实现旅游业的可持续发展应当注重对旅游资源的文化内涵与特色的开发与保护。注意挖掘风景名胜区的自然景观、野生动植物、人文景观的文化特征并予以保护。对于景区的文化特色，要保护其能够延续和发展；对于那些体现民族传统文化、宗教文化和建筑文化的珍贵文物古迹应当重点保护；对于风景名胜区内的旅游设施的布局、造型等应和其景观的文化特征相协调一致；各项旅游服务如导游、道路、交通、产品都应凸显出其文化品位，避免过度的城市化、商业化破坏了各种景观的原有文化内涵与特色。

（五）促进科学技术在旅游业的应用，走“科技兴旅”之路

“科技兴国”是我国社会经济可持续发展的重要内容，旅游业要想实现可持续发展，也必须走“科技兴旅”的道路，在开发规划和日常经营中将科技和教育放在重要位置，确立旅游业的相关标准，重视知识和人才，使旅游业朝规范化、品质型发展。为此，旅游主管部门及旅游企业应加快将旅游业科技转化为生产力的步伐，积极推广电子信息技术、清洁卫生技术、资源保护技术、能源节约技术；提高旅游产品科技含量，利用声光电技术建设高科技旅游景点；加强旅游基础科学研究，在旅游资源规划与开发、生态环境质量评估、旅游区环境容量等方面进行深入的研究与探讨；强化旅游大中专教育体系，尽快使旅游业各个重要岗位人员均接受系统的教育与培训，发挥教育和人才在旅游业发展中的作用。

旅游可持续发展是我国旅游业发展的必由之路和唯一选择，但目前我国旅游业还存在许多不良因素，制约着旅游业的可持续发展。这些问题的解决依赖于科学的规划与管理，依赖于健全的机制、完善的法律法规体系、全体公民的共同行动以及科学技术的大力支持。我国旅游业的可持续发展虽任重道远，但前途无限光明。

模块小结

本模块介绍了旅游可持续发展的由来、含义、实质以及具体的实施策略。快速的经济发展给环境带来了较大的损害，引发了人们的反思，可持续发展理念由此产生。旅游可持续发展即可持续发展理念在旅游中的应用。旅游可持续发展的实质包括三个方面：满足需要、环境限制、公平性。旅游可持续发展的具体实施策略可以从加强旅游管理、开展绿色旅游、加强行政立法保护、注重可持续发展思想的宣传教育、开展文化旅游和提高技术水平几个方面着手。

同步测试

一、选择题

1.（　　）正式提出了“可持续发展”的口号。

A.《增长的极限》　　B.《我们共同的未来》

C.《人类环境宣言》　　D.《21 世纪议程》

2. 政府的经济手段不包括以下哪项？（　　）

A. 资源环境税　B. 财政补贴　C. 法律法规　D. 惩罚制度

3. 旅游可持续发展强调的是（　　）。

A. 自由　B. 公平　C. 安全　D. 限制

4. 我国（　　）规划将可持续发展战略作为国家的基本发展战略。

A.“九五”　B.“十一五”　C.“十二五”　D.“七五”

二、思考题

1. 旅游可持续发展的含义是什么？

2. 旅游可持续发展的实质是什么？

3. 实现旅游可持续发展的具体措施有哪些？

三、案例分析

峨眉山景区村民“堵路风波”调查

2014 年 6 月 30 日，世界自然文化遗产地四川峨眉山风景区内黄湾乡的上千村民自发堵塞清音阁、万年寺等景区出入口道路，要求相关部门回应其诉求，形成“堵路风波”。

为何当地村民堵塞景区部分入口？峨眉山乐山大佛风景名胜区管委会副书记冯庆川说：“事件的诱因是峨眉山导游讲解工作的变化。”

6 月 5 日，峨眉山景区设立峨眉山讲解旅游服务公司，意在规范讲解服务秩序，杜绝野导游拉客。看似规范市场的行为却引来另外的效果：新成立的峨眉山讲解旅游服务公司对所有的散客进行一条龙服务，形成了实事上的垄断，以往参与旅游各环节服务的景区内村民一下子没了生意。村民们向管委会反映，但未得到回应，由此出现“堵路风波”。

“这些年，峨眉山的经营发生了变化，”龙门村村民郑朝富回应，靠山吃山的方式有些难以为继，“村民挣钱越来越难。”原因在于，峨眉山景区从管理到经营都发生了根本变化。过去，群众大都在景区内就业，景区管理者除了收门票外，大部分环节留给了村民。但经过多年的发展，在管委会之外，成立了峨眉山旅游股份有限公司负责景区的所有经营事项，而管委会与公司之间有天然的联系，并非严格分开。旅游公司不再优先录用景区内村民，同时，与民争利的措施不断出台。

景区相关负责人表示，要彻底解决峨眉山的危机，需要从根本上兼顾景区的发展与景区内群众的利益；需要景区管委会、乡政府及基层组织转变作风，倾听群众的声音，扎扎实实为老百姓服务；需要对景区内的违章建筑、多占经营摊位等群众反映强烈的问题进行彻查，并对违规人员进行严肃处理，取信于民。村民们说，他们最需要的是公平公正，而这也应该是处理峨眉山问题的根本思路。

资料来源：http：//www.dzwww.com/xinwen/shehuixinwen/201407/t20140701_10558339.htm.

思考：

从促进当地的旅游可持续发展的角度出发，你认为利益相关者应该在旅游开发及经营中扮演什么角色？

实践训练

观察家乡和学校周围的旅游规划和发展，有哪些不符合可持续发展理念的现象，从多角度思考如何杜绝这种现象。

参考文献

[1] 吴璇欧．旅游学概论［M］．北京：教育科学出版社，2004.

[2] 臧良运．旅游学概论［M］．北京：电子工业出版社，2009.

[3] 李天元，王连义．旅游学概论［M］．天津：南开大学出版社，2003.

[4] 谢彦君．基础旅游学［M］．北京：中国旅游出版社，2004.

[5] 陶汉军．新编旅游学概论［M］．北京：旅游教育出版社，2001.

[6] 高曾伟，易向阳．旅游美学［M］．上海：上海交通大学出版社，2011.

[7] 郭胜．旅游概论［M］．北京：高等教育出版社，2014.

[8] 王德刚．旅游学概论［M］．北京：清华大学出版社，2012.

[9] 王忠林．旅游学概论［M］．上海：华东师范大学出版社，2015.

[10] 米学俭．旅游计调师操作标准教程［M］．北京：旅游教育出版社，2010.

[11] 狄保荣．旅游职业道德［M］．北京：中国旅游出版社，2011.

[12] 李洪波．旅游景区管理［M］．北京：机械工业出版社，2010.

[13] 李晓标．旅行社经营与管理［M］．北京：北京理工大学出版社，2015.

[14] 尹德涛．休闲理论与实务［M］．沈阳：辽宁科学技术出版社，2009.

[15] 陈吉瑞．旅游职业道德［M］．北京：旅游教育出版社，2003.

[16] ［美］艾泽欧·阿荷拉．休闲社会心理学［M］．北京：中国旅游出版社，2010.

[17] 陈锡畴．中国旅游地理［M］．北京：高等教育出版社，2006.

[18] 章杰宽，姬梅，朱普选．国外旅游可持续发展研究进展述评［J］．中国人口、资源与环境，2013（04）.

[19] 沈姗姗，苏勤．中国旅游政策研究综述［J］．资源开发与市场，2008（08）.

[20] 唐晓云．中国旅游发展政策的历史演进（1949—2013）——一个量化研究的视角［J］．旅游学刊，2014（08）.

[21] 郭为，许珂．旅游政策、产业发展与就业关系的实证研究［J］．北京第二外国语学院学报，2014（03）.

[22] 郑杨，郑先芳．基于游客认知的文明旅游传播路径研究［J］．北京第二外国语学院学报，2015（07）.

[23] 曹丽娜．浅析提升文明旅游的对策［J］．经济研究，2015（26）.

[24] 亢雄．旅游幸福及其研究之价值、视角与前景［J］．思想战线，2012（01）.

[25] 顾伟杰．后奥运时期北京城市公共游憩空间建设与市民幸福指数关系分析 [J]. 体育与科学，2011（05）.
[26] 杨丹丹．旅游者审美行为现状分析 [J]. 经济视野，2016（25）.
[27] 黎国玉．不文明旅游行为教育路径探析 [J]. 管理观察，2016（35）.
[28] 钱爽．旅游文化的创新探析 [J]. 旅游纵览，2014（27）.
[29] 文春艳．我国游客不文明旅游行为研究综述 [J]. 中国西部科技，2015（03）.
[30] 肖宏，杨春宇，宋富娟．文化旅游概念与模式研究现状分析 [J]. 旅游纵览，2013（09）.
[31] 徐晓颖．浅析旅游体验在旅游业发展中的作用 [J]. 知识经济，2014（22）.
[32] 于行行．旅游文化的界定与特征 [J]. 甘肃农业，2005（11）.
[33] 张春香，刘志学．基于系统动力学的河南省文化旅游产业分析 [J]. 管理世界，2007（05）.
[34] 小俊．职业生涯职业生涯规划小测试 [J]. 劳动保障世界，2015（31）.
[35] 张静．我国休闲旅游产品开发现状及对策分析 [J]. 生产力研究，2006（11）.
[36] 李庆雷，娄阳．旅游共享经济的十个特征 [J]. 党政视野，2016（07）.
[37] 张洁．中国旅游业发展趋势研究 [J]. 中国商贸，2012（09）.
[38] 杨晶．生态旅游可持续发展研究 [D]. 西南交通大学，2007.

图书在版编目（CIP）数据

旅游学概论/满孝平，刘迎华，常红旭主编．—北京：中国人民大学出版社，2018.8
21世纪高职高专规划教材．旅游管理系列
ISBN 978-7-300-25791-4

Ⅰ.①旅… Ⅱ.①满…②刘…③常… Ⅲ.①旅游学-高等职业教育-教材 Ⅳ.①F590

中国版本图书馆CIP数据核字（2018）第098305号

高等职业教育“十三五”规划精品系列教材
21世纪高职高专规划教材·旅游管理系列
旅游学概论
主　编　满孝平　刘迎华　常红旭
Lüyouxue Gailun

出版发行	中国人民大学出版社		
社　　址	北京中关村大街31号	**邮政编码**	100080
电　　话	010－62511242（总编室）		010－62511770（质管部）
	010－82501766（邮购部）		010－62514148（门市部）
	010－62515195（发行公司）		010－62515275（盗版举报）
网　　址	http://www.crup.com.cn		
经　　销	新华书店		
印　　刷	北京溢漾印刷有限公司		
开　　本	787mm×1092mm　1/16	**版　　次**	2018年8月第1版
印　　张	18.25 插页1	**印　　次**	2024年1月第10次印刷
字　　数	322 000	**定　　价**	39.80元